MANFRED FUHRMANN

LATEIN UND EUROPA

MANFRED FUHRMANN

LATEIN UND EUROPA

GESCHICHTE
DES GELEHRTEN UNTERRICHTS
IN DEUTSCHLAND

VON KARL DEM GROSSEN
BIS WILHELM II.

Die Deutsche Bibliothek - CIP-Einheitsaufnahme

Fuhrmann, Manfred:
Latein und Europa: Geschichte des gelehrten Unterrichts in Deutschland:
von Karl dem Großen bis Wilhelm II. / Manfred Fuhrmann. - Köln : DuMont, 2001
ISBN 3-7701-5605-6

Erste Auflage

Ausstattung und Umschlag: Groothuis & Consorten
Gesetzt aus der DTL Documenta ST
Gedruckt auf säurefreiem und chlorfrei gebleichtem Papier
Satz: Greiner & Reichel, Köln
Druck und Verarbeitung: Clausen & Bosse, Leck
Printed in Germany

ISBN 3-7701-5605-6

Inhalt

Vorwort

Dieses Buch hat eine mehr als tausendjährige europäische Bildungstradition zum Gegenstand; es konzentriert sich hierbei auf Mitteleuropa, auf die deutschsprachigen Gebiete. Der kürzeste Name dieser Tradition heißt Latein. Die lateinische Sprache, der Umgang mit ihr in Wort und Schrift, durchzieht, sosehr sich die Verhältnisse sonst änderten, die Epochen der europäischen Bildungs- und Geistesgeschichte – von Karl dem Großen bis zur wilhelminischen Ära vor dem Ersten Weltkrieg.

Die homerische »Ilias« lässt Zeus in einer Götterversammlung das kühne Bild von einer goldenen Kette gebrauchen, an der er das Weltall aufhängen wolle. Dieses Bild wurde oft in übertragener Bedeutung verwendet, vor allem in philosophischer Spekulation: als Symbol für die auseinander hervorgehenden Stufen alles Seienden. Hier mag das Bild zur Veranschaulichung einer chronologischen Folge dienen: wie die einzelnen Epochen der Schul- und Bildungsgeschichte, aus demselben Stoff gemacht, bei aller Selbstständigkeit als Glieder fest miteinander zur Kette verbunden sind.

Die hier vorgelegte Darstellung dieses Sachverhalts unterscheidet vier Glieder, vier Epochen: das Mittelalter, das Zeitalter des Humanismus und der Reformation, die Aufklärung und die Periode des Neuhumanismus im 19. Jahrhundert. Die beiden ersten Epochen sind trotz der Diesseitszugewandtheit des Humanismus und trotz der Konflikte, welche die Reformation hervorrief, durch die unangefochtene Geltung der christlichen Religion miteinander verbunden. Die beiden folgenden Zeitalter hingegen, die Aufklärung und der Neuhumanismus, teilen sich darin, dass das Studium der Antike vor der Folie einer mehr und mehr verweltlichenden Kultur zum Selbstzweck wurde. Der Humanismus und der Neuhumanismus wiederum sind dadurch miteinander verschränkt, dass sie demselben ästhetischen Ideal, der Sprache der römischen Klassiker, huldigen: der Humanismus mit der eigenen Produktion in Poesie und Prosa, der Neuhumanismus mit der Auswahl der Lektüre, mit der Schaffung des schulischen Literaturkanons.

Die lateinische Sprache verdankt ihr Überleben als internationales Verständigungsmittel in ganz West- und Mitteleuropa bis Polen und Ungarn den Nöten des frühmittelalterlichen Anfangs. Die Pioniere Europas, allen voran Karl der Große, sahen keine andere Möglichkeit, Institutionen – den Staat, die Kirche – zu erneuern und zu erhalten, als durch die Verwendung des einheitlichen Idioms, das einst, in der Spätantike, fest mit diesen Institutionen verbunden gewesen war. Die Macht der Kirche und in deren Gefolge die der Wissenschaften diente nunmehr als Bestandsgarantie des Lateinischen als ›lebender‹, wenn auch ›künstlich‹ von Generation zu Generation weitergegebener Sprache – bis zum Ende der christlichen Ära, bis zur Heraufkunft der säkularisierten Nationalstaaten. Inzwischen hatten die Humanisten durch ihr neues Stilideal der Ästhetisierung des Lateinischen den Weg bereitet; dieser Umstand hat wohl nicht unerheblich dazu beigetragen, dass es, nunmehr in zunehmendem Maße als ›tote‹ Sprache und als Instrument der Pädagogik, auch während der Herrschaft des Neuhumanismus seine führende Position im Lehrplan der höheren Schulbildung behaupten konnte.

Latein als Leitdisziplin der höheren Schule, als Schlüsselfach der europäischen Tradition: so lässt sich vielleicht am bündigsten bestimmen, was der Verfasser in diesem Buch zur Anschauung bringen möchte. Latein wird jedoch hierbei nicht als eine für sich stehende Erscheinung behandelt, sondern im Gegenteil als Bestandteil der Gelehrsamkeit und Bildung, als Ferment der fortschreitenden Kultur; seine Geschicke sind daher stets eingebunden in die der tragenden Institution, der höheren Schule. Und da sich hierin stets die jeweiligen kulturellen Verhältnisse spiegeln (oft mit deutlicher Verspätung), müssem auch diese in gebührendem Maße berücksichtigt werden. Das Leitfach Latein erscheint somit als umgeben von zwei konzentrischen Ringen: von dem des Lehrplans und von dem der diesen Lehrplan bedingenden äußeren Faktoren.

Die Bezeichnungen für die höhere Schule, d. h. für den Typus von Lehranstalten, der die Voraussetzungen für ein wissenschaftliches Studium schuf, haben gewechselt und wurden oft ohne deutliche Unterscheidung nebeneinander verwendet. Man sprach von Lateinschulen, Gymnasien, Lyzeen, Akademien oder Pädagogien und meinte hiermit bisweilen auch universitätsartige Einrichtungen. Die vorliegende Darstellung weist ohne ängstliche Strenge drei Hauptbezeichnungen verschiedenen Epochen zu: Die Lehranstalt des Mittelalters pflegt Kloster- und Domschule, die der frühen Neuzeit Lateinschule und die des 19. Jahrhunderts Gymnasium zu heißen, womit der Tatsache Rechnung getragen wird, dass sich der zuletzt genannte Ausdruck erst in neuhumanistischer Zeit als ausschließliche Bezeichnung für die auf die Universität vorbereitende Anstalt durchgesetzt hat.

Latein im Rahmen der Institution ›höhere Schule‹ sowie im Zusammenhang mit den jeweiligen allgemeinen kulturellen Gegebenheiten – es wäre anmaßend zu behaupten, dass die älteren Darstellungen, allen voran das ›klassische‹ Werk Friedrich Paulsens, hierauf nicht schon ihr Augenmerk gerichtet hätten. Der Verfasser begibt sich mit diesem Buch auf ein Terrain, das seit dem ausgehenden 19. Jahrhundert mit Umsicht und Gründlichkeit von den Pädagogen behandelt worden ist – und hierbei pflegte weder die Geschichte der Institution Schule noch das wechselnde Ambiente der sie bedingenden geistigen Strömungen zu kurz zu kommen. Die Besonderheit des vorliegenden Buches beruht daher – abgesehen davon, dass eine monographische Behandlung des deutschen Gymnasiums, wie es unter dem Fixsternhimmel fester Orientierung bis zum 19. Jahrhundert existiert hat, einmal wieder fällig zu sein schien – auf etwas anderem: Es wird versucht, die Inhalte und Zwecke und damit die überragende Bedeutung des Lateinunterrichts in gebührender und den Realitäten entsprechender Weise darzustellen. Es ist begreiflich, dass die Pädagogen Neigung zeigen, die einzelnen Schulfächer als Teile eines größeren Ganzen, des Lehrplans, zu betrachten; hier hingegen soll die Vermittlung des Lateinischen, das Herzstück des gymnasialen Unterrichts, nicht nur von außen, sondern gleichsam auch von innen vorgeführt werden. Eine ganz von außen kommende Sichtweise, die sich neuerdings der pädagogischen Forschung nicht ohne Einseitigkeit bemächtigt hat, ist nicht Gegenstand dieses Buches, nämlich jene Sichtweise, die in den Inhalten des gymnasialen Lehrplans, ja im Gymnasium selbst nur Instrumente des Klassenkampfes und Vehikel zur Erzeugung von Standesschranken zu erkennen vermag. Der Verfasser hält diesen Aspekt für peripher.

Schon ein flüchtiger Blick auf das Inhaltsverzeichnis zeigt, dass die Darstellung an Ausführlichkeit zunimmt, je näher sie an das 19. Jahrhundert heranrückt. Man geht nicht in die Irre, wenn man aus diesen Proportionen den Schluss zieht, dass der Neuhumanismus das eigentliche Thema des Buches sei. Jedenfalls erfährt der Neuhumanismus mitsamt seinen wissenschaftsgeschichtlichen und weltanschaulichen Prämissen eine ausführliche Würdigung, im Unterschied zu den älteren Phasen, deren christliche Grundlagen als bekannt vorausgesetzt werden. Das Gymnasium des 19. Jahrhunderts hat den Griechenglauben der deutschen Klassiker festzuhalten und weiterzugeben versucht; eine glückliche Weltstunde wurde arretiert und künftigen Geschlechtern als eine Art Andachtsbild dargeboten. Die schöne Illusion, die dem zugrunde lag, musste früher oder später zerbrechen – bedauerlich bleibt, dass sie in den deutschen Landen so gründlich zerbrach, gründlicher als bei anderen europäischen Nationen, die sich ebenfalls nach einer Phase uneingeschränkter Bewunderung aus relativierender historischer Sicht mit ihrem goldenen Zeitalter ins Verhältnis setzen mussten.

Diese Betrachtung führt auf die Wahl der zeitlichen Begrenzung: Das 20. Jahrhundert ist nicht mehr Gegenstand des vorliegenden Buches. Dessen Hauptthese lautet, dass die lateinische Sprache – übrigens stets in dienender Funktion, um der christlichen Religion, um des Griechenglaubens willen – die goldene Kette der europäischen Bildung gewesen sei. Diese Kette endete im Zeitalter der Weltkriege, und das 20. Jahrhundert löste die letzte Phase der Schulform auf, in der das Studium der lateinischen Sprache und Literatur eine hegemoniale Stellung innehatte. Für die Darstellung dieses Vorgangs ist der Latinist nicht mehr zuständig.

I. Das Schulwesen des Mittelalters

1. Die karolingische Bildungsreform

Die Geschichte des europäischen Schulwesens beginnt mit der Bildungsreform Karls des Großen. Durch sie wurde ein Bau errichtet, der dem ganzen Frühmittelalter Genüge tat. Was Karl reformiert und in dauerhaften Institutionen verankert hat, war allerdings ›Bildung‹ in einem vom heutigen Verständnis weit entfernten Sinne. Das Mittelalter kannte keine ›Kultur‹ als eine von der Religion trennbare Größe, und es kannte dementsprechend auch keine ›Bildung‹ in der gegenwärtig gültigen, erst von der Aufklärung durchgesetzten ›weltlichen‹ Bedeutung. Alles Wissen und alle Wissensvermittlung stand primär im Dienste des christlichen Glaubens, der Kirche, des Klerus, und andere als kirchliche Institutionen kamen für Schule und Unterricht überhaupt nicht in Betracht. Das Ziel und die Krönung jeglichen Lernens waren der Gottesdienst und das rechte Verständnis der Heiligen Schrift. Der Umstand, dass die Fähigkeiten des Schreibens und Lesens auch den Bedürfnissen des Staates – nach Fixierung von Gesetzen, nach Beurkundung von Rechtsakten – dienen konnten, hatte eher den Rang eines nützlichen Nebeneffekts.

Karl der Große hat eine Reform im prägnanten Sinne des Wortes durchgeführt: Er hat eine verkommene Überlieferung aufgegriffen, gereinigt und in eine überschaubare Ordnung gebracht. Diese Überlieferung ging auf die Spätantike zurück. Sie war in lateinischer Sprache verfasst und bestand aus einem umfänglichen Corpus von Schriften, sowohl kirchlichen als auch weltlichen Inhalts. Sie beruhte auf festen, ebenfalls der Spätantike entstammenden Institutionen, auf den Klöstern und Bistümern, und sie enthielt bereits eine genaue Vorstellung, einen scharf umschriebenen Inbegriff des Wissens, der für die Auslegung der Bibel erforderlich sei – einen Inbegriff, der Christliches mit Antikem verband, der nicht nur die Theologie, sondern auch eine Anzahl von weltlichen Disziplinen, die so genannten Artes liberales, umfasste.[1]

Das Vermächtnis der Spätantike war im 6. und 7. Jahrhundert, als die germanischen, awarischen und slawischen Horden den Mittelmeerraum überfluteten und die westliche Hälfte des Römischen Reiches unterging, in schwere Bedrängnis geraten. Da es keine Schulen mehr gab, löste sich das Lateinische, bis dahin eine streng normierte, ziemlich einheitliche Sprache, in eine Reihe von Dialekten auf, aus denen in verhältnismäßig kurzer Zeit die romanischen Sprachen hervorgingen. Die Zerrüttung der staatlichen Gewalt zog auch die kirchlichen Institutionen in Mitleidenschaft, und der Klerus verfiel weithin der Verwilderung und krasser Unwissenheit. Während des 7. Jahrhunderts herrschte auf dem europäischen Kontinent, allein Spanien zunächst noch ausgenommen, eine bedrückende geistige Öde; die enorme Produktivität der Kirchenväter war dahin, und auch im Bereich der weltlichen Bildung fehlte es gänzlich an literarischen Bemühungen.

Karl der Große war indes für seine Reform des Unterrichtswesens nicht allein auf die schriftliche Hinterlassenschaft der Spätantike angewiesen. In einem Randgebiet außerhalb des ehemaligen Römischen Reiches, in Irland, Schottland und Britannien, hatte sich vom 5. Jahrhundert an ein blühendes Klosterwesen entwickelt, das von dem Völkersturm unberührt blieb, und dort verwaltete man gewissenhaft das Erbe der Kirchenväterzeit. Man versah den Gottesdienst, man schrieb die Werke der christlichen und heidnischen Autoren ab und widmete sich emsig der Theologie und den weltlichen Wissenschaften. Hierbei bediente man sich durchweg der lateinischen Sprache, die – anders als auf dem Kontinent – von gut funktionierenden Schulen rein und unverfälscht erhalten wurde.

Von den iroschottischen und angelsächsischen Klöstern waren schon lange vor dem Regierungsantritt Karls des Großen Missionare auf das Festland entsandt worden. Die Mönche hatten sich dort alsbald mit den aufsteigenden Karolingern verbunden, und so ging die Regeneration des Staates mit der Ausbreitung und Reform der fränkischen Kirche Hand in Hand. Vor allem Winfrid aus Wessex, genannt Bonifatius, entfaltete eine überaus erfolgreiche Tätigkeit. Zunächst missionierte er in Hessen und Thüringen, wobei er für die von ihm gegründeten Klöster ständig Zuzug von den Britischen Inseln erhielt. Im Jahre 742 wurde er, nachdem er bereits mit Unterstützung des Herzogs Odilo die bayerische Kirche reorganisiert hatte, von Pippin dem Jüngeren und dessen Bruder und Mitregenten Karlmann dazu berufen, in der heruntergekommenen Reichskirche Zucht und Ordnung wiederherzustellen.

An diese Bemühungen knüpfte Karl der Große an, sobald er den Thron bestiegen hatte, und er erweiterte die Kirchenreform zu einer Schul- und Bildungsreform. Er bediente sich hierbei zweier Mittel: Er erließ Gesetze und schuf als eine Art Musteranstalt die Hofschule, an die er die besten Köpfe nicht allein des Frankenreichs, sondern ganz Europas berief und die er in eigener Person ständig beaufsichtigte. Unter den gesetzgeberischen Maßnahmen ragt die »Admonitio generalis« (»Allgemeine Vermahnung«) des Jahres 789 hervor, worin sowohl die Einrichtung von Schulen angeordnet als auch deren Lehrpensum umschrieben wird.[2] Karl weist dort den Klöstern und Bischofssitzen des Reiches die Aufgabe zu, Schulen zu unterhalten, deren Zöglinge die für den Gottesdienst erforderlichen Grundkenntnisse empfangen sollen: Singen, Lesen, Schreiben und das Berechnen des Ostertermins sowie vor allem die *grammatica*, d. h. die Staats- und Kirchensprache, das Latein. Bei der in der Admonitio generalis genannten Zweiheit von Institutionen, den Kloster- und Kathedral- oder Domschulen, ist es im Wesentlichen geblieben, sowohl unter Karl selbst als auch in den Jahrhunderten nach ihm. In der Praxis haben vor allem die Klöster den Klerikernachwuchs herangezogen und so für einen kontinuierlichen Standard liturgischen Könnens und theologischen Wissens gesorgt; dort herrschten die günstigeren Bedingungen, da jedenfalls die künftigen Kleriker als Interne Kost und Unterkunft erhielten. Eine Verordnung Karls besagt, dass die Pfarrer Geeignete zu liturgischen Hilfsdiensten ausbilden sollten;[3] die hierfür eingerichteten so genannten Pfarrschulen haben es indes nie zu einiger Bedeutung gebracht. Noch weniger wirksam war die einmal ergehende Empfehlung, ein jeder möge seine Kinder zum Erlernen des Lesens und Schreibens in die Schule schicken;[4] hierin hat man zu Unrecht eine erste Maßnahme zur Einführung der allgemeinen Schulpflicht erblicken wollen.

Unter den Männern, die Karl an seine Hofschule holte, ragte Alkuin aus York hervor. Dieser hatte bereits in der Heimat erfolgreich gewirkt und beriet nunmehr den Herrscher in allen Angelegenheiten, welche die Bildungsreform betrafen; er fungierte gleichsam als dessen Kultusminister. Unter seiner Leitung erlebte die Hofschule ihre Blütezeit. Dort wurden nicht nur künftige Kleriker, sondern ebenso auch künftige Würdenträger des Reiches erzogen, der Maxime Karls gemäß, dass Kirche und Reich gemeinsam ein und demselben Zwecke dienten, der *sapientia* im christlichen Sinne. Bei Alkuin, einem universalen Geist, gingen insbesondere Einhard, der Biograph Karls, sowie Hrabanus Maurus, der später die Klosterschule von Fulda zu einem berühmten geistigen Mittelpunkt machte, in die Lehre. Die Zöglinge der Hofschule verbreiteten die Bildung, die ihnen zuteil geworden war, im ganzen Reich, teils unmittelbar als Lehrer, wie z. B. auch Tatto, der Leiter der Klosterschule auf der Reichenau, teils indirekt als Bischöfe, die sich gründend und überwachend der Kloster- und Domschulen ihrer Diözese annahmen. So war die Hofschule das anschauliche Komplement der abstrakten Bestimmungen, die Karl in seinen Bildungsgesetzen gab. Sie diente als das lebendige Vorbild, nach dem man sich bei der Ausführung dieser Bestimmungen richten konnte.

Der wichtigste Gegenstand der frühmittelalterlichen Kloster- und Domschulen galt dem Zeitalter so sehr als Selbstverständlichkeit, dass er kaum einer Erwähnung bedurfte: die Beherrschung des Lateinischen in Wort und Schrift. Das gesamte kirchliche Leben, die Predigten für das Laienvolk ausgenommen, und erst recht aller Unterricht spielten sich in lateinischer Sprache ab, und wenn von Lesen, Schreiben und Grammatik die Rede ist, dann geht es stets um Latein. Dies bedeutete in der Zeit Karls des Großen und überhaupt im Mittelalter, dass sämtliche Zöglinge der Kloster- und Domschulen ein ihnen von Hause aus unbekanntes Idiom, eben das Lateinische erlernen mussten, das etwa vom 7. Jahrhundert an nirgends mehr als ›natürliche‹ Sprache verbreitet war.

Dieser Zustand hatte sich zum ersten Male auf den Britischen Inseln eingestellt. Denn dort, außerhalb des Römischen Reiches, hatte das Lateinische nicht, wie einst in den Gebieten, welche die Römer ihrer Herrschaft unterwarfen, als die Sprache der Eroberer die einheimischen Idiome verdrängt und dem Untergang anheim gegeben; dort fand das Lateinische vielmehr als die Sprache der Religion und der Bildung neben den einheimischen Idiomen Verwendung, sodass es nunmehr auch als übernationales Verständigungsmittel gebraucht werden konnte. Die Britischen Inseln hatten somit das erste Paradigma für das Nebeneinander von Volkssprachen und Latein, d. h. für jenen Bilinguismus abgegeben, den die Bildungsreform Karls des Großen auch für den Kontinent verbindlich machte. Karls Maßnahmen besiegelten zugleich den Bruch zwischen dem Lateinischen und den im Entstehen begriffenen romanischen Sprachen. Sie zielten darauf, das Latein der Kirchenväterzeit, einer inzwischen um drei bis vier Jahrhunderte zurückliegenden Epoche, zur Norm zu erheben, und ließen auf diese Weise die große Kluft offenkundig werden, welche die nunmehr von den Nachkommen der einstigen Reichsbevölkerung gesprochenen Idiome vom Kirchenväterlatein trennte.

Die Bildungsreform Karls des Großen griff auf den aus heidnischen und christlichen Elementen zusammengesetzten Kanon des Wissens zurück, den die Spätantike hinterlassen hatte. Das heidnische Fundament bestand vor allem aus den »Künsten des freien Mannes«, den Artes liberales, deren Siebenzahl sich in das sprachliche Trivium, in Grammatik, Rhetorik und Dialektik oder Logik einerseits, und in das mathematische Quadrivium, in Geometrie, Arithmetik, Astronomie und Musiktheorie andererseits gliederte. Diese Disziplinen waren im Unterricht der frühmittelalterlichen Schule von höchst unterschiedlichem praktischen Gewicht; das Quadrivium stand dem Trivium erheblich nach, und unter den Fächern des Triviums beanspruchte begreiflicherweise die Grammatik die größte Aufmerksamkeit. Als Hilfsmittel dienten im Wesentlichen die Werke, die schon die Spätantike benutzt hatte und die auch großenteils in der Spätantike entstanden waren. Wenn man, wie insbesondere Alkuin, mit eigenen Schulbüchern hervortrat, dann begnügte man sich mit Leitfäden, die aus überkommenen Materialien zusammengefügt waren. Der Umstand, dass die Schüler nicht mehr, wie einst, das Lateinische als ihre Muttersprache mitbrachten, wirkte sich auf das Repertoire der Lehrschriften nicht im Mindesten aus; insbesondere kannte man keinerlei kontrastive Grammatik. Die Klosterzöglinge erlernten also das Alltagslatein offensichtlich mit Hilfe der direkten Methode; die Kenntnisse, die sie auf diese Weise erworben hatten, wurden sodann durch das Studium eines Lehrbuchs gefestigt und vertieft, welches das Lateinische aus sich selbst beschrieb. Hierzu verwendete man meist die seit ihrem Erscheinen erfolgreichste Grammatik, die des Donat (4. Jahrhundert). In diesem Sinne war die europäische Schule von Anfang an, seit dem Frühmittelalter, eine Lateinschule: Die lateinische Sprache musste als Fremdsprache erlernt werden, aller Unterricht fand in ihr statt, und ihre Beherrschung war das wichtigste formale Bildungsziel.

Nahezu vier Jahrhunderte lang vollzog sich alle Wissensvermittlung in den Institutionen und Formen, die Karl der Große festgelegt hatte: Die Kloster- und Domschulen lehrten mit dem Lesen und Schreiben zugleich das Lateinische und benutzten die Artes liberales, um den Zöglingen die Kenntnisse verfügbar zu machen, die für das Verständnis der Heiligen Schrift erforderlich schienen. Adressat all diesen Bemühens waren und blieben zuallererst künftige Kleriker. Immerhin gab es neben den *scholae interiores*, den für den geistlichen Nachwuchs bestimmten klösterlichen Internaten, so genannte *scholae exteriores*, die auch von Laien besucht werden durften.

2. Das Bildungswesen des Hochmittelalters

Im hohen Mittelalter begannen sich diese Verhältnisse zu ändern. Ursachen hierfür waren zum einen das allmählich erblühende und sich ausbreitende Städtewesen, zum anderen eine erhebliche Zunahme des Wissens in den bisherigen Bereichen sowie die Erschließung neuer Disziplinen, der Jurisprudenz und der Medizin.

Handwerk und Handel führten zu Wohlstand und machten gediegenere Kenntnisse erforderlich. Hierdurch entstand das Bedürfnis nach einer für Laien, für Bürger geeigneten, der Lebenspraxis Rechnung tragenden Bildung. So kam neben den Dom- und Klosterschulen ein neuer, einfacherer Typus auf, die Pfarr- oder Stadtschule. Der Name Pfarrschule hat von daher seinen Ursprung, dass die Gründungen dieser Art einer Pfarrkirche zugeordnet zu sein pflegten; der Name Stadtschule, auch Ratsschule, verweist darauf, dass die städtischen Obrigkeiten in zunehmendem Maße für den Unterhalt aufkamen und demgemäß auch Einfluss auf das Schulregiment zu gewinnen suchten.

Die Stadtschule war die Vorstufe der frühneuzeitlichen Lateinschule und kann somit als eine Wurzel des weltlichen, nicht mehr von der Kirche beherrschten Bildungswesens gelten; man muss allerdings die Vorstellung fern halten, dass sie sich bereits in ihren Inhalten und Zielen von der Kirche distanziert hätte. Zu Konflikten zwischen Stadtobrigkeit und Klerus kam es lediglich in Verwaltungsfragen. Umstritten war insbesondere, wer das Recht habe, die Lehrer in Dienst zu nehmen: ob dies dem Haupt der Domschule, dem Scholaster, zukomme oder der städtischen Behörde. Die Unterrichtsgegenstände des neuen Schultyps wichen vom Bisherigen zunächst noch nicht ab; man pflegte sich dort lediglich mit einem bescheideneren Pensum zu begnügen. Auch die Kaufmanns- und Handwerkerkinder konnten also einstweilen das Lesen und Schreiben nur auf dem Umweg über das Lateinische erlernen. Erst gegen Ende des Mittelalters fing man an, sich stärker den Bedürfnissen des Bürgertums anzubequemen. Nunmehr kamen auch Schulen auf, die das Lesen deutscher Bücher und das Schreiben deutscher Briefe zu lehren sich anheischig machten. Diese so genannten Schreibschulen wurden zuerst von Privaten, dann auch von den Städten betrieben.

Das Hochmittelalter brachte als neue Institution die Universität hervor. Die Theologie hatte sich zu einer Erscheinungsform entwickelt, für welche sich die Bezeichnung Scholastik einbürgerte. Anknüpfend an erste Versuche der Spätantike, z. B. von Augustin oder Boethius, suchte man die christliche

Offenbarung zu einem widerspruchsfreien Ganzen zusammenzufügen, das nicht nur dem Glauben, sondern auch der Vernunft Genüge tat. *Fides quaerens intellectum*, »Der Glaube strebt nach Einsicht« lautet eine Devise, die Anselm von Canterbury, der »Vater der Scholastik«, geprägt hat.[5] Man bediente sich, um dieser schwierigen, letztlich unlösbaren Aufgabe Herr zu werden, der Philosophie, insbesondere der Logik des Aristoteles, wobei man nunmehr nach und nach auf dessen gesamtes Œuvre, soweit erhalten, zurückgreifen konnte, teils durch Vermittlung der Araber, teils mit Hilfe von lateinischen Übersetzungen der griechischen Originale. Auch außerhalb der Theologie führte die Erschließung bislang vernachlässigter antiker Quellen zu einer großen Expansion des Wissens. So kamen im 11. Jahrhundert die Digesten, der wichtigste Teil des Corpus Iuris, ans Licht; ihre Erläuterung nach den Methoden der Scholastik begründete die europäische Rechtswissenschaft.

Dem Aufschwung, den das Hochmittelalter auf allen Gebieten des Geisteslebens bewirkte, vermochten die überkommenen Kloster- und Domschulen nicht mehr zu genügen, und so entstand während des 12. Jahrhunderts zunächst in Italien und Frankreich ein freierer und größerer Typus von Lehranstalten, für welche die Bezeichnung *universitas*, Gemeinschaft der Lehrenden und Lernenden, aufkam. Diese Schulen neuer Art begnügten sich in der ersten Zeit mit *einem* Zweig der Wissenschaft, mit der Theologie (*studium generale* geheißen, im Unterschied zum *studium particulare* der Stadtschulen), mit der Jurisprudenz (die in Bologna ihre Wiege hatte) oder mit der Medizin (die vor allem in Salerno und Montpellier beheimatet war); doch bald ging aus ihnen die *universitas litterarum* hervor, d. h. die Institution, an welcher die Gesamtheit der von der Kirche anerkannten Wissenschaften gelehrt wurde.

Eine solche Universität umfasste nicht nur die drei genannten Fakultäten, die theologische, juristische und medizinische; sie enthielt vielmehr noch einen vierten Zweig, die *facultas artium* oder Artistenfakultät, die Vorgängerin der heutigen philosophischen Fakultät. Mit ihr pflegten alle Scholaren ihr Studium zu beginnen; sie diente hauptsächlich der Vorbereitung auf die übrigen Wissenschaften. Sie nahm sich, wie der Name andeutet, der Artes liberales an. In ihr war somit ein wesentlicher Teil des Pensums der Dom- und Klosterschulen aufgehoben; sie vermittelte indes dieses Pensum weit gründlicher und vollständiger als die älteren Einrichtungen. Wer in sie eintrat, brauchte nicht unbedingt über Vorkenntnisse im Lateinischen zu verfügen – auch Fünfzehnjährige wurden aufgenommen, was deshalb möglich war, weil alle Mitglieder der Universität Kleriker waren, die in klösterlicher Hut ein gemeinsames Leben führten.

In der Praxis aber waren die Zuständigkeiten wohl meist so verteilt, dass der junge Scholar zunächst an der Domschule einige Fertigkeit im Umgang mit der Sprache der Gelehrsamkeit erwarb, um sich an der Universität sogleich mit Nachdruck den übrigen Fächern des Triviums und dem mathematischen Quadrivium widmen zu können. Das Fundament aller Unterweisung in der Artistenfakultät war die aristotelische Philosophie; zusätzlich wurden auch hieran sich anlehnende Werke anderer, wie z. B. die »Summulae logicales« des Petrus Hispanus (13. Jahrhundert), benutzt. Das Studium bestand aus zwei Kursen. Wer den ersten Kurs – mit Logik und Physik als den wichtigsten Gegenständen – absolviert hatte, erwarb den Grad eines Baccalaureus; der zweite Kurs mit den übrigen Disziplinen des aristotelischen Systems führte zum Magister. Demjenigen, der sich dieser etwa drei Jahre beanspruchenden Vorbereitung unterzogen hatte, stand der Zugang zu den eigentlichen Fachstudien, zur Theologie, Jurisprudenz oder Medizin offen.

Alle Wissenschaft der mittelalterlichen Universität bestand vornehmlich im Bewahren und Weitergeben. Fortschritte oder Änderungen waren nur in dem Maße möglich, als es die vorgegebenen Grundsätze des christlichen Glaubens oder anderer Autoritäten – der aristotelischen Philosophie, des Corpus Iuris Justinians – zugestanden. Man begnügte sich im Wesentlichen damit, unter Berufung auf allgemein anerkannte Ergebnisse oder Überzeugungen Unklarheiten zu beseitigen, wobei man seine Aufmerksamkeit vor allem auf den Formalismus der Begriffe und die innere Stimmigkeit des daraus abgeleiteten Systems richtete und nur ziemlich wenig auf das Verhältnis von Lehre und Wirklichkeit.

Man kannte zwei Arten der Wissensvermittlung und geistigen Schulung, die *lectio* und die *disputatio*. Die *lectio* bestand in der Erklärung autoritativer Texte, die sich über Jahrhunderte hinweg gleich bleiben konnten. Die Dozenten der Artistenfakultät legten die überkommenen Standardwerke für Grammatik, Rhetorik, Dialektik usw. und vor allem die Schriften des Aristoteles aus und pflegten hierbei nach einem stereotypen Schema vorzugehen. Während die *lectio* der Weitergabe des Vorhandenen diente, war es Aufgabe der *disputatio*, den Wissensstand zu erweitern. Man hielt Vorträge, die in Thesen mündeten, und der Vortragende musste die Schwierigkeiten aus dem Wege räumen, die ihm von den Opponenten bereitet wurden. Diese Form des akademischen Unterrichts gab den Lernenden Gelegenheit, sich mit Hilfe dialektischer Verfahren im Analysieren von Problemen und Prüfen von Argumenten zu üben.

Der Wissenschaftsbetrieb der Scholastik hat in der lateinischen Sprache tiefe Spuren hinterlassen. Die Theologie und die übrigen Disziplinen des Hoch- und Spätmittelalters sind Urheber eines dritten und letzten Stratums von hervorstechenden Besonderheiten geworden: nach der klassischen Latinität (späte Republik, frühe Kaiserzeit) und der Latinität der Kirchenväter (Spätantike). Die Humanisten versuchten, rückgängig zu machen, was die Scholastik bewirkt hatte, indem sie den Sprachgebrauch der Klassiker, insbesondere Ciceros, zur alleinigen Norm erhoben; dies gelang indes nur zu Teilen, und zumal im Bereich der Wissenschaften blieb vieles von der mittelalterlichen Ausdrucksweise lebendig, solange überhaupt noch lateinisch geschrieben wurde.

Das Streben nach in sich stimmigen Systemen sowie überhaupt das dialektische Für und Wider mit all seinen Definitionen und Distinktionen erzeugte ein großes Bedürfnis nach einer möglichst mannigfaltigen und genauen Terminologie, die sich zugleich durch ein Höchstmaß an Abstraktion auszeichnete. Das scholastische Latein des Hoch- und Spätmittelalters unterscheidet sich daher von den früheren Stufen, insbesondere der ciceronischen, vor allem auf lexikalischem Gebiet; die Neubildungen sprossten und wucherten, wobei altüberkommene Suffixe wie *-itas* oder *-ibilis* in bisher unbekanntem Ausmaße verwendet wurden. Man mied Anschaulichkeit und suchte das Wesentliche und Allgemeine; in der Sprache spiegelte sich diese Einstellung durch eine möglichst abstrakte, in Nomina schwelgende Ausdrucksweise. *Veritas in quodam indivisibili consistens,* »die Wahrheit, die in etwas Unteilbarem besteht«: Diese Formulierung (sie stammt von Nicolaus Cusanus[6]) enthält mit *indivisibilis* eines der von der Scholastik besonders geschätzten *-ibilis*-Adjektive; sie bekundet zugleich die Vorliebe für Substantivierungen *(in quodam indivisibili)* und für Partizipialkonstruktionen *(consistens)*. Oder: *Quidditas rerum, quae est entium veritas, in sua puritate inattingibilis est,* »die Wesenheit der Dinge, welche die Wahrheit alles Seienden ist, ist in ihrer Reinheit unerreichbar«. Dieser Satz, ebenfalls eine Aussage des Cusanus,[7] führt drei Neologismen vor: das Substantiv *quidditas* (von *quid,* »was«, also eigentlich »Washeit«), das Partizip *ens* (von *esse,* »sein«; der vormittelalterlichen Latinität unbekannt) sowie das Adjektiv *inattingibilis.*

3. Der mittelalterliche Lateinunterricht

Die hoch- und spätmittelalterliche Zeit fand kein Genüge mehr an den aus der Antike und zumal aus der Spätantike überkommenen Schulbüchern: Sie brachte ein die älteren Werke ergänzendes oder verdrängendes Stratum von Kompendien hervor. Vor allem Donat und Priscian, die ehrwürdigen Autoritäten auf dem Felde der lateinischen Grammatik, erhielten jetzt einige Konkurrenz. So verfasste ein Schulmeister namens Eberhard von Béthune (12. Jahrhundert) eine Schrift, die den irreführenden Titel »Graecismus« trägt (wonach wiederum der Autor oft Graecista genannt wurde). Sie enthält in ihrem ersten Teil eine Liste von Erklärungen griechischer Wörter, behandelt jedoch in der Hauptsache die lateinische Grammatik, mit den herkömmlichen acht Redeteilen oder Wortarten als wichtigstem Gliederungsprinzip.

Alexander de Villa Dei trat zu Beginn des 13. Jahrhunderts ebenfalls mit einer Grammatik auf den Plan, mit dem »Doctrinale (puerorum)«, dem bis zur Humanistenzeit am weitesten verbreiteten Lateinlehrbuch. Es war vornehmlich ein Werk für ›Fortgeschrittene‹: Von den drei Abteilungen oder Klassen, in welche die Stadtschulen sich zu gliedern pflegten, hieß die unterste Tabulistae (nach der Tabula, einer Fibel mit einfachem Lesestoff), die mittlere Donatistae und die oberste Alexandristae.

An dritter Stelle sei noch der so genannte »Florista« erwähnt, von Ludolf von Luchow aus Hildesheim (Anfang des 14. Jahrhunderts); er nahm sich der Syntax an. Der Titel verweist auf die Anfangsworte der Schrift: *Flores grammaticae propono scribere*, »ich beabsichtige, Ansehnliches über die Grammatik zu schreiben«. Auch Poetiken oder Metriken wurden im hohen Mittelalter hergestellt, etwa die »Poetria nova«, die Galfred von Vinsauf zum Verfasser hat (12. Jahrhundert), oder der »Laborintus« des Eberhard von Bremen (13. Jahrhundert), eine Stil- und Verslehre, die der Autor, Scholaster am Dom, mit einer Klage, »De miseriis rectorum scholarum«, »Über das Elend der Schulmeister«, enden lässt.

Alle diese Werke und noch manche andere von gleicher Art haben eine aus heutiger Sicht überaus absonderliche Eigenschaft: Sie sind in Versen, meist in Hexametern oder elegischen Distichen, abgefasst. Versifizierte Lehrschriften mit grammatischem oder metrischem Inhalt waren auch der Antike nicht gänzlich fremd gewesen, doch bildete dergleichen – wie die erhaltenen Gedichte des Terentianus Maurus (2. Jahrhundert n. Chr.) – die Ausnahme, während das hohe Mittelalter die spröden Schulstoffe mit Vorliebe in ein poetisches Gewand kleidete. Ein wichtiger Grund für diese Eigentümlichkeit muss wohl darin gesehen werden, dass Bücher sowohl rar als auch teuer waren. Selbst an den Universitäten mussten sich drei oder mehr Studenten mit einem Exemplar des in der *lectio* behandelten Werkes begnügen; umso weniger werden für die Zöglinge der Stadtschulen Handschriften der Elementarwerke zugänglich gewesen sein. Daher stand notgedrungen das Auswendiglernen hoch im Kurs, und diese Plackerei wiederum glaubte man durch die Versform – insbesondere, wenn noch Reime hinzukamen – verringern zu können. Die Erfindung des Buchdrucks schuf hier Wandel; die Lehrer konnten nunmehr die für den Unterricht benötigten Texte drucken lassen. Die neuen Grammatiken, die damals entstanden, hatten daher ein stark verändertes Aussehen; sie waren in Prosa abgefasst und suchten dem Lernenden die Mühe über das Auge zu erleichtern: durch eine übersichtliche Anordnung und verschieden große Typen.

Das »Doctrinale« Alexanders de Villa Dei besteht aus 2645 Hexametern, meist so genannten leoninischen, d.h. aus Versen, bei denen Hauptzäsur und Endsilbe sich reimen:

Scribere clericulis paro Doctrinale novellis …

»Ich schicke mich an, für junge Geistliche ein Lehrbuch zu verfassen …«

Der Autor wollte mit seinem Werk nicht nur ein Kompendium der Grammatik bereitstellen, sondern auch das Lektüreprogramm reinigen: Er hoffte, dass das »Doctrinale« die »nichtsnutzigen« Elegien Maximians, eines heute obskuren, im Mittelalter jedoch viel gelesenen Elegikers (6. Jahrhundert) verdrängen werde.

Das Proömium gibt mit wünschenswerter Genauigkeit über den Inhalt des Werkes Auskunft. In insgesamt zwölf Abschnitten werden behandelt:

1. die Deklinationen (29–363)
2. Heteroclita (364–457)
3. die Komparation (458–498)
4. die Genusregeln (499–693)
5. Perfekt und Supinum der Verben (694–949)
6. Defectiva, Anomala (950–1047)
7. Inchoativa u. a. (1048–1073)
8. die Kasuslehre (Rektion; 1074–1368)
9. die Satzlehre (1369–1549)
10. die Quantitäten der Silben (Prosodie; 1550–2281)
11. die Betonung der Wörter (2282–2360)
12. die Stilfiguren (2361–2645)

Vom 14. Jahrhundert an wurde es üblich, das Werk in drei Hauptteile zu gliedern: Der erste Teil enthält die Abschnitte 1–7 mit der Formenlehre, der zweite die Abschnitte 8 und 9 mit der Syntax und der dritte die Abschnitte 10–12 mit den restlichen Gegenständen.

Wie ersichtlich, befasst sich der dritte Hauptteil, der fast die Hälfte des Ganzen ausmacht, nicht mehr mit grammatikalischen Problemen: Die Prosodie und die Akzentlehre gehören zur Metrik, und das Gebiet des Redeschmucks, der Tropen und Figuren, pflegt Teil der Rhetorik zu sein. Andererseits sind wichtige Materien unberücksichtigt geblieben, insbesondere die regelmäßigen Konjugationen und im Bereich der Syntax die Lehre von den Tempora und Modi. Das Fehlen der Verbalflexion lässt sich mit dem Vorhandensein von Tabellen erklären, die vollständige Paradigmen enthielten. Im Übrigen muss man bedenken, dass auch die antiken Grammatiken lückenhaft waren und die mittelalterlichen Schüler nach wie vor vieles auf direktem Wege, durch die tägliche Konversation in lateinischer Sprache, erwarben. Das »Doctrinale« diente der Festigung und Differenzierung schon vorhandener Kenntnisse.

Gleichwohl wird die Beschäftigung mit ihm, das Begreifen und Auswendiglernen der zahlreichen Regeln, viel Zeit und sauren Schweiß gekostet haben. Was die Versform an Erleichterung brachte, hat gewiss die meist ziemlich verzwickte Ausdrucksweise wieder an Erschwernis hinzugefügt, und überdies: Vor allem in der Formenlehre fehlte es noch an grundsätzlichen Einsichten in den Bau der Sprache, sodass eine umfängliche Kasuistik vermitteln musste, was sich heutzutage in ein paar einfache Regeln fassen lässt. Demgemäß wartet z. B. die Lehre von der konsonantischen Deklination (der Autor benötigt für sie 210 Verse: 85–294) mit einer langen Reihe aller möglichen Buchstabenkombinationen, biblische Eigennamen eingeschlossen, auf:[8]

o dabit eque vel a tibi declinatio terna.
c iunges a vel e, d vult i sola praeesse.
l cum vocali patietur qualibet addi.
n u non iunges, reliquis vocalibus addes.

»-o gibt dir und -e oder -a die dritte Deklination.
-c kannst du mit a und e verbinden, dem -d will allein i vorangehen.
-l erlaubt zu jedem Vokal hinzugefügt zu werden.
-n kannst du nicht mit u verbinden, wohl aber zu den übrigen Vokalen hinzufügen.«

Gemeint ist mit dieser Aufzählung, die sich noch über etliche Verse hinzieht, dass Substantive der konsonantischen Deklination im Nominativ des

Singulars mit den Vokalen -o, -e und -a (so griechische Fremdwörter vom Typ *lemma*) enden können, dass -c auf a und e folgt (*lac, alec*), -d jedoch nur auf i (*David*) usw.

Mit ähnlichen Verzeichnissen ist der Abschnitt über die Genera der Nomina angefüllt. Die Reihenfolge der Einzelregeln bemisst sich großenteils nach dem Platz, den der Schlusslaut im Alphabet innehat: Auf Angaben über Substantive, die mit *-al, -el, -il, -ol* und *-ul* enden, folgen Bemerkungen zu Wörtern auf *-am, -em* (*nequam, tantundem*) und *-um*, und hierauf wiederum Entsprechendes über Substantive auf *-an, -en* und *-in* (*Titan, ren, delphin*) – in dieser Weise fährt der Autor fort bis hin zum Schlusslaut -x.[9] Wie ersichtlich, werden Substantive, Adjektive und Pronomina (auch die Zahlwörter sind einbezogen[10]) promiscue behandelt; das nicht deklinierbare Adjektiv *nequam* hat eben »alle Genera«. Ferner fällt auf, dass Regeln und Ausnahmen ineinander fließen und dass Raritäten wie *delphin* dasselbe Maß an Zuwendung erhalten wie die häufigsten und gewöhnlichsten Erscheinungen.

Als letztes Beispiel dieser Art sei die Perfektbildung bei Verben der konsonantischen Konjugation genannt. Der Autor kennt die Unterscheidung von Wortstamm und Endung nicht, wie schon seine Behandlung der a-Konjugation zeigt:[11]

as in praeterito vi suscipit s removendo.

»-as nimmt -vi hinzu, wobei -s wegbleibt.«

So wird durch mechanistisches Anfügen und Wegnehmen aus der Präsensform *amas* die Perfektform *amavi*, ohne dass etwas über die Funktion der Formelemente verlautet. Dem entspricht, dass Alexander die Verben der konsonantischen Konjugation nicht nach der Bildungsweise des Perfekts zu gruppieren vermag: Die Kategorien u/v-, s-, Dehnungs-, Wurzel- und Reduplikationsperfekt sind ihm nicht geläufig. So sucht er abermals mit Hilfe des Alphabets der Vielfalt der Erscheinungen Herr zu werden. Er beginnt mit den Verben auf *-io*, wobei er nach den Schlusslauten der Stämme klassifiziert: *-cio* (wie *facio*); *-dio* (wie *fodio*), *-gio* (wie *fugio*) usw. Dem lässt er eine lange Liste folgen, die alles übrige hierher Gehörige enthält; er arbeitet sich von *-bo* (wie *scribo*, aber auch *bibo*) über *-co* (wie *duco*, aber auch *vinco, cresco* u. a.) bis zum Ausgang *-xo* (wie *texo*) durch.[12]

Der Abschnitt über das *regimen vocum*, die Rektion, erweist sich demgegenüber in der Reduktion auf das Wesentliche als deutlich erfolgreicher.[13] Die syntaktischen Grundbegriffe ›Subjekt‹ und ›Prädikat‹ finden sich zwar bei Alexander noch nicht; sie sind in der Dialektik, der Urteilslogik, zu Hause und begegnen während des Mittelalters auch sonst nur vereinzelt in grammatischem Zusammenhang. Alexander kennt indes zwei zu seiner Zeit auch sonst übliche Kategorien, die ungefähr dieselbe Bedeutung haben: *supponere*, »als Subjekt einsetzen« und *apponere*, »als Prädikat (und Apposition) einsetzen«. Die Lehre vom Genitiv präsentiert noch eine bunte Fülle von Verwendungsweisen; die Funktionen der übrigen Kasus sind übersichtlich und im Wesentlichen treffend dargestellt.

Das Pensum der Grammatik beschränkte sich seit jeher, seit der Antike, nicht auf reinen Sprachunterricht, auf das Einüben und Festigen von Regeln; zu ihm gehörten immer schon die Autoren, die bedeutenden Dichter und Schriftsteller, deren Werke gelesen und erläutert wurden. Die antike und mittelalterliche *grammatica* entspricht daher eher dem heutigen, die Sprache und die Literatur umfassenden Begriff ›Philologie‹. Für das intensive Studium sowohl alter als auch zeitgenössischer Literaturwerke, das in den Kloster- und Domschulen sowie in den Artistenfakultäten betrieben wurde, lassen sich vielfältige Zeugnisse anführen, zuallererst die Handschriften mit ihren Glossen und Kommentaren, an deren Zahl und Verbreitung sich ablesen lässt, welches Gewicht einem jeden Autor beigemessen wurde. Bestimmte Werke durften in keiner Schule fehlen; sie bildeten traditionsgemäß den Kanon, den unentbehrlichen Kernbestand der Lektüre.

Dieser Kanon setzte sich seit der Spätantike aus heidnischen und christlichen Schriften, aus Dichtung und Prosa zusammen; er konnte mit fortschreitender Zeit Neues in sich aufnehmen und Altes ausstoßen. Die Schule der Spätantike hatte ein Viergespann von Autoren in den Mittelpunkt ihrer Bemühungen gestellt: Vergil und Terenz, Cicero und Sallust.[14] Von ihnen vermochte sich Vergil unangefochten zu behaupten; er galt auch im Mittelalter als der Dichter schlechthin. Terenz wurde zwar nicht aufgeführt, jedoch so viel gelesen, dass sich Hrotsvith von Gandersheim veranlasst sah, seine gefährlichen Stücke durch – wie sie glaubte – Geeigneteres zu ersetzen. Sallust ging ebenfalls in den Kanon des Mittelalters ein; nur Cicero musste sich damit begnügen, dass er allenfalls von Einzelgängern, wie von Gerbert, dem nachmaligen Papst Silvester II. (gestorben 1003), gelesen wurde. Dass fernerhin Horaz, vor allem durch seine Episteln, viel Beachtung fand, bezeugen unter anderem die für Schulzwecke hergestellten Kommentare, und Ovid avancierte im Hochmittelalter zum *ethicus*, zum »Sittenlehrer«,[15] dessen Dichtungen, selbst wenn sie Laszivität nicht mieden, bewundert, interpretiert und imitiert wurden.

Der ethische Gesichtspunkt, die moralische Applikation: nach diesem Kriterium – das ziemlich weitherzig angewandt wurde – ließen sich sowohl die heidnischen als auch die christlichen Autoren vortrefflich rechtfertigen, und so schien den Schulmeistern des Mittelalters nichts wichtiger als ein Gütesiegel wie: *ethicae subponitur, quia tractat de correctione morum*, »(dieser Schriftsteller) wird der Ethik zugewiesen, da er von der Verbesserung der Sitten handelt«. Dieses Zitat ist den so genannten »Accessus ad auctores«, den »Zugängen (Einführungen) zu den Autoren« entnommen, einem auf die Spätantike zurückgehenden Erzeugnis des hochmittelalterlichen Schulbetriebs. Ursprünglich Einleitungen von Kommentaren zu einzelnen Schriftstellern, wurden sie vom 12. Jahrhundert an zu großenteils anonymen Sammlungen vereinigt. Sie pflegten ihren Gegenstand nach stereotyp wiederkehrenden Schemata zu behandeln; die wichtigsten Punkte, die hierbei erörtert wurden, waren: *vita auctoris, titulus operis, materia operis, intentio scribentis, utilitas, cui parti philosophiae subponatur*, »Leben des Autors, Titel des Werkes, Inhalt des Werkes, Absicht des Verfassers, Nutzen, welchem Zweig der Philosophie das Werk zugewiesen wird«. Die »Accessus« pflegten antike und mittelalterliche Autoren unterschiedslos nebeneinanderzustellen; ihr Hauptaugenmerk richtete sich stets auf die Frage, welche Möglichkeiten der moralischen Nutzanwendung ein jedes Werk enthalte. Die gesamte von ihnen berücksichtigte Literatur, d. h. der Lektürekanon, den die hochmittelalterlichen Schulen de facto befolgten, wurde so in ein zeitenthobenes System moralischer Normen eingeordnet.

Als Beispiel für den Inhalt und die Methode mag ein Ableger der »Accessus«-Sammlungen dienen, der »Dialogus super auctores« Konrads von Hirsau (gestorben um 1150). Die Schrift enthält Darlegungen über Donat, »Cato« (die so genannten »Disticha Catonis«), »Äsop« (eine Fabelsammlung), Avianus, Sedulius, Iuvencus, Prosper, Theodulus, Arator, Prudenz, Tullius (= Cicero), Sallust, Boethius, Lukan, Horaz, Ovid, Juvenal, »Homer« (die »Ilias Latina«), Persius, Statius und Vergil. Dieser üppige Katalog soll wohl eher einen äußersten Rahmen für das angeben, was überhaupt in Betracht kam, nicht so sehr ein in allen Punkten obligatorisches Lektüreprogramm.

Die Autoren sind nach Gattungen und Epochen bunt gemischt. Am Anfang steht das Sprachlehrbuch, die Grammatik Donats. Es folgen drei Namen, die man dem Bereich der Anfangslektüre zuweisen kann: »Cato«, womit eine Sammlung von Sprüchen ethischen Inhalts gemeint ist, die angeblich den berühmten Zensor der späten Republik zum Verfasser hat, in Wahrheit jedoch auf die Kaiserzeit zurückgeht,[16] »Äsop«, wohl jene spätantike Fabelsammlung, die auch unter dem Titel »Romulus« überliefert ist,[17] und schließlich der Fabeldichter Avian, die einzige authentische Figur der

Gruppe (4./5. Jahrhundert). Sodann befasst sich Konrad mit sechs christlichen Autoren, von denen ein einziger, Theodulus, dem Mittelalter, die übrigen der Spätantike angehören. Der Rest besteht aus zwei antiken Prosaschriftstellern und acht antiken Dichtern, zwischen denen der Philosoph Boethius einsam noch einmal den christlichen Part wahrnimmt. Von den Gattungen der christlichen Literatur ist die Bibelepik auffällig reichlich repräsentiert (Sedulius, Iuvencus, Arator), von denen der antiken Literatur die Satire (Horaz, der allerdings hauptsächlich als Autor der »Ars poetica« gewürdigt wird, Juvenal und Persius).

Die Schriftsteller werden nach dem viergliedrigen Schema *operis materia, scribentis intentio, finalis causa* (der Zweck, d. h. der Gewinn, den der Leser hat) und *cui parti philosophiae subponatur* vorgeführt; bei alledem kommt es Konrad hauptsächlich auf die moralische Applikation an. Ein weiteres Merkmal seines »Dialogus« ist eine didaktische, dem Schwierigkeitsgrad Rechnung tragende Zweiteilung: Einer kleineren Gruppe von Anfangsautoren, den *minores*, stehen die für reifere Schüler bestimmten *maiores* gegenüber. Zu den *minores* zählen Donat, »Cato«, die beiden Fabelsammlungen sowie die Bibelepiker Sedulius und Iuvencus; alle anderen will Konrad als Kost für Fortgeschrittene betrachtet wissen.

Konrads christliche Auswahl enthält außer spätantiken Autoren lediglich Theodulus, den Verfasser einer Gegenüberstellung biblischer und mythischer Stoffe, der wohl im 10. Jahrhundert gelebt hat.[18] Sie spiegelt eine Zeit, in der sich die üppige Literatur des Hochmittelalters eben erst zu entfalten begann. Das Bild, das sie vermittelt, hat sich bereits ein bis anderthalb Jahrhunderte später stark verändert: Die Kataloge Eberhards von Bremen und Hugos von Trimberg zeigen einen Kanon, der um eine erhebliche Anzahl zeitgenössischer Autoren vermehrt ist. Sie beschränken sich beide auf Dichter, Eberhard in dem schon erwähnten Lehrgedicht »Laborintus« (599–686), Hugo, der in der zweiten Hälfte des 13. Jahrhunderts eine Stiftsschule nahe Bamberg geleitet hat, in einem eigenen Werk, dem in Vagantenversen abgefassten »Registrum multorum auctorum«.

Eberhard hat – abgesehen von den Prosaschriftstellern – nahezu sämtliche Autoren Konrads übernommen; einzig der Bibelepiker Iuvencus kehrt bei ihm nicht wieder. Demgegenüber enthält seine Liste zwanzig Neulinge, von denen fünf der Spätantike und die übrigen fünfzehn dem 11. und 12. Jahrhundert angehören, darunter Vitalis von Blois, Walter von Châtillon, Marbod von Rennes und Alanus von Lille sowie etliche Verfasser von Schulbüchern, z. B. Alexander de Villa Dei. Auch das »Registrum« Hugos hält sich, was die antiken Autoren angeht (abgesehen wiederum von den Prosaisten), an den Kanon Konrads von Hirsau; außerdem enthält sein achtzig Dichter umfassender Katalog neunundfünfzig Namen, die dem Mittelalter entstammen.

Das Unterscheidungskriterium der Schwierigkeit ist bei den beiden Scholastern des 13. Jahrhunderts immerhin angedeutet. Eberhard hebt an mit der Mahnung, man solle den Knaben Lektüre in die Hände geben, der ihre Kräfte gewachsen seien, und nennt sodann »Cato«, Theodulus, Avian und »Äsop«, also bis auf Theodulus dieselben Texte, die Konrad für Anfänger empfohlen hatte. Hugo wiederum arbeitet mit einer Dreiteilung: Auf die *maiores ethici*, d. h. antike und mittelalterliche Dichter profaner Stoffe, und die *katholici auctores*, die Dichter, die sich geistlicher Themen annehmen, folgen die *minores*, die für die jüngeren Schüler geeigneten Schriftsteller.

Die Lektüre, die Beschäftigung mit den Autoren um der Inhalte und der sprachlichen Form willen, war im hohen Mittelalter nicht unumstritten. Hugo von Trimberg fürchtete für sein Programm, und so klagte er in der Vorrede seines »Registrum«: *omne vetus studium perit accedente moderno*, »die alte Art des Lernens geht unter, da eine ›moderne‹ sich ausbreitet«; einst habe man die Autoren gelesen, fährt er fort, jetzt aber sei man auf scholastische Spitzfindigkeiten aus. Die Wurzeln des Gegensatzes lagen in Frankreich. Zumal an der Pariser Universität hatte sich eine entschieden ›moderne‹ Einstellung ausgebreitet; unter den Artes, die nach wie vor der wichtigste Gegenstand der Lehre waren, eroberte die Dialektik den ersten Platz, und insgesamt machte sich die Neigung bemerkbar, die überkommenen Stoffe in einer neuen, möglichst abstrakten Form zu vermitteln. Man kann auch die Lehrbücher, die damals aufkamen, das »Doctrinale« Alexanders de Villa Dei und andere, als Symptome dieses Vorgangs deuten. Durch sie erhielt die Theorie, eine zum Teil ziemlich spekulative Beschäftigung mit dem Regelsystem, im Grammatikunterricht ein zuvor unbekanntes Gewicht; sie wurde zum Selbstzweck und ließ das Studium der ›alten‹ Autoren als unnützen Ballast erscheinen.

So kam es zum Streit zwischen zwei Richtungen: Die Anhänger der einen wollten am Herkommen, an der Verbindung von Grammatik und Lektüre festgehalten wissen, die der anderen strebten nach Trennung von den Autoren, nach einem sich selbst genügenden Umgang mit formalen Gesetzen und insbesondere nach dialektischen Subtilitäten. Johannes von Salisbury legt den Repräsentanten dieser ›modernen‹ Denkweise in einem Spottgedicht die folgende Kritik an den Gegnern in den Mund:[19]

Vetus hic quo tendit asellus?
Cur veterum nobis dicta vel acta refert?
A nobis sapimus, docuit se nostra iuventus,
non recipit veterum dogmata nostra cohors.

»Worauf ist der alte Esel aus?
Was bringt er uns die Worte und Taten der Alten an?
Von uns aus sind wir klug, unsere Jugend hat sich selber belehrt,
die Grundsätze der Alten nimmt unsere Gruppe nicht an.«

Man habe die Autoren nicht mehr nötig, heißt es weiterhin, und brauche sich um die Feinheiten der Sprache nicht zu kümmern; man könne mit weit geringerer Mühe wortreich disputieren. Die Replik, die Johannes daraufhin vorträgt, gipfelt in den Antithesen:

laudat Aristotelem solum, spernit Ciceronem
...
litera sordescit, logica sola placet –
(wer dergleichen behauptet,)

»lobt nur noch Aristoteles und verschmäht Cicero
...
die Literatur verkommt, nur noch die Logik findet Anklang.«

Der Streit zwischen den Verfechtern der neuen Artes und den Verteidigern der Autoren zog sich über die Jahrhunderte hin. In Frankreich, seinem Ursprungsland, warf sich zunächst die Schule von Chartres zur Vorkämpferin der Klassikerlektüre und einer hieran sich orientierenden, sorgsam gepflegten Sprache auf; dann, vor allem im 13. Jahrhundert, suchte Orléans der Sprachverwilderung zu wehren, der durch die einseitige Beschäftigung mit der scholastischen Theorie und Disputierkunst Vorschub geleistet zu werden schien. Der normannische Troubadour Henry d'Andely, zugleich Gelehrter der Pariser Universität, hat die große Auseinandersetzung in einem satirischen Gedicht, »La bataille des sept arts«, überaus plastisch und drastisch dargestellt.

II. Die Lateinschule der frühen Neuzeit

1. Humanistische Einflüsse vor der Reformation

a) Der italienische Humanismus und seine Pädagogik

Am 20. Mai 1347 ergriff Cola di Rienzi in Rom, der in der Zeit des Avignoner Exils papstlosen Stadt, die Zügel der Macht. Er nannte sich ›Volkstribun‹: Er hatte Livius gelesen und sich von den monumentalen Überresten aus der Antike inspirieren lassen; er hielt sich für berufen, Alt-Rom zu erneuern. Dieser Versuch, ein aus der Vergangenheit abgeleitetes Ideal gleichsam wörtlich in die politische Wirklichkeit umzusetzen, scheiterte. Umso mehr Erfolg war denen beschieden, die der Antike im Reich des Geistes und der Künste eine Wiedergeburt zu bereiten suchten, allen voran Francesco Petrarca, dem Wegbereiter des Humanismus. Ihm war wenige Jahre vor Rienzis Staatsstreich, am 8. April 1341, auf dem römischen Kapitol die Ehre der Dichterkrönung zuteil geworden; er hatte damals, indem er sich auf antike Autoritäten, insbesondere auf Cicero, stützte, für seinen Beruf, den des Dichters, die führende Rolle in der Gesellschaft beansprucht.

Die Renaissance und der Humanismus, die beiden eng miteinander verwandten Bewegungen der frühen Neuzeit, die schließlich, im 15. und 16. Jahrhundert, die ganze ›lateinische‹ Sphäre Europas – nicht hingegen den griechisch-orthodoxen Osten – erfassten, haben ihren Ursprung in Italien. Sie sind das Produkt zweier Gegebenheiten. Einmal existierte dort ein Städtewesen, an dessen wirtschaftlicher Blüte Adel und Bürgertum gleichermaßen Anteil hatten; der Wohlstand bewirkte, dass breite Kreise Wissen nicht mehr um der bloßen Daseinsbewältigung willen, sondern auch als Selbstzweck erstrebten. So brachte die italienische Stadtkultur zwar noch keine rein laizistische Bildung und kein weltliches Schulwesen hervor, wohl aber bewirkte sie, dass neben die überkommene, auf Transzendenz hin angelegte Haltung ein energischer Wille zu geistiger Erfassung und Gestaltung des Diesseits trat. Zum anderen hatte man in Italien in einer Dichte wie nirgends sonst Bilder vor Augen, die den neuen Bedürfnissen Richtung und Ziel weisen konnten. Mancher Vers der »Divina Commedia« ließ sich mit ganz geringen Änderungen ins Lateinische übersetzen, und wie die Sprache, so empfand man auch die Geschichte Roms, deren steinerne Zeugen überall sichtbar waren, als der eigenen Vergangenheit zugehörig.

Das italienische Städtewesen züchtete ein starkes Selbstwertgefühl. Man erlebte, wozu man es aus eigener Kraft bringen konnte, und so waren die Machthaber und Söldnerführer, die Kaufleute und Bankherren, die Künstler und Gelehrten gleichermaßen bestrebt, ihre Individualität zu entfalten und zur Geltung zu bringen. Das Medium, das die bisher allmächtigen transpersonalen Bindungen lockern half und ein größeres Maß an Diesseitszugewandtheit, bis hin zu leiblichen Genüssen, zu legitimieren schien, war die vorchristliche Antike, war nicht nur das spätrepublikanische und frühkaiserzeitliche Rom, sondern in erheblichem Umfang auch das alte Griechenland. Hierzu gab eine äußere Entwicklung starke Impulse: Die Bedrängnisse und schließlich der Fall von Konstantinopel im Jahre 1453 brachten mit sich, dass eine Fülle von griechischen Handschriften und zahlreiche griechische Gelehrte in den Westen gelangten. Die Wissbegierigen konnten nunmehr auch das Griechische im eigenen Lande erlernen; Boccaccio (1313–1375) las Homer, während sein Zeitgenosse Petrarca (1304–1374) hierzu noch nicht imstande war. Gemistos Plethon gab durch seine Platon-Vorlesungen in Florenz den Anstoß zur Erneuerung der platonischen Akademie (1462), woraus dem allerorten herrschenden Aristotelismus eine spürbare Konkurrenz erwuchs.

Die radikale Rückwendung zur griechisch-römischen Antike bedingte, dass man an den lateinischen Autoren, die schon immer zum Kanon der Schule und der gelehrten Studien gehört hatten, kein Genüge mehr fand: Es setzte ein eifriges Stöbern nach seltenen Werken ein. Schon Petrarca hatte sich auf seinen Reisen durch Frankreich und Deutschland um alte Handschriften bemüht, und geradezu berühmt wurden die Entdeckungen, die Poggio Bracciolini als päpstlicher Sekretär vom Konstanzer Konzil (1414–1418) aus machte.[1] Man war bestrebt, seine Kenntnisse von der Antike auf ein sicheres und breites Fundament zu stellen; man verfertigte möglichst fehlerfreie Ausgaben der vorhandenen Texte und bemühte sich um deren Kommentierung.

Vor allem brach man mit der zeitgenössischen scholastischen Sprache; man wollte die Entwicklung, welche das Lateinische seit der Kirchenväterzeit und zumal während des Hochmittelalters in syntaktischer und lexikalischer Hinsicht genommen hatte, nicht mehr gelten lassen und erhob den Wortschatz und die Ausdrucksweise der antiken Autoren, insbesondere Ciceros, zur alleinigen Richtschnur des eigenen Sprachgebrauchs. Hierbei ging es ohne interne Stilkontroversen nicht ab: Einer minder strengen, bei der Wahl der Mittel eher eklektizistischen Richtung standen die rigorosen

Ciceronianer gegenüber – sie haben sich im frühen 16. Jahrhundert durchgesetzt. Das große, Epoche machende, wenn auch zunächst nicht unumstrittene Werk, das den Bruch mit der Tradition in aller Schärfe vollzog, waren die »Elegantiarum linguae Latinae libri« von Lorenzo Valla (1444): Hier wurde der reine Sprachgebrauch der antiken Schriftsteller in allen Einzelheiten festgestellt.

Die Humanisten waren meist bürgerlicher Herkunft. Sie gehörten teils dem Klerus an und übten zu einem anderen Teil weltliche Berufe aus, indem sie sich als Juristen und Staatsbeamte, als Sekretäre hoher Herren, akademische Lehrer oder sonst wie betätigten. Ihre Zusammengehörigkeit beruhte auf dem Bestreben, alle Bereiche des geistigen Lebens durch den Rückgriff auf die Antike von den verfälschenden Einflüssen der vergangenen Jahrhunderte zu befreien und in der ihnen zukommenden Form wiederherzustellen. Sie waren sowohl Gelehrte als auch Schriftsteller, und so richteten sie ihr Hauptaugenmerk auf die Erneuerung der lateinischen Literatur. Hiermit fanden sie viel Resonanz; ihr fruchtbares Wirken brachte in etwa anderthalb Jahrhunderten zum letzten Male ein gesamteuropäisches, nicht nach Nationalsprachen sich unterscheidendes Schrifttum hervor.[2] Ziemlich alle Gattungen, auch in Versen, wurden wiederbelebt; aus dem Bemühen, die attische Tragödie auch hinsichtlich der Musik und des Tanzes zu rekonstruieren, ging die Oper hervor.[3]

Humanisten, Literaten und Ästheten, dem verknöcherten Formalismus der Spätscholastik abhold und den Realitäten des Lebens zugewandt, fühlten sich als Exponenten einer neuen Zeit; sie pflegten selbstbewusst aufzutreten und gierten nach Anerkennung. Sie hatten das Glück, dass eine technische Erfindung, die zeitlich genau mit dem Fall von Konstantinopel koinzidierte, ihren Bestrebungen zugute kam: die Erfindung der beweglichen Lettern, des Buchdrucks. Das neue Verfahren, das schlagartig die mühsame Verfertigung einzelner Abschriften durch die Möglichkeit ersetzte, Hunderte von Exemplaren auf einmal herzustellen, breitete sich innerhalb weniger Jahrzehnte über ganz Europa aus. Hiervon aber profitierten vor allem die Humanisten, die sofort erkannten, welch nützliches Mittel ihnen nunmehr zu Gebote stand, ihre Ideen zu propagieren, ihre Ausgaben antiker Autoren zu verbreiten und ihren eigenen Werken zu einer zahlreichen Leserschaft zu verhelfen.

Zu Pädagogen und Schulmeistern glaubten sich die Humanisten im Allgemeinen nicht berufen, jedenfalls die italienischen nicht – nördlich der Alpen hingegen hatte es hiermit eine etwas andere Bewandtnis. Gleichwohl spielten erzieherische Fragen in der humanistischen Essayistik von Anfang an eine erhebliche Rolle. Die Menschheit sollte nach dem Vorbild von Griechenland und Rom erneuert werden; folglich musste man sich mit Nachdruck der heranwachsenden Generation annehmen. Und auch auf diesem Felde bot die nachahmungswürdige Antike Lehren dar, die von der überkommenen Praxis der Kloster- und Stadtschulen erheblich abwichen. Zwei Quellen waren es vor allem, welche die Humanisten mit einer ›modernen‹, liberalen, auf die Anlagen des Einzelnen zugeschnittenen Art des Erziehens bekannt machten: das erste Buch der großen Rhetorik, der »Institutio oratoria« Quintilians und vor allem die unter dem Namen Plutarchs überlieferte Schrift *Περὶ παίδων ἀγωγῆς*, »Über Kindererziehung«. Quintilian, im Mittelalter fast verschollen, wurde durch Poggio, der in St. Gallen eine vollständige Handschrift entdeckte, wieder ans Licht geholt; sein Werk avancierte sofort zu einer maßgeblichen Autorität in Fragen der Bildung. Von der pseudoplutarchischen Schrift kam um dieselbe Zeit, zu Beginn des 15. Jahrhunderts, eine lateinische Übersetzung heraus; sie stammte von eben jenem Guarino da Verona, über dessen erzieherische Grundsätze die Nachwelt durch eine kleine Abhandlung des Sohnes Battista unterrichtet ist.[4]

Der Autor der Schrift »Über Kindererziehung« beginnt mit einigen Voraussetzungen erfolgreichen pädagogischen Bemühens; man solle z. B. darauf achten, dass die Personen, die mit dem Kinde umgehen, korrekt zu sprechen vermögen und dass die Aufseher und Lehrer frei sind von Charakterfehlern. Der Verfasser wendet sich sodann den Inhalten des Unterrichts zu, der Rhetorik, der Philosophie, den Leibesübungen, und verweilt schließlich bei den Methoden und Zielen der Erziehung zur Sittlichkeit. Für ihn stehe fest, schreibt er hier,[5] dass man die Kinder durch Ermahnungen und Vernunftgründe zu Fleiß und gutem Betragen anhalten müsse und nie durch Schläge und Demütigungen; Lob und Tadel, in richtiger Dosierung angewandt, bewirkten weit mehr als alle körperliche Züchtigung. Auch dürften die Eltern nicht zu ehrgeizig sein und zu viel von ihren Kindern verlangen; sie müssten ihnen hinlänglich Zeit für Spiel und Erholung gönnen. Auf einige weitere Betrachtungen dieser Art folgt schließlich die Mahnung, dass niemand erziehen könne, der nicht selbst ein gutes Beispiel gebe. Die hier skizzierten pädagogischen Grundsätze sind von großer Liberalität; sie umfassen die physische, die moralische und die intellektuelle Seite der menschlichen Existenz. Die Religion hat keine Bedeutung, die Moralgebote werden aus Vernunftgründen abgeleitet. Der Autor zeigt viel Vertrauen in die Möglichkeiten erzieherischen Bemühens; Eltern und Lehrer sollen in gemeinsamer

Anstrengung aus dem Heranwachsenden einen Gentleman machen, der ein anziehendes Äußeres mit freundlichem Betragen und Selbstbeherrschung mit Pflichtbewusstsein zu verbinden weiß.

Das erste Buch der Rhetorik Quintilians wartet mit ähnlichen Prinzipien eines ausgewogenen bürgerlichen Erziehungsstils auf. Der Umwelt des Kleinkindes wird großes Gewicht beigemessen: man lege Wert auf Ammen und Erzieher, von denen keinerlei schädliche Einflüsse ausgehen. Ein Kind, das sich von Vorhaltungen nicht beeindrucken lasse, bemerkt Quintilian zur Frage der körperlichen Züchtigung, stumpfe auch gegen Schläge ab; Prügel seien meist die bedauerliche Folge eines Versagens der Erzieher. Was das Maß der Belastungen angeht, so warnt auch die römische Schrift vor Übertreibungen: das Lernen solle sich wie im Spiel vollziehen, es zeitige umso bessere Resultate, je stärker das Kind motiviert sei. Quintilian geht außerdem auf Punkte ein, die der griechische Autor nicht berücksichtigt hat. So befasst er sich eingehend mit der Frage, woran man Begabung erkenne und wie man die pädagogischen Maßnahmen nach Talent und Temperament des Kindes differenzieren könne. Er bringt ferner ein erstaunliches Plädoyer für die Unterweisung in öffentlichen Schulen, die besser sei als der häusliche Einzelunterricht. Mit den angeblich schädlichen Einflüssen der Schule habe es nichts auf sich; die Kinder brächten die schlechten Gewohnheiten meist schon aus dem Elternhause mit. Und für die Schule sprächen die soziale Gewöhnung, die Freundschaften fürs Leben, die man dort zu begründen pflege, die Anpassung an den *sensus communis* und schließlich auch der Wetteifer.

Die italienischen Humanisten paraphrasierten und variierten auf mancherlei Weise die Lehren, die sie bei (Pseudo-)Plutarch und Quintilian vorfanden. Das ausführlichste Werk dieser Art hat der vielseitige Maffeo Vegio (1407–1458) verfasst, ein Freund des Enea Silvio de'Piccolomini. Er sucht dort – der Titel lautet »De educatione liberorum et claris eorum moribus« – die christliche Tradition mit den neuen Idealen in Einklang zu bringen[6] und nennt demgemäß in seinen Lektüreempfehlungen sowohl biblische Bücher als auch antike Autoren wie Sallust und Vergil. Auch Enea Silvio stellte einen pädagogischen Traktat zusammen, »De liberorum educatione« (1449) für den jugendlichen Herrscher Ladislaus, König von Ungarn und Böhmen. Die Schrift, die mit Leibesübungen, richtiger Ernährung und Ähnlichem beginnt, verweilt des Längeren bei der Grammatik und bringt sodann eine ausführliche Lektüreliste: Während der Abschnitt über die Dichter nur antike Autoren und keinen einzigen christlichen zu nennen weiß,[7] enthält der Prosaabschnitt nicht nur die üblichen römischen Schriftsteller wie Cicero, Livius und andere, sondern auch Kirchenväter und sogar Zeitgenossen wie Guarino da Verona oder Poggio Bracciolini.

b) Erste pädagogische Impulse nördlich der Alpen

Einen ersten, allerdings folgenlosen Schimmer des Humanismus hatte schon um die Mitte des 14. Jahrhunderts der Prager Hof Kaiser Karls IV. erlebt: Dort hatte Cola di Rienzi Zuflucht gesucht; dort war Petrarca als Gesandter von Mailand erschienen. Greifbare Einflüsse machten sich erst ein Jahrhundert später bemerkbar. Vor allem die Konzile zu Konstanz (1414–1418) und Basel (1431–1449) haben der italienischen Erneuerungsbewegung jenseits der Alpen den Boden bereitet. Die herausragende Persönlichkeit unter den Humanisten, die sich damals im Norden aufhielten, war Enea Silvio de'Piccolomini, der nachmalige Papst Pius II.: Er hatte in Basel verschiedenen geistlichen Würdenträgern gedient und verfocht sodann als Sekretär der kaiserlichen Kanzlei in Wien seine humanistische Sache. Von keinem anderen gingen indes so nachhaltige Wirkungen aus wie von dem Niederländer Rudolf Agricola (1443–1485): Er hat mit den neuen Ideen einer freien, auf die eigene Vernunft sich gründenden Geisteshaltung und einer sachbezogenen Rationalität sowohl die Schule als auch die Universität stark beeinflusst.

Der Friese aus Groningen, der sich lange in Italien aufgehalten hatte und in Heidelberg starb, führte eine unstete, ungebundene Literatenexistenz. Er verabscheute die Schule; er wies ihr gleichwohl mit einer kleinen Schrift, die »De formando studio« (1484) benannt zu werden pflegt, neue Wege. Seine Lehre war stärker sach- als formbezogen: Auf die Richtigkeit des Inhalts kam es ihm mehr an als auf die Eleganz des Ausdrucks, sosehr er als Humanist auch diese gewahrt wissen wollte. Als Quelle aller Gelehrsamkeit pries er die Autoren, *qui rebus cognitu dignis clarissimum eloquentiae lumen addiderunt, ut una opera et rerum notitia tibi et quod post eam proximum feci, commode eloquendi ratio contingat*[8], »welche die wissenswerten Dinge im vollsten Licht der Beredsamkeit dargestellt haben, auf dass dir in einem Bemühen sowohl Sachkenntnis als auch – was ich für das Zweitwichtigste halte – die Fähigkeit des gewandten Ausdrucks zuteil werde«.

Agricola, vielseitig, dem Ideal des *uomo universale* sich nähernd, der kein repräsentatives Œuvre hinterließ, hat offenbar vor allem als Persönlichkeit gewirkt. Seine einfachen didaktischen Grundsätze fanden zumal bei den Brüdern vom gemeinsamen Leben (Fratres communis vitae, Fraterherren) große Resonanz. Diese christlichen Lebensgemeinschaften hatten sich im 15. Jahrhundert von Deventer aus über die Niederlande und Westdeutschland verbreitet. Sie waren ein Spross der Devotio moderna, einer Frömmigkeitsbewegung, die das Ideal der mönchischen Abgeschiedenheit durch weltzugewandte helfende Liebe zu ersetzen suchte; die Brüder, die in eigenen Häusern ein streng klösterliches Leben führten, betätigten sich nach Kräften auf dem Felde der Jugenderziehung und gewährten Schülern Unterkunft und Kost. Die Anstalt in Deventer brachte es zu besonderem Ruf; in ihr haben Nicolaus Cusanus und Erasmus die Grundlagen ihres Wissens erworben. Als Erasmus dort lernte, begann sich der Einfluss Agricolas bemerkbar zu machen, und zwar durch den Schulmann Alexander Hegius, der zwar das »Doctrinale« Alexanders de Villa Dei[9] noch beibehielt, im Übrigen aber das scholastische Latein durch das ciceronische ersetzte und sogar das Griechische einführte.

Hegius, der Rektor der Schule zu Deventer, verfügte bereits über die Druckerpresse, sodass er seinen pädagogischen Vorstellungen zu großer Wirkung verhelfen konnte: Außer zahlreichen Ausgaben von Werken Ciceros, Vergils und anderer erschien am Ort ein kleines Lehrbuch, das in die Konjugation der griechischen Verben einführte. Dass die Möglichkeit, in Maßen neue Unterrichtshilfsmittel herzustellen, die Verbreitung des humanistischen Lehrprogramms erheblich gefördert und beschleunigt haben muss, zeigen die Erfolge des Hegius-Schülers Johannes Murmellius, der in seinem kurzen Leben (1480–1517) eine erkleckliche Anzahl immer wieder nachgedruckter Schulbücher hergestellt hat. So das »Pappa puerorum« (etwa: »Väterlicher Ratgeber für Knaben«) betitelte Elementarwerk, das in der ersten Hälfte des 16. Jahrhunderts mindestens 32 Auflagen erlebte,[10] und so erst recht eine Anthologie aus den römischen Elegikern, die sich bis zum Ausgang des 18. Jahrhunderts zu behaupten vermochte. Mit Hilfe seiner Bücher gelang es Murmellius, der an der Domschule in Münster tätig war, das »Doctrinale« allmählich aus dem Unterricht zu verdrängen. Im Jahre 1517 erschien sein letztes Werk, der »Scoparius in barbariei propugnatores et osores humanitatis« (»Kehrbesen gegen die Verfechter der Barbarei und Verächter der Humanität«), eine Streitschrift gegen den mittelalterlichen Schulbetrieb,[11] insbesondere gegen die Grammatik Alexanders und deren Pendant in der Logik, die »Summulae logicales« des Petrus Hispanus.

Die gemäßigt humanistische Richtung der Fraterherrenschulen fand vielerorts bereitwillige Aufnahme; sie fasste bereits ziemlich früh, um die Mitte des 15. Jahrhunderts, auch am Oberrhein Fuß. Hier war es die Schule in Schlettstadt, die unter der Leitung eines Zöglings der Fraterherren und seiner Nachfolger einen beachtlichen Ruf genoss. Aus ihr gingen bekannte Männer hervor, insbesondere der Pädagoge Jakob Wimpfeling und der Philologe Beatus Rhenanus. Der vielseitige Gelehrte Wimpfeling (1450–1528), der Theologie und Rechtswissenschaft studiert hatte und sowohl an der Heidelberger Artistenfakultät als auch am Dom zu Speyer Ämter bekleidete, rezitierte im Jahre 1480 das von ihm verfasste Stück »Stylpho«, das als das erste humanistische Drama in Deutschland gilt. Der Inhalt ist lehrhaft: Der Titelheld missachtet die Schulbildung und endet, da er an einem Lateinexamen scheitert, als Schweinehirt.

Wimpfeling hat ein gut Teil seiner Publikationen der Verbesserung des Lateinunterrichts gewidmet. Er stellte Lehrbücher her – »De arte metrificandi libellus«, eine sehr erfolgreiche Metrik, sowie Hilfsmittel für Rhetorik – und verfasste pädagogische Werke, darunter den »Isidoneus germanicus«, der 1497 in Straßburg erschien. Der »Isidoneus« (der Titel setzt sich aus *εἴσοδος* und *νέος* zusammen, also etwa: »Einführung für junge Leute«) ist ein überaus präziser Leitfaden für die Hand des Lehrers. Die Jugend, verlautet im Schlusskapitel, solle nicht mehr Dunkles und Unnötiges lernen müssen, nicht mehr kostbare Zeit vergeuden, nicht mehr auf gewundenen Pfaden dem Ziel der Grammatik nachstreben, ohne es je zu erreichen, nicht mehr in den beiden Teilen, d. h. der Formenlehre und der Syntax, des »Doctrinale« in einem Alter blättern, in dem ausländische Altersgenossen bereits Doktor der Rechte seien, nicht mehr unfähig sein, lateinisch zu sprechen, zu schreiben und zu verstehen, und nicht mehr Dinge hören, die für die Heilige Schrift, für Philosophie, Medizin und das Recht nichts einbringen. Deutschlands Schulen seien zurückgeblieben, meint Wimpfeling, und er glaubt, dass sich der Abstand aufholen lasse, wenn man sich die Errungenschaften der fortschrittlichen Italiener zu Eigen mache. Er verwirft das »Doctrinale« nicht ganz und gar: Der Hauptteil des »Isidoneus«, die Kapitel 1–19, gehen Stück für Stück die grammatikalischen Pensen durch, zeigen, wie man sie durchnehmen müsse und wie weit man sich dabei auf das Lehrbuch Alexanders stützen könne; Wimpfeling richtet sich hierbei nach der Auswahl, die sein Schlettstädter Lehrer getroffen hatte. Offensichtlich braucht jetzt, da die gedruckten Bücher zu Gebote stehen (Wimpfeling beklagt bereits das Übermaß: die unnützen Kommentare zum »Doctrinale«), nicht mehr so viel auswendig gelernt zu werden, und für die Flexion scheint sich Wimpfeling das meiste vom Einüben geeigneter Paradigmen zu versprechen. Auf die Grammatik folgt der Lektürekanon.[12] Ein heftiges Plädoyer verficht den Standpunkt, dass auch klassische Autoren unabdingbar seien; andererseits aber werden die Horaz-Oden, die Satiriker und Ovid als für die Jugend gefährlich abgelehnt. Was die christlichen Schriftsteller angeht, so erachtet Wimpfeling die Praxis der Italiener für zu radikal; er möchte sowohl die Kirchenväter als auch Dichter wie Prudenz und Sedulius beibehalten wissen. Wie ersichtlich, war er um Kompromisse zwischen dem Überkommenen und dem Neuen bemüht: Er mochte sich nicht vom »Doctrinale« trennen, suchte jedoch dessen Geltung einzuschränken, und er propagierte ein aus antiken und christlichen Autoren zusammengesetztes Lektüreprogramm.

Um die Wende vom 15. zum 16. Jahrhundert wurden die neuen humanistischen Studien in Mitteleuropa ubiquitär; in einer friedlichen Revolution breiteten sie sich schrittweise nach allen Seiten aus. Urheber der Veränderungen waren noch stets die Träger der einzelnen Schulen, die Klöster, die Kathedralen und vor allem die Städte; Initiativen, die mit einem Schlag das Unterrichtswesen einer ganzen Region reformiert hätten, fanden nicht statt. So verlief die Entwicklung von Ort zu Ort verschieden, und Altes und Neues stießen mitunter hart aufeinander. Auch innerhalb der einzelnen Schulen gab es in einer Übergangszeit kompromissbedingte Gemengelagen; man hielt z. B. trotz humanistischer Gesinnung am »Doctrinale« fest oder las nach wie vor christliche Autoren wie Sedulius und Boethius. Im Ganzen erwies sich der Humanismus als unaufhaltbar. Ein ziemlich konstanter Inbegriff römischer Autoren, mit Cicero und Vergil an der Spitze, setzte sich allgemein durch. Die Zahl der des Griechischen kundigen Lehrer wuchs, und vereinzelt fand sogar Unterricht in Hebräisch statt. Oft wurden auch zeitgenössische Schriftsteller, wie Enea Silvio und Erasmus, gelesen. Wendige Schulmeister brachten neue Lehrbücher auf den Markt und erzielten damit mitunter beachtliche Erfolge, etwa Johannes Cochlaeus in Nürnberg mit seinem »Quadrivium grammatices«[13] oder Laurentius Corvinus in Breslau mit einer Stilkunde, dem »Hortulus elegantiarum«,[14] worin gute und schlechte Beispiele einander gegenübergestellt werden.

c) Die Bildungsschriften des Erasmus

Auch Erasmus beteiligte sich einmal in Person am Umbau der Bildungseinrichtungen. Ein königlicher Rat hatte testamentarisch eine Stiftung hinterlassen; mit ihr sollte in Löwen eine Anstalt finanziert werden, die dazu bestimmt war, die drei Sprachen der Bibel zu lehren. Erasmus, der sich damals, in den Jahren 1517/18, in den Niederlanden aufhielt, hat die Gründung des

Collegium trilingue nach Kräften gefördert. Der Unterricht begann im Jahre 1518 mit drei Lehrern und zwölf Stipendiaten; zu den öffentlichen Vorlesungen sollen sich etwa dreihundert Hörer eingefunden haben. Im Übrigen nahm sich Erasmus der Erneuerung des Schulwesens aus der Distanz des Schriftstellers an. Seine berühmteste Bildungsschrift, der »Ciceronianus«, gehört nur mittelbar in diesen Zusammenhang. Der Dialog handelt, wie der Titel andeutet, von einer Mode des Zeitalters, dem Streben nach einem lateinischen Stil, der sich in allen Stücken aufs Peinlichste am Vorbild Ciceros orientierte. Erasmus konnte diesen extremen Klassizismus so wenig gutheißen wie schon andere Humanisten vor ihm, zumal ihm darin die Gefahr enthalten zu sein schien, dass die pagane Form für wichtiger angesehen werde als christliche Inhalte. Das Problem des richtigen Stils gewann für ihn eine religiöse Dimension, und nicht zu Unrecht, da die Cicero-Puristen sich auf einen Wortschatz beschränkt sahen, der sie nötigte, theologische Themen zu meiden oder in befremdlicher Weise zu paraphrasieren.

Erasmus war auf pädagogischem Gebiet kein originaler Denker. Er zeigt sich dort mehr als anderswo bis ins Detail seinen Quellen verpflichtet: den antiken wie Quintilian und (Pseudo-)Plutarch, den zeitgenössischen wie Maffeo Vegio. Er äußerte sich zur Pädagogik und Didaktik als gewandter und vielgelesener Publizist; er verstand sich meisterlich darauf, die vernünftigen Empfehlungen, die er in den einschlägigen Schriften vorfand, zusammenzustellen und unter die Leute zu bringen: Die kleine Abhandlung »De ratione studii« z. B. erlebte etwa neunzig Auflagen. Man wird ihm daher durchaus gerecht, wenn man ihn als den bedeutendsten Propagandisten der humanistischen Erziehungs- und Bildungslehre bezeichnet. Unter den hierher gehörigen Traktaten seiner nie ermüdenden Feder haben zwei besonderes Gewicht: die erwähnte Abhandlung »De ratione studii ac legendi interpretandique auctores«, »Über die Methode des Studiums und die Lektüre und Erklärung der Autoren«, vom Jahre 1511, sowie die Schrift »De pueris statim ac liberaliter instituendis«, »Von der Notwendigkeit frühzeitiger wissenschaftlicher Unterweisung der Knaben«, vom Jahre 1529. Wie vom Titel verheißen, befasst sich Erasmus in dem an zweiter Stelle genannten Werk mit der Kindererziehung und der elementaren Schulbildung, während er in der »Ratio studii« den höheren Unterricht erörtert.

Erasmus misst der Erziehung große, vielleicht allzu große Bedeutung für Wohlfahrt und Lebensglück des Menschen bei; er schätzt sie höher ein als die Natur, die Veranlagung, und meint, dass es die Bildung sei, die den Menschen zum Menschen mache. Die von ihm für die gedeihliche Entwicklung des Kindes für erforderlich erachteten Maßnahmen beginnen bereits – worin er (Pseudo-)Plutarch und anderen folgt – mit der Gattenwahl, der Zeugung und der Schwangerschaft der Mutter; er will beim Heranwachsenden auf richtige Ernährung und Kleidung geachtet wissen. Man halte schlechte Einflüsse, z. B. von Dienstboten, fern und beginne so früh wie möglich mit Belehrungen; zuallererst müsse das Kind sich daran gewöhnen, deutlich und fehlerfrei zu sprechen. Dass es sich zu sehr anstrenge und Schaden an seiner Gesundheit nehme, lasse sich vermeiden, indem man sich auf das Wesentliche beschränke und ohne Zwang auszukommen suche: alles Lernen solle sich wie im Spiel vollziehen. Der Lehrer müsse sich der Zuneigung des Kindes versichern, ohne dass der vertrauliche Umgang in Respektlosigkeit umschlage. Man achte auf das jeweilige Fassungsvermögen des Zöglings: der frühen Jugend seien Fabeln, Hirtengedichte und Sprichwörter angemessen und man könne Bilder benutzen, um das Erzählte eingängiger zu machen. Kunstgriffe vermöchten das Trockene des Schreiben- und Lesenlernens zu mildern, z. B. Backwerk, das die Buchstaben abbilde, als Belohnung für das Kind, das sie richtig bestimme. Man lasse die Schüler im Wettstreit sich gegenseitig unterrichten und nehme Rücksicht auf die individuellen Fähigkeiten eines jeden. Erasmus wäre nicht er selbst, wenn er die Kinder nicht schon in dieser Phase in die Anfangsgründe des Lateinischen und Griechischen eingeführt wissen wollte; sie müssten ja irgendwie beschäftigt werden, und ein noch so geringer Ertrag sei allemal besser als gar nichts.

Auf zwei Punkten insistiert Erasmus mit größtem Nachdruck. Man könne nicht früh genug mit der Unterweisung beginnen, hämmert er dem Leser ein: es gebe Frauen, die ihre Kinder bis fast zum siebten Jahre auf dem Schoße behielten, und man warte bei den Knaben bis über die Pubertät hinaus, ehe man sie in eine Schule schicke. Diese Übertreibungen scheinen auf ein verbreitetes Übel zu weisen: dass die Unvernunft oder Nachlässigkeit der Eltern kostbare Jahre nutzlos verstreichen ließ. Erasmus wiederum plädiert für das entgegengesetzte Extrem: die Unterweisung beginne, sobald das Kind sprechen könne.

Das zweite Monitum ist durch ein offenbar ebenfalls verbreitetes Übel verursacht, unter dem Erasmus, wie er schreibt, selbst hat leiden müssen und das er im Namen der Menschlichkeit mit schärfsten Worten zu bekämpfen sucht: das Prügeln, die schwere körperliche Züchtigung. Er berichtet von Fällen grausamer Misshandlung, warnt vor der abstumpfenden Wirkung häufiger Hiebe und hält dagegen, dass Ehrgefühl und Lob der wirksamste Ansporn zu fleißigem Lernen seien – wer nicht auf gütliche

Weise dazu gebracht werden könne, der tauge eben nicht für die Schule, der sei für die Pflugschar oder die Mühle geboren.

Die Schrift »De ratione studii«, ein Abriss der Didaktik für Fortgeschrittene, hat technischen Charakter: Es geht um Hilfsmittel und Methoden des Sprach-, Literatur- und Rhetorikunterrichts. Ohne *verba* keine *res*, hebt Erasmus an; die Kenntnis der Wörter sei früher, die der Sachen wichtiger, lautet seine beherzigenswerte Maxime. Folglich bedürfe man zuallererst der Grammatik: der des Theodoros Gazes (ca. 1400–1478) für das Griechische (von ihr hatte Erasmus eine lateinische Übersetzung angefertigt),[15] der des Niccolò Perotti (1430–1480) für das Lateinische.[16] Man suche mit möglichst wenigen Regeln auszukommen; Sicherheit im Reden erwerbe man durch tägliche Konversation sowie durch Lektüre. Erasmus bringt eine Auswahl, die lediglich antike Autoren enthält: Lukian, Demosthenes und Herodot, Aristophanes, Homer und Euripides; Terenz, Plautus (in Auswahl: nur Stücke ohne Obszönitäten), Vergil und Horaz sowie Cicero, Caesar und eventuell noch Sallust. Man ziehe zur Förderung der *elegantia sermonis* Laurentius Valla heran; man verschaffe sich einen Überblick über die Rhetorik und die Dialektik und übe seinen Stil in Poesie und Prosa. Zur Unterstützung des Gedächtnisses könne man Schemata anfertigen, zum Aufhängen im Studierzimmer.

Der Rest der Schrift macht starke Anleihen beim Rhetorikunterricht der Antike. Erasmus empfiehlt Aufsätze über Themen und in Formen, wie sie die so genannten Progymnasmata vorsahen: Übungen nach Aussprüchen, Fabeln u. a., verschiedene Arten von Briefen, schließlich Suasorien, d. h. Beratungsreden allgemeinen Inhalts oder auf Grund einer mythischen Situation – etwa: Phönix fordert Achill auf, wieder mitzukämpfen. Es folgen noch Gesichtspunkte, die man bei der Lektüre beachten solle: Besonderheiten des Ausdrucks, der Komposition, des Schmuckes usw. In diesem Zusammenhang nimmt Erasmus die zweite Ekloge Vergils, ein Gedicht über das erfolglose Liebeswerben eines Hirten, zum Anlass, allerlei Betrachtungen über die Freundschaft zusammenzustellen.

d) Der Kampf gegen das scholastische Latein

Die Lehrkompetenzen der Schulen und Universitäten überschnitten sich in dem Bereich, den die humanistische Bewegung zu erneuern suchte: im sprachlich-literarischen Bereich, in der Handhabung des Lateinischen. So begreift sich leicht, dass auch die Universitäten zum Schauplatz der Veränderungen wurden, dass die Humanisten auch dort allenthalben einen Platz neben den Repräsentanten des Alten oder gar statt ihrer beanspruchten. Im deutschen Sprachraum zogen sie in der Hauptsache gegen zwei Erscheinungen zu Felde: gegen den Wissenschaftsjargon der Scholastik, der längst in ein epigonenhaftes Spätstadium eingetreten und zu inhaltsarmem, mit Terminologie überfrachtetem Formalismus erstarrt war, sowie gegen die verlotterte Alltagsphraseologie der Unterrichtsroutine.

Als exemplarisches Dokument des humanistischen Kampfes für die Sprachreform sei die Programmschrift des Tübinger Rhetorik- und Poetik-Professors Heinrich Bebel genannt, die »Comoedia de optimo studio iuvenum« (»Dialog über die beste Art der jungen Leute, zu studieren«), ein Werk, das im Jahre 1501 zum ersten Male szenisch dargeboten wurde. Bebel lässt dort einen Bauernsohn auftreten (er heißt Vigilantius, »der Wachsame, der Schlaukopf«), dem durch Ratgeber und Mahner von falschen zu richtigen Studien, d. h. von den scholastischen Methoden und Inhalten zu denen der Humanisten verholfen wird. Ein erstes Gespräch fördert zutage, dass Vigilantius in zwölf Jahren Lateinschule viel Verkehrtes gelernt hat, insbesondere unnützen Formelkram nach der Grammatik des Alexander de Villa Dei, und dass darüber seine Fähigkeit, sich treffend und elegant auszudrücken, erheblich zu kurz gekommen ist. Hieraus resultiert der Studienplan: Vigilantius soll sich der Morallehre, der Rhetorik und den übrigen freien Künsten widmen. In einem späteren Gespräch der »Comoedia« nimmt ein gewisser Lentulus, ein »Langsamer«, die Rolle des Rückständigen wahr: Während Vigilantius bereits das korrekte, klassische Idiom der Humanisten beherrscht, plappert dieser in schlechtem, scholastischem Latein dahin, wobei er mit krassen Germanismen aufwartet, mit grundfalschen Formulierungen wie *Ego libenter audio, quando tibi bene vadit*, einer wörtlichen Wiedergabe des Satzes »Ich höre gerne, dass es dir gut geht«.

Aus der Zeit des Übergangs, der Zeit unmittelbar vor dem Beginn der Reformation, ragt ein Ereignis heraus, eine Auseinandersetzung, in der das Alte und das Neue, die untergehende Scholastik und der nachdrängende Humanismus, ihre Positionen bestimmten wie sonst nirgends: der Kölner Judenbücherstreit, der Streit zwischen Pfefferkorn und Reuchlin. Er dauerte länger als ein Jahrzehnt; er machte ein gut Teil der gelehrten Welt nördlich der Alpen auf der einen oder anderen Seite zu Mitstreitern. Hierbei entfernte er sich von seinem ursprünglichen Anlass, und sein vornehmster Gegenstand waren die Ansprüche der neuen, der humanistischen, auf das klassische Latein sich gründenden Bildung.

Johannes Pfefferkorn, ein Kölner Jude, der zum Christentum übergetreten war,[17] hatte in einer Reihe von Schriften seinen einstigen Glaubensgenossen Christenhass und Wucher vorgeworfen; er forderte die Vernichtung der außerbiblischen hebräischen Literatur, insbesondere des Talmud. Als er sich im Jahre 1509, gestützt auf eine kaiserliche Anweisung, anschickte, seine Forderung selber in die Tat umzusetzen, wurden auf Betreiben des Mainzer Erzbischofs von den Universitäten Mainz, Köln, Erfurt und Heidelberg sowie von drei einzelnen Sachverständigen Gutachten eingeholt. Hierunter befand sich Johannes Reuchlin, die unbestrittenermaßen größte Autorität für die hebräische Sprache und Literatur; er hatte kurz zuvor, im Jahre 1506, ein grundlegendes Werk über das Hebräische, »De rudimentis Hebraicis«, herausgebracht. Er sprach sich – anders als die übrigen Instanzen, die im Wesentlichen Pfefferkorn Recht gaben – für ein gemäßigtes Vorgehen aus: nur Schriften, die sich offensichtlich gegen das Christentum richteten, seien einzuziehen; alles andere, darunter den Talmud, solle man den Juden lassen.[18]

Im Jahre 1511 folgte ein publizistischer Schlagabtausch zwischen den Protagonisten. Auf Pfefferkorns gehässigen »Handt Spiegel« folgte wenige Monate später der »Augenspiegel«, worin Reuchlin nicht nur Pfefferkorn, sondern auch die Kölner Universität heftig attackierte. Nunmehr war der Brand voll entfacht. Es kam zu einer Fülle weiterer Pamphlete (die beiden Parteien sollen insgesamt 44 Schriften in dieser Sache verfertigt haben), und die Kölner versuchten gar, Reuchlin mit juristischen Mitteln zum Schweigen zu bringen. Ein Prozess, der sich bis zur Appellationsinstanz in Rom hinzog, brachte jedoch keine Entscheidung.

Der Judenbücherstreit wuchs sich unterdessen zu einem allgemeinen, das Grundsätzliche erörternden Konflikt zwischen den beiden Lagern, den Repräsentanten der Scholastik und den Humanisten, aus. Wer am Überkommenen festhielt, sympathisierte mit Pfefferkorns Parteigängern, den Kölner Theologen, während sich die Anhänger der neuen Wissenschaft um Reuchlin scharten. Im Jahre 1514 veröffentlichte dieser unter dem Titel »Clarorum virorum epistolae«, »Briefe berühmter Männer«, eine Auswahl aus seiner Korrespondenz; die Sammlung zeigte, welchen Ansehens er sich erfreute und auf welchen Beistand er in seinem Kampf gegen die Kölner rechnen durfte.

Dieser Sammlung folgte im Herbst 1515 ein Werk, das offensichtlich als ihr Gegenstück konzipiert war. Es trug den sonderbaren Titel »Epistolae virorum obscurorum«, »Briefe von Dunkelmännern«; es enthielt 41 Stücke verschiedener Autoren, die an Ortvinus Gratius gerichtet waren, einen Magister in Köln, der zu Pfefferkorns Anhängerschaft zählte. Bald stellte sich heraus, dass die ganze Sammlung fingiert war, und zwar von unbekannten Parteigängern Reuchlins: Die Gegner sollten dadurch bloßgestellt werden, dass man Briefe unter die Leute brachte, die ihren Standpunkt in satirischer Verzerrung andienten. Die geheim gehaltenen Autoren (man weiß jetzt, dass die Kollektion der Erstausgabe zum größten Teil von dem Erfurter Humanisten Crotus Rubeanus stammt) zeigten hierbei ein solches Geschick, dass ihr Erzeugnis nicht nur bei den Zeitgenossen größtes Aufsehen erregte, sondern auch bei der Nachwelt immer wieder Bewunderer fand: Die »Dunkelmännerbriefe« gingen als Archetyp einer Gattung, des satirischen Briefes, in die Literaturgeschichte ein. Die dritte Auflage, die etwa ein Jahr nach der ersten erschien, brachte eine Erweiterung des Bestandes; die sieben Stücke, die hinzukamen, haben offensichtlich Ulrich von Hutten zum Verfasser, und dieser steuerte auch das Gros der Briefe bei, die einen zweiten Band fiktiver Dunkelmännererzeugnisse, publiziert im Jahre 1517, füllen.

Inmitten der kabarettartigen Vielfalt satirischer Themen, die den Pfefferkorn-Reuchlin-Streit umranken, ragen zwei durch ihre Aufdringlichkeit und Häufigkeit hervor: einmal der Umbruch im Bildungswesen, der Gegensatz von Alt und Neu, zum anderen die Beschränktheit der Briefschreiber, ihre krasse Unwissenheit insbesondere auf dem Felde der lateinischen Literatur und Sprache, wobei sich die Letztere vor allem in der unsäglich tölpelhaften Ausdrucksweise manifestiert.

Der Brief 2,46 wartet mit einem detaillierten Kontrastgemälde auf. *Credo, quod diabolus est in illis poetis; ipsi destruunt omnes universitates*, »Ich glaube, dass der Teufel in diesen Poeten steckt; sie richten alle Universitäten zugrunde« – so stellt sich dort einem Magister Unckebrunck das Treiben der Humanisten dar. Von einem Leipziger Kollegen, der seit 36 Jahren im Besitze seiner Würde war, habe er erfahren, wie es einst, in seiner Jugend, um seine Universität stand. Im Umkreis von zwanzig Meilen habe sich kein Poet sehen lassen. Die Studenten hätten ihre Vorlesungen sorgfältig ausgearbeitet, und es sei ein Skandal gewesen, wenn sich jemand auf der Straße zeigte, ohne die Logik des Petrus Hispanus[19] unter dem Arm zu tragen. Und wenn es ein Grammatikschüler war, dann konnte man ihn am »Doctrinale« des Alexander oder einem anderen Elementarwerk erkennen.[20] Die Magister standen in hohen Ehren, und die Studenten pflegten nach anderthalb Jahren zum Baccalaureus, nach zweieinhalb bis drei Jahren zum Magister aufzurücken.[21] Schließlich konnten auch die Eltern zufrieden sein, weil sie ja sahen, wofür sie ihr Geld ausgaben.

Alledem weiß Unckebrunck ein düsteres Bild von den Verhältnissen, die die Humanisten herbeigeführt haben, gegenüberzustellen. Die Studenten, versichert er, wollten nur noch Vergil, Plinius und andere ›neue‹ Autoren hören, und auch nach fünf Jahren Studium gelangten sie nicht zur Promotion. Die Eltern aber seien sehr ungehalten und warnten vor der Universität, da die jungen Leute dort nichts Ordentliches mehr lernten. Kurzum, was hätten die Lehrer der alten Schule an der Universität noch zu bestellen? Die resignierte Antwort lautet in dem unüberbietbar schlechten Latein des Briefschreibers:

> *Nos non habemus proficuitatem, quia socii non volunt amplius stare in bursis vel sub magistris; et quando sunt viginti studentes, vix unus intendit procedere ad gradus, sed omnes alii volunt studere in humanitate.*
>
> »Wir haben keinen Profit mehr, weil die Burschen nicht mehr in den Alumnaten und unter Aufsicht der Magister leben wollen, und wenn man zwanzig Studenten hat, dann beabsichtigt kaum einer davon zu den Graden zu gelangen; alle übrigen aber wollen in Humanismus studieren.«

Unckebrunck bezeichnet paradoxerweise die bei den Humanisten in Ehren stehenden Autoren als ›neu‹, wie denn umgekehrt – z.B. im Brief 1,25 – die von den Scholastikern traktierten Werke ›alt‹ genannt werden. Diesen offenbar verbreiteten Sprachgebrauch bestätigt mit programmatischer Deutlichkeit und wiederum in miserablem Latein Magister Hafenmusius aus Nürnberg, der ›Verfasser‹ der Epistel 1,7: *Et isti humanistae nunc vexant me cum suo novo Latino*, »Und diese Humanisten plagen mich jetzt mit ihrem neuen Latein«, heißt es dort – gemeint sind hiermit die zuvor genannten antiken Schriftsteller Vergil, Cicero, Plinius, Sallust. *Et annihilant*, fährt Hafenmusius fort, *illos veteres libros, Alexandrum, Remigium, Ioannem de Garlandia*, »Und vernichten die alten Bücher, Alexander (de Villa Dei), Remigius (von Auxerre), Johannes von Garlandia«, d.h. sie verachten außer Alexanders traditioneller Lateingrammatik auch Schriften aus dem 9. und 13. Jahrhundert, die ebenfalls grammatischen Studien dienten.[22]

Als Beispiel für die literarhistorische Ignoranz der fiktiven ›Dunkelmänner‹ mag das Stück 2,35 dienen. Ein Magister mit dem sprechenden Namen Lamp wirft dort – nachdem auch er sich darüber beklagt hat, dass ein Anhänger der ›neuen‹ Poetik die ›alten Väter‹, d.h. Alexander und andere, gering schätze – den spätantiken Grammatiker Diomedes und die gleichnamige Figur des griechischen Mythos in einen Topf: der von jenem Humanisten empfohlene Verfasser einer Ars grammatica sei wahrlich ein schlechter Christ gewesen, habe er doch menschenfressende Pferde gehalten.

Mit ähnlich starkem Tobak wartet der Brief 2,44 auf. Der Schreiber will in Rom ein neues Buch erhalten haben, das er Ortvinus zukommen lässt. Es habe einen gewissen Homer zum Verfasser, der der Vater aller Poeten sei. Es gebe noch einen anderen Homer, in griechischer Sprache, doch: *Quid mihi est cum Graeco? – ille Latinus est melior*, erklärt der gute Mann. »Was habe ich mit dem griechischen (Homer) zu schaffen? – der lateinische ist besser.« Es folgt eine erheiternde Inhaltsangabe der »Ilias«, aufgesetzt von einem naiven Ignoranten – ihr liegt offenbar die »Ilias Latina« zugrunde, ein dürftiges hexametrisches Resümee aus neronischer Zeit.

Bisweilen offenbaren die in ihrer Schreibweise ständig gegen die Regeln der lateinischen Grammatik verstoßenden Autoren auch durch ihre Argumentation, wie es mit ihren diesbezüglichen Kenntnissen bestellt ist. Im Stück 2,13 wird Ortvinus von einem Doktor der Theologie zurechtgewiesen, weil er von einem Gelehrten geschrieben habe, er sei *membrum decem universitatum*, »Mitglied von zehn Universitäten«. Dies sei ungereimt, da ein einziges Glied nicht zu mehreren Körpern gehören könne; wer an zehn Universitäten immatrikuliert sei, müsse sagen: *Ego sum membra decem universitatum*, »Ich bin Glieder von zehn Universitäten«. Zum Beweis für seine sonderbare, den wörtlichen und bildlichen Gebrauch von *membrum* ineinssetzende Logik beruft er sich auf den Anfang der 2. Ekloge Vergils, wo ein hübscher junger Hirtensklave als *deliciae domini*, »Ergötzer seines Herrn«, d. h. mit einem Wort bezeichnet wird, das nur im Plural gebräuchlich war.

Es wurden bereits einige Proben von der Schreibweise der ›Dunkelmänner‹ gegeben; sie hat wohl mehr noch als die Inhalte zu dem großen Erfolg beigetragen, der der Briefsammlung beschieden war. Sie macht – was nicht überrascht – mancherlei Anleihen beim Vokabular der Scholastik: durch pompöse Verben auf *-ficare* oder Adjektive auf *-abilis*, *-ibilis* und zumal durch ausladende Substantive wie *venerabilitas* oder *honorabilitas*. Ihr auffälligstes, fast in jeder Zeile begegnendes Merkmal jedoch ist jenes Latein aus der Küche, das überall durchscheinen lässt, dass es vom Deutschen her gedacht und Wort für Wort vom Deutschen ins Lateinische übersetzt ist, ohne jegliche Rücksicht auf das dort Erlaubte und Übliche.

Die Formenlehre, die Flexion der Nomina und Verba, dürfen die ›Autoren‹ der Briefe noch leidlich beherrschen, allerdings nicht ohne dass ihnen gelegentlich Ausrutscher wie *carminam* statt *carmen* oder *parvissimum* statt *minimum* unterlaufen. Die eigentlichen Tummelplätze jener Einfälle, die die sprachliche Inkompetenz der ›Dunkelmänner‹ dokumentieren sollen, sind indessen die Syntax und die Phraseologie. Der Akkusativ mit Infinitiv ist unbekannt, und abhängige Sätze mit *quod* behaupten allein das Feld, wobei der Konjunktiv der abhängigen Rede ungenutzt bleibt. Auch indirekte Fragen verwenden den Indikativ, und direkte ermangeln der sie kennzeichnenden Fragepartikel. Ortsnamen verbinden sich mit *in* oder *ex*; es heißt also *in Colonia* statt *Coloniae*. Der Gebrauch der Präpositionen spiegelt auch sonst das Deutsche, etwa in dem zitierten Satz *vexant me cum suo novo Latino*, »Sie plagen mich mit ihrem neuen Latein«. Die deutsche Idiomatik endlich schimmert überall durch – nach dem Muster von *nos non habemus proficuitatem*, »Wir haben keinen Profit (mehr)«.

2. Die protestantischen und katholischen Schulen

a) Die Reformatoren über die Ziele des gelehrten Unterrichts

Die erste große Welle von Veränderungen im gelehrten Schulwesen, die humanistische, war von Italien ausgegangen und hatte sich von dorther über das ganze lateinisch sprechende Europa verbreitet, und zwar gemächlich und so, dass Alt und Neu, scholastische und humanistische Studien lange Zeit nebeneinander bestanden. Demgegenüber war die zweite, die reformatorische Welle neuernder Eingriffe kleinräumiger; sie blieb im Wesentlichen auf Mittel- und Nordeuropa beschränkt. Sie hatte indes einen zeitlich und örtlich exakt bestimmbaren Ausgangspunkt: Luthers Thesenanschlag in Wittenberg am 31. Oktober 1517, und sie dehnte sich innerhalb weniger Jahre einem Flächenbrand vergleichbar über das genannte Gebiet aus. Ihr eignete ja nicht wie dem Humanismus das sanfte Gepräge einer geistigen Strömung, einer Interessengemeinschaft von Intellektuellen; sie war eine Bewegung mit revolutionären Begleiterscheinungen, die das ganze Volk ergriff. Der Humanismus hatte die überkommenen Institutionen im Wesentlichen unangetastet gelassen; die Reformation hingegen führte gerade dort, bei den Schultypen und ihren Trägern, einen tiefgreifenden Wandel herbei: Mit den neuen städtischen und fürstlichen Schulen gingen große Bereiche des Unterrichtswesens von den kirchlichen auf weltliche Instanzen über.

Die Überzeugungen und Ziele der Humanisten und Reformatoren wichen nicht nur erheblich voneinander ab, sondern erwiesen sich auch als zum Teil miteinander unverträglich, wie mit exemplarischer Deutlichkeit das Zerwürfnis zwischen Luther und Erasmus zeigt. Den Humanisten ging es zuallererst um Bildungsangelegenheiten, um die Verhältnisse an den

Schulen und Universitäten, und hier vermochten sie durch wissenschaftliche Kritik und elegantes Argumentieren viel zu bewirken. Die Reformatoren hingegen suchten das Verhältnis des Menschen zu Gott neu zu bestimmen, und ihre Angriffe auf die bestehenden Zustände galten unmittelbar der Kirche als der Hüterin der Religion und zumal deren Oberhaupt, dem Papst; das Schulwesen war für sie erst an zweiter Stelle, als Mittel zum Zweck, von Belang. Die Humanisten wussten mit den für die Reformatoren fundamentalen Kategorien der Sünde und Gnade nicht viel anzufangen; ihr Lebensgefühl legte ihnen ein optimistisches Menschenbild nahe, das mit einer weitreichenden Abhängigkeit von Gott nicht rechnen mochte. Den Reformatoren aber (und hierin ist die partielle Unvereinbarkeit der beiden verwandten Strömungen zutiefst verwurzelt) war es bitterer Ernst mit dieser Abhängigkeit, und nichts schien ihnen so verfehlt wie die Annahme, dass der Mensch durch sich selbst, ohne die göttliche Zuwendung, selig zu werden vermöge.

Für das Schulwesen hatte indessen das Gemeinsame größeres Gewicht als das Trennende, sodass dort die humanistischen und die reformatorischen Postulate zu einer in sich stimmigen Einheit miteinander verbunden werden konnten. Humanisten wie Reformatoren drängte es zu den Quellen, den originalen Texten ihrer Verehrung und ihres Glaubens; die einen wie die anderen konnten an der auf das Lateinische beschränkten Kultur des Mittelalters kein Genüge mehr finden, und so teilten sie die Überzeugung, dass der Gebildete auch das Griechische, ja selbst das Hebräische kennen müsse. Es sei in diesem Zusammenhang an das Collegium trilingue zu Löwen erinnert,[23] das sich, exakt im Jahr des Beginns der Reformation gegründet, der besonderen Protektion durch Erasmus erfreute.

Die Rückwendung zu den unverfälschten antiken Quellen sowohl der griechisch-römischen Kultur als auch des christlichen Glaubens und das daraus resultierende Sprachenprogramm bewirkten, dass sich die Humanisten und Reformatoren in der Gegnerschaft gegen die Scholastik und ihren öden Formalismus einig wussten. Zwar dämpfte die Hinwendung zu einer neuen, rigoroseren Form des christlichen Glaubens den unbefangenen Antike-Enthusiasmus, zwar verwies die Theologie, aufs Neue zur Leitwissenschaft avanciert, die humanistische Philologie sehr zum Ärger ihrer Repräsentanten wieder auf den zweiten Platz – gleichwohl, die Inhalte des Schulunterrichts und auch die Art der Wissensvermittlung, die Methoden und die pädagogischen Maximen, stimmten im Wesentlichen überein, da man am gleichen Zeitgeist teilhatte, der mehr Respekt vor dem Individuum forderte und die weltfeindlichen Züge der mittelalterlichen Frömmigkeit ablehnte.

Die Reformation versetzte das überkommene Bildungswesen, das ganz und gar auf der klösterlichen Askese und der Scholastik beruhte, in eine schwere Krise, galt ihr doch beides als Teufelswerk, dem so bald wie möglich ein Ende bereitet werden müsse. Die Ablehnung des Mönchstums entzog dem Unterricht die wichtigste institutionelle Grundlage, die Klosterschule. Luther hat den Notstand, den seine Lehre auf diesem Felde bewirkte, alsbald erkannt, und so ließ er im Jahre 1524 ein »Sendschreiben« ergehen: »An die Bürgermeister und Ratsherren aller Städte in deutschen Landen, dass sie christliche Schulen aufrichten und halten sollen«.

Die epochale Bedeutung des »Sendschreibens« beruht vor allem auf dem kühnen organisatorischen Vorschlag, den der Titel zum Ausdruck bringt. Luther unternahm gar nicht den Versuch, einen kirchlichen Ersatz für die Kloster- und Domschulen zu beschaffen; er überwies vielmehr den höheren, den zum Universitäts-, insbesondere zum Theologiestudium qualifizierenden Unterricht an das weltliche Regiment, an die Behörden der Gemeinden. Hiermit knüpfte er an das seit dem Hochmittelalter hier und dort bereits bestehende Institut der Stadt- oder Ratsschule an.[24] Die Anstellung von Lehrern, erklärt Luther, sei eine öffentliche Aufgabe, wie die Verteidigung und der Straßenbau; da die Eltern nicht je für sich einen Lehrer bezahlen könnten und die Fürsten nur ihr Gepränge im Kopfe hätten, obliege es vor allem den städtischen Obrigkeiten, für die Unterweisung der Jugend zu sorgen; Gelehrte, die hierfür geeignet seien, stünden in hinlänglichem Maße zu Gebote. Gebraucht würden gründlich unterrichtete junge Leute nicht nur für die Geistlichkeit, sondern auch für die weltlichen Ämter, wenn man nicht wolle, dass demnächst Rüpel das Sagen hätten. Auch die Welt bedürfe »feiner, geschickter Männer und Frauen, dass die Männer wohl regieren könnten Land und Leute, die Frauen wohl ziehen und halten könnten Haus, Kinder und Gesinde«. Schon die Griechen und Römer hätten ihre Knaben und Mädchen mit viel Ernst und Fleiß aufziehen und belehren lassen, und ein römischer Landsknecht habe mehr gewusst als nunmehr alle Pfaffen und Mönche zusammen.[25]

Als Gegenstände des Unterrichts nennt das »Sendschreiben« Sprachen und Historien, Musica und Mathematica.[26] Luther insistiert auf der Bedeutung der Historien, die Beispiele für den Lauf der Welt enthielten. Doch kein Bereich ist ihm so wichtig wie die Sprachen, wie der Unterricht im Lateinischen, Griechischen und Hebräischen. Der christliche Glaube stehe und falle, behauptet er, mit gründlichen Kenntnissen in den Sprachen der Bibel – ohne sie könne man weder die Schrift auslegen noch gegen Irrlehren streiten.[27] Wer die Sprachen preisgebe, werde nicht allein das Evangelium verlieren, sondern auch die Fähigkeit, das Lateinische und das Deutsche in Schrift oder Wort korrekt zu handhaben. Luther verweist auf das abschreckende Beispiel der Universitäten und Klosterschulen: dort habe man – und mit dieser Bemerkung scheint er auf die Praxis zu zielen, die das ›Latein‹ der »Dunkelmännerbriefe« satirisch aufs Korn nimmt – sowohl die lateinische als auch die deutsche Sprache verdorben.[28]

Im Jahre 1530 sah sich Luther nochmals veranlasst, Maximen für das Unterrichtswesen zu verkünden: im »Sermon, dass man Kinder zur Schule halten soll«.[29] Wie der Titel andeutet, hat diese Schrift vor allem die Forderung der Schulpflicht zum Gegenstand. Luther preist zunächst eingehend den doppelten Nutzen der Schule, den geistlichen, ewigen und den weltlichen, zeitlichen; der letztere bestehe darin, dass Juristen und Ärzte benötigt würden.[30] Seine Darlegungen gipfeln sodann in dem Gebot, die Obrigkeit möge Zwang auf ihre Untertanen ausüben, die Kinder zur Schule zu schicken, besonders die geeigneten, wie sie ja die Untertanen auch zwingen könne, Spieß und Büchse zu tragen.[31] Um den notleidenden Studien aufzuhelfen, verlangt Luther, hierin seiner Zeit weit vorauseilend, die Einführung einer Schulpflicht für die künftigen Ausübenden akademischer Berufe, wobei er auf die Analogie der Wehrpflicht hinweist.[32]

Luthers Aufrufe zur Erneuerung des Schulwesens hätten sich wohl schwerlich derart heilsam ausgewirkt, wäre nicht von Anfang an ein Helfer mit größtem Erfolg tätig gewesen: Philipp Melanchthon (1497–1560), der Humanist, der 1518, im Jahre nach dem Thesenanschlag, an die Universität von Wittenberg berufen wurde. Er sollte dort das Griechische lehren, und er verkündete alsbald in seiner Antrittsrede, wie wichtig, ja unentbehrlich sein Fach für das Verständnis der lateinischen Literatur und der Bibel sei. Luther war unter den Zuhörern; er erkannte sogleich die außergewöhnlichen Gaben des neuen Dozenten, und die beiden Männer schlossen eine Freundschaft, die trotz mancher Belastungen bis zum Tode Luthers standhielt. Beider Wirken erhob die unscheinbare Residenz des damaligen Sachsen zum geistigen Mittelpunkt des Protestantismus, zu einer Stätte, auf die Europa blickte. Melanchthon zog sofort große Scharen von Studenten an; er las über Homer und zugleich über Paulus; er war vier Jahrzehnte lang in zwei Fakultäten, bei den Artisten und bei den Theologen, als akademischer Lehrer tätig.

Seine Antrittsrede trug den Titel »De corrigendis adulescentiae studiis«, »Zur Reform der Studien unserer Jugend«. Er wandte sich darin gegen die Scholastik, die er ungeniert als Barbarei bezeichnete,[33] und bekannte sich dem Programm des Humanismus gemäß klar und entschieden zur Erneuerung der Sprachen und der Wissenschaften aus dem unverfälschten Geiste der Antike. Dem Genius loci aber suchte er dadurch gerecht zu werden, dass er hervorhob, welche Bedeutung diesen Studien für die Auslegung des Gotteswortes zukomme. So bahnte sich hier jene Synthese an, die die Postulate der Reformation mit denen des Humanismus zu verbinden strebte, die dem Studium der antiken Sprachen die Aufgabe zuwies, das Evangelium zu erschließen.

Melanchthon ist den Grundsätzen, die er im Jahre 1518 hatte verlauten lassen, stets treu geblieben. Eine schier unübersehbare Menge von Publikationen begleitete seine Vorlesungen: Er edierte und kommentierte Autoren, er schrieb Lehrbücher der Grammatik, der Rhetorik und der Philosophie. Er hat allerdings auf keinem der zahlreichen Gebiete, denen er sich widmete, substantiell Neues geschaffen. Er war Traditionsvermittler, dies jedoch in vollendeter Weise. Er verstand sich meisterlich darauf, das Wesentliche zu erfassen und in klare, verständliche Formeln zu gießen – diese seine größte Gabe hat es ihm ermöglicht, sowohl auf humanistischem als auch auf theologischem Felde enorm in die Breite zu wirken. Schon zu seinen Lebzeiten erkannte man ihm daher den Ehrentitel eines Praeceptor Germaniae zu – wobei ›Germania‹ große Teile Nord- und Osteuropas einschließt, wenn man diesen Begriff in der auf den Konzilen üblichen Reichweite nimmt.

Im schweizerisch-süddeutschen Raum wirkte vor allem Huldrych Zwingli (1484–1531) im Sinne der Reformation auf das Schulwesen ein. Er war Humanist, ein Jünger des Erasmus; er vollzog, nachdem er im Jahre 1518 zum Prediger des Großmünsters von Zürich berufen worden war, an der Stätte seines Wirkens rasch und konsequent dieselben Änderungen wie die Anhänger Luthers – ungeachtet der Differenzen, die ihn auf theologischem und politischem Felde von diesem trennten. Nach der Beseitigung der Klöster und Stifte übernahm die Kommune das Unterrichtswesen, und die Lehrerstellen wurden durchweg humanistisch gebildeten, reformatorisch gesinnten Männern anvertraut. Mit den organisatorischen Neuerungen gingen die inhaltlichen Hand in Hand; in dem kleinen Traktat »Quo pacto ingenui adulescentes informandi sint«, »Wie die Bürgersöhne unterwiesen werden sollten« (1523), legte Zwingli dar, dass es auf nichts so sehr ankomme wie auf die Kenntnis der drei alten Sprachen, auf das Griechische und Hebräische um der Bibel, auf das Lateinische um der allgemeinen wissenschaftlichen Kommunikation willen.

b) Die Reorganisation des Schulwesens: städtische und fürstliche Schulen

Die Aufhebung der Klöster und Domkapitel überall dort, wo man sich zur Reformation bekannte, führte zu einem Kollaps des bisherigen Unterrichts, der bisherigen Vorbereitung auf das Universitätsstudium. Das Eingreifen Luthers und anderer ließ nicht auf sich warten, und die Städte als die Instanzen, die zuallererst für Abhilfe in Betracht kamen, auch nicht, sodass das bisher fast durchweg kirchliche Schulwesen ohne eine längere Unterbrechung und ohne ernstliche Schäden in ein weltliches überführt werden konnte. So folgten denn auf das Jahr 1524, in dem Luthers »Sendschreiben« ergangen war, einige Dezennien des intensiven Umbaus: Jede einzelne Gemeinde betrachtete es als ihre Aufgabe, eine ihren Bedürfnissen und Kräften gemäße Schule einzurichten.

Hierbei blieb indes die Entwicklung nicht stehen. Die Territorialherren, die Landesfürsten, die schon bei der Konstituierung des protestantischen Kirchenwesens mitgewirkt hatten, nahmen sich alsbald auch des Unterrichtswesens an. Sie erließen – meist als Teil einer Kirchenordnung – Schulordnungen, die für ihr ganzes Staatsgebiet galten, und gründeten ihrerseits Schulen. Die Reformation brachte somit in den deutschsprachigen Ländern eine doppelte Entwicklung in Gang: Sie bewirkte, dass in allen Kommunen von einiger Größe städtische Schulen entstanden, die mehr oder minder weit über den Elementarunterricht hinausführten; sie hatte außerdem zur Folge, dass Landesherren auf das Bildungswesen Einfluss nahmen, und zwar sowohl durch gesetzgeberische Maßnahmen als auch durch die Gründung von Lehranstalten, die unmittelbar ihrer Aufsicht unterstanden.

Heutzutage ist das gesamte Unterrichtswesen für größere Gebiete einheitlich durch Vorschriften reglementiert; es gibt bestimmte Schulgattungen und -typen von exakt festgelegter Struktur, und Lehrpläne pflegen die Gegenstände eines jeden Faches bis ins Einzelne zu fixieren. Von alledem war zu Luthers Zeiten so gut wie nichts durch allgemeine Ordnungen vorgegeben. Das Herkommen hatte wie vieles andere so auch die zweistufige Hierarchie von Schule und Universität geschaffen, wobei durch die Artistenfakultät für eine breite Zone gesorgt worden war, in die die beiden Institutionen sich teilten; unterhalb der Universität aber gab es keine deutlichen Abgrenzungen –

man kannte weder je besondere Einrichtungen für den Elementar- und den gehobenen Unterricht noch gar einen der modernen Mittel- oder Realschule entsprechenden Typ, dessen erklärtes Ziel es gewesen wäre, nicht auf die Universität, sondern auf die berufliche Praxis vorzubereiten. Alle schulische Unterweisung suchte somit ihre Zöglinge auf denselben Weg zu bringen, auf den, der zum Universitätsstudium führte, und die lateinische Sprache war hierfür das auffälligste Indiz.

Dieser Einsträngigkeit des Zieles stand indes eine denkbar große Vielfalt der Mittel gegenüber; keine Schule glich einer anderen in ihrer Struktur, in ihrer Qualität und in ihrem Ansehen, und hierauf hatten sich auch die von den Humanisten eingeführten Neuerungen, die stets nur einzelnen Lehranstalten zugute kamen, eher verschärfend als mildernd ausgewirkt. Die neuen Schulträger stießen also auf je verschiedene, aus dem jeweiligen Herkommen erwachsene Verhältnisse. Sie pflegten sich nicht mit deren bloßer Fortsetzung zu begnügen; sie griffen vielmehr ändernd darin ein, wobei es abermals von den jeweiligen lokalen Gegebenheiten abhing, in welchem Maße und mit welchem Erfolg sie änderten. Sie ersetzten also eine überkommene Vielfalt durch eine neue; erste Maßnahmen in Richtung auf eine Vereinheitlichung des Schulwesens im modernen Sinne wurden lediglich durch die Schulordnungen der Landesherren getroffen.

Zunächst hing alles von der Initiative einer jeden Kommune ab, und hier kam es wiederum sehr darauf an, aus welchem Holze der jeweils bestimmende Pädagoge geschnitzt war. Die ersten Dezennien des Reformationszeitalters boten herausragenden Individuen ungewöhnlich große Chancen, gestaltend in das Schulwesen einzugreifen; die Resultate, die alsbald erzielt wurden, berechtigen vollauf zu der Annahme, dass es an derartigen Persönlichkeiten nicht gefehlt hat und dass die gegebenen Chancen im Allgemeinen gut genutzt wurden.

Melanchthon, der Praeceptor Germaniae, war bei alledem nicht nur als akademischer Lehrer und Autor von Schulbüchern, sondern auch als Organisator und Ratgeber in Fragen der Organisation die wichtigste treibende Kraft. An einigen der ersten Neueinrichtungen von Schulen hat er sich in Person beteiligt, z. B. in Magdeburg (1524) oder in Nürnberg (1526). Vor allem aber wirkte er bei der Kirchen- und Schulvisitation in Sachsen mit – aus dieser Tätigkeit ging der »Unterricht der Visitatoren im Kurfürstentum zu Sachsen« (1528) hervor, die erste allgemeine Schulordnung.[34] Er suchte hierin Normen für eine kleine städtische Lateinschule aufzustellen, wie sie den bescheidenen Verhältnissen im kurfürstlichen Sachsen angemessen war. Das Fach, das der Einrichtung den Namen gab, beanspruchte den weitaus größten Teil des Stundenplans; außerdem sah die Ordnung Musik und Religion vor, nicht hingegen das Griechische. Melanchthon wollte den Lateinunterricht in drei Stufen gehalten wissen. Hauptpensum der ersten Klasse waren Lesen und Schreiben sowie der Erwerb eines elementaren Wortschatzes. Die zweite Klasse sollte den Schülern zu gründlicher Kenntnis der lateinischen Grammatik verhelfen, wozu humanistische Gesprächsbücher wie die »Colloquia familiaria« des Erasmus[35] sowie römische Komödien als Lektüre empfohlen wurden. Die dritte Klasse, der nur hinlänglich Begabte angehören sollten, hatte den aktiven Gebrauch des Lateinischen in Wort und Schrift zum obersten Ziel; als Lektüre dienten hierbei Cicero, Vergil und Ovid. Melanchthons Modell einer dreiklassigen Schule fand auch außerhalb Sachsens viel Beachtung.

Als Schulorganisator von hohen Graden hat sich Johannes Sturm (1507–1589) hervorgetan. Er wirkte in Straßburg; sein Einfluss hat von dort aus bis weit in die protestantischen Lande gereicht. Zögling eines strengen humanistischen Gymnasiums zu Lüttich, betätigte er sich zunächst in Löwen und Paris. Er trat zum Protestantismus über und wurde knapp dreißigjährig zu Vorlesungen über Rhetorik und Dialektik nach Straßburg berufen. Dort bestanden bereits drei städtische Lateinschulen; Sturm, mit ihrer Inspektion beauftragt, empfahl, sie zu einer großen Anstalt zu vereinigen. Dies geschah, und aus der ursprünglich auf sechs Klassen berechneten Schule wurde im Laufe der Zeit ein Institut, das aus zwei Jahreskursen Vorschule, acht Jahreskursen Lateinschule und fünfjährigen *lectiones publicae* in Philosophie und Theologie bestand. Das Ganze, von Sturm geleitet, erfreute sich großen Zulaufs und eines glänzenden Rufes; die obere Stufe erhielt von Kaiser Maximilian II. das Recht, in der philosophischen Fakultät den Baccalaureus- und den Magister-Grad zu verleihen.

Im Norden hat vor allem Johann Bugenhagen, der Pfarrherr von Wittenberg (1485–1558), das Schulwesen auf den durch die neuen Verhältnisse erforderten Stand gebracht; er hielt sich zu diesem Zweck 1528 in Braunschweig und Hamburg, 1530–1532 in Lübeck und 1536–1538 in Kopenhagen auf. Die Ordnungen, die er vorzuschlagen pflegte, variierten Melanchthons »Unterricht der Visitatoren«; für die Anstalten in Hamburg und Lübeck, die aus den bisherigen kleinen Pfarrschulen hervorgingen, wurden fünf Abteilungen vorgesehen. Die braunschweigische Ordnung gestattete für Schüler, die das Lateinische hinlänglich beherrschten, einen einführenden Kurs ins Griechische und etwas Unterricht im Hebräischen.

In Goldberg (Niederschlesien) brachte es Valentin Friedland, genannt Trotzendorf, ein Schüler Melanchthons (1490–1556), zu nicht geringem Ansehen. Er war ein überaus origineller Kopf. Er machte aus der von ihm geleiteten Anstalt, einer alten Ratsschule, eine Art Schülerstaat, wofür er die Ämter des antiken Roms zum Muster nahm; er kann somit als Wegbereiter der Schülerselbstverwaltung gelten.

Neben Trotzendorf verdient als jüngerer Schüler Melanchthons Michael Neander (1525–1595) Erwähnung. Er wandelte das Prämonstratenserkloster zu Ilfeld, Kreis Nordhausen, in eine Lateinschule um, die zu den bekanntesten Mitteldeutschlands zählte. Sein Lehrplan zeichnete sich dadurch aus, dass er mit Nachdruck das Griechische, die Geschichte und die Geographie einbezog. Er hatte sich als Leiter und einziger Lehrer seiner kleinen Anstalt vielfältiger Widrigkeiten zu erwehren; er fand gleichwohl die Zeit, sich als Schulautor zu betätigen, insbesondere durch Sammlungen lehrhafter griechischer Texte.

Melanchthons von Luther gebilligter »Unterricht der Visitatoren im Kurfürstentum zu Sachsen« (im ernestinischen Sachsen) gilt, wie erwähnt,[36] als die älteste für ein ganzes Territorium konzipierte Schulordnung. Für die weitere Entwicklung bedeutsamer waren indes drei neue Anstalten, die der landesherrliche Wille, und zwar der des Herzogs Moritz im albertinischen Bruderstaat, ins Leben rief: die so genannten Fürstenschulen zu Meißen, Pforta und Grimma, gegründet im Jahre 1543. Mit ihnen begann ein neuer Abschnitt in der Entwicklung, die auf die Verweltlichung des Schulwesens zustrebte. Während bislang stets nur die Städte eine öffentliche Aufgabe darin erblickt hatten, für hinlängliche Schulen zu sorgen, nahm sich mit Herzog Moritz zum ersten Male ein Landesherr dieser Materie an. Die drei Anstalten – Internate, die in ehemaligen Klöstern untergebracht waren – standen bald in hohem Ansehen. Sie wussten ihren guten Ruf über die Jahrhunderte hinweg zu wahren, und illustre Namen wie Klopstock, Lessing oder Nietzsche verliehen ihnen zusätzlichen Glanz. In der kursächsischen Kirchen- und Schulordnung vom Jahre 1580[37] standen die Fürstenschulen an der Spitze der auf die Universitätsstudien vorbereitenden Anstalten. Ihnen fehlte die Unterstufe; sie setzten den mehrjährigen Besuch einer Lateinschule, wie sie in jeder Stadt existierte, voraus.

Inzwischen war – als zweites deutsches Fürstentum – auch Württemberg von staatlicher Seite mit gelehrten Schulen versehen worden. Die Kirchen- und Schulordnung des Jahres 1559[38] – die ihrerseits der kursächsischen Ordnung von 1580 als Muster diente – legte das gesamte Schulsystem für mehrere Jahrhunderte fest. Die im ganzen Lande verbreiteten gewöhnlichen Lehranstalten, die Latein- oder Partikularschulen, brachten es selten über zwei Klassen hinaus; sie vermittelten lediglich die Anfangsgründe. Nur in Stuttgart und Tübingen gab es so genannte Pädagogien mit fünf Klassen; ihr Pensum reichte vom Abc bis zu dem für den Eintritt in die Universität erforderlichen Wissen. Daneben aber gab es nunmehr noch die neuen Klosterschulen, das Pendant zu den sächsischen Fürstenschulen. Sie waren wie jene in ehemaligen Klöstern eingerichtete Internate, deren Pensum den oberen Klassen der Pädagogien entsprach; ihr Besuch setzte somit – wie der der sächsischen Fürstenschulen – den Unterricht voraus, den die landläufigen Lateinschulen zu erteilen pflegten. Die Zahl der Klosterschulen, die ihrerseits wieder in höhere und niedere gegliedert waren, belief sich gegen Ende des 16. Jahrhunderts auf fünf: Zwei höhere waren in Bebenhausen und Maulbronn untergebracht und drei niedere in Hirsau, Blaubeuren und Adelberg.

c) Die Lehrpläne der neuen Schulen

Wie immer die Schulen gegliedert oder gestuft waren, ob in zwei bis drei oder in fünf Klassen und mehr: wer sich die für ein akademisches Studium erforderlichen Kenntnisse und Fähigkeiten aneignen wollte, pflegte hierfür acht bis zehn Jahre zu benötigen, sodass er frühestens mit sechzehn Jahren die Universität beziehen konnte. Es versteht sich, dass die Zugehörigkeit zu einer bestimmten Klasse in der Regel mehr Zeit beanspruchte als ein Jahr (als eine frühe Ausnahme sei die von Sturm gegründete Anstalt genannt), und ebenso, dass man die Schule wechseln musste, wenn sie zu klein war, um das volle für ein Studium erforderliche Pensum anzubieten.

Der Vielfalt der vorhandenen Mittel und Möglichkeiten stand eine große Einheitlichkeit in den Fächern und Stoffen gegenüber. Das Erlernen der lateinischen Sprache erforderte in allen Klassen den Löwenanteil der Unterrichtsstunden. In der Oberstufe hatte es bereits zuzugehen wie auf der Universität: Latein diente als Unterrichts- und Umgangssprache, und der Gebrauch der Muttersprache war bei Strafe verboten. Anders als in den Schulen des Mittelalters, in denen man unbefangen das aus dem Kirchenväterlatein fortentwickelte scholastische Latein benutzte, galt in den neuen Anstalten der Grundsatz, dass man sich in Wort und Schrift nur noch des klassischen, des ciceronischen Lateins bedienen dürfe, und um dieses Zieles willen standen im Lektürekanon die römischen Autoren obenan.

Die Dringlichkeit gründlicher Lateinkenntnisse ließ dem Griechischen verhältnismäßig wenig Raum. Immerhin pflegte es auf den größeren und besseren Anstalten – denen, die zum Studium qualifizierten – Lehrgegenstand zu sein, und die kleineren Schulen bemühten sich oft, wenigstens die Anfangsgründe zu vermitteln. Ziel war hauptsächlich die Lesefähigkeit, weniger die Schreib- und am wenigsten die Sprechfähigkeit; als Lektüre dienten neben dem Neuen Testament vornehmlich Isokrates, Demosthenes und Xenophon, und von den Dichtern meist Homer und Hesiod. Unterricht im Hebräischen, in der dritten der von Luther geforderten Sprachen, pflegte nur auf den im strengen Sinne gelehrten, den im Wesentlichen für künftige Theologen bestimmten Schulen stattzufinden; er beschränkte sich auf das Elementare.

Einen Religionsunterricht im heutigen Sinne, eine systematische Einführung in die Bibel und die Glaubenslehre, scheint es in der protestantischen Schule ebenso wenig gegeben zu haben wie in der mittelalterlichen. Doch nach wie vor waren Kirche und Schule eng miteinander verbunden: Auf den regelmäßigen Besuch des Gottesdienstes wurde streng geachtet; Andachten und Gebete begleiteten den Alltag, und unter ›Musica‹ verstand man wie eh und je den kirchlichen Chorgesang. Die für erforderlich erachteten Kenntnisse mussten die Zöglinge ebenso wie in den anderen Fächern vornehmlich durch Auswendiglernen erwerben, und hierzu benutzte man insbesondere Luthers kleinen Katechismus.

Den Sprachen gegenüber hatten die so genannten Realien einen schweren Stand. Die von Luther geforderte ›Mathematica‹ kam vor, doch meist nur in den oberen Klassen und mit einem sehr knapp bemessenen Stundendeputat. Mit der Geschichte, den ›Historien‹ Luthers,[39] war es wohl noch ungünstiger bestellt. Schulmeister wie Neander, die der Geschichte und der Geographie ihr besonderes Augenmerk zuwandten, zählten zu den wenigen Ausnahmen. Geschichte war in der Regel kein eigenständiges Fach, sondern wurde nebenbei gelernt, etwa bei der Lektüre römischer Historiker, des Livius oder des Sallust.

Man möchte annehmen, dass die Schule des 16. Jahrhunderts bei allem Vorrang des Lateinischen auch der deutschen Sprache einige Pflege hätte zuteil werden lassen. Dies war indes wenig oder nie der Fall: Jedenfalls kommt Deutsch als besonderes Fach in keiner der Schulordnungen vor, die damals ergangen sind. Deutsche Literatur gab es kaum, und was es gab, wurde nicht beachtet; da auch keinerlei Unterricht in neuzeitlichen europäischen Fremdsprachen stattfand, blieb jegliche Schullektüre auf die lateinischen und griechischen Autoren beschränkt. Und nur dort, bei der Autorenlektüre, d. h. bei deren Übersetzung in die Muttersprache, konnte der Lehrer Gelegenheit nehmen, bessernd auf das Deutsch seiner Zöglinge einzuwirken; dabei ging es dann vor allem um die richtige Wortwahl.

Die städtische oder fürstliche Lateinschule, wie sie aus den durch die Reformation bedingten Neuerungen hervorgegangen war, scheint – hinlängliche Begabung der Zöglinge vorausgesetzt – den Anforderungen des Zeitalters im Wesentlichen Genüge getan zu haben. Wer studieren wollte, musste nun einmal das Lateinische perfekt beherrschen, und so war es sicherlich zweckmäßig, diesem einen Ziel alles Übrige unterzuordnen. Hierdurch erwies sich die Schule ja auch in dem von Luther behaupteten doppelten Sinne als nützlich: Sie diente der Vorbereitung nicht nur für die geistlichen, sondern auch für die weltlichen Ämter.[40] Demgegenüber bedeutet es wenig, dass manches – der Griechisch- und zumal der Hebräischunterricht – bereits auf die spezifischen Bedürfnisse des künftigen Theologen zugeschnitten war, dass also, in heutiger Terminologie, der damalige Lehrplan neben dem allgemeinbildenden Pensum auch einiges Berufsbildende enthielt.

Sturm hatte erklärt: *Propositum a nobis est sapientem atque eloquentem pietatem finem esse studiorum* – »Wir haben uns zur Richtschnur gemacht, dass eine ebenso sachkundige wie wortgewandte Frömmigkeit der Zweck des Unterrichts sei«.[41] Diesen drei Lernzielen – der *sapientia*, der *eloquentia* und der *pietas* – kam in der Praxis des Schulalltags gewiss nicht dasselbe Gewicht zu: Die *eloquentia*, die Beherrschung des Lateinischen, verlangte die weitaus größte Mühe. Die von der Lateinschule der Reformationszeit vermittelte Bildung war somit eine formale Bildung und als formale eine allgemeine, nicht für einen bestimmten Beruf qualifizierende.

Dass die *eloquentia* das oberste Ziel des Unterrichts sei, darin waren sich die Humanisten, allen voran Erasmus, durchaus einig.[42] Nach Melanchthon beruhte wahre Beredsamkeit nicht nur auf den *verba*, sondern auch auf den *res*; die Wortkunst bedurfte somit, wie er, einseitigem Formalismus abgeneigt, lehrte, der Ergänzung durch Sachkenntnisse. Als Mittel, sie zu erwerben, galt ihm zuallererst die Lektüre geeigneter Texte, insbesondere von Cicero, und Cicero war es auch, der bei der zweiten Form des Unterrichts, der *exercitatio stili*, d. h. bei der mündlichen oder schriftlichen Nachbildung einer Vorlage, als vornehmstes Muster dienen sollte. Konnten sich die Schüler hierbei an vorgegebene Ausdrücke und Wendungen halten (sie durften es nur nicht zu sklavisch tun), so mussten sie bei der dritten Form von

Übungen, der *declamatio*, der Anfertigung einer Rede über ein anspruchsvolles Thema, aus eigener Kenntnis die geeigneten Formulierungen finden. Mit den beiden Stufen der *exercitatio stili*, der Nacherzählung, und dem Aufsatz oder Vortrag (wie man heutzutage sagen würde), verlangte Melanchthon nichts Originelles: Beide Formen waren bereits der antiken Rhetorikschule geläufig gewesen.

Über den Lehrplan der Straßburger Schule geben hauptsächlich zwei von deren Gründer und Leiter Sturm verfasste Schriften Auskunft: das Programm zur Eröffnung im Jahre 1538, »De litterarum ludis recte aperiendis liber« – »Wie man ordentlich Grammatikschulen betreibt« sowie die »Classicae epistolae« vom Jahre 1565, deren Titel auf die ungewöhnliche Form, eine Folge von Briefen an die Lehrer der einzelnen Klassen, hinweist. Die eher einem idealen Entwurf gleichende Schrift »De litterarum ludis« zeigt die Regelmäßigkeit eines Renaissancegrundrisses. Sie stellt als Ziel des gesamten Unterrichts die bereits zitierte Maxime mit den Kategorien *sapientia*, *eloquentia* und *pietas* auf und bekennt sich zum überkommenen Trivium Grammatik, Rhetorik, Dialektik als den hierfür maßgeblichen Disziplinen. Diese drei Fächer aber werden jeweils auf dreierlei Weise gelehrt: durch Regeln, durch Beispiele und durch Übungen. Die Unter- und Mittelstufe behandeln die Regeln der Grammatik und Metrik, die Oberstufe die der Rhetorik und Dialektik. Als Beispiele *(exempla)* dienen die besten klassischen Autoren, im Lateinischen vornehmlich Cicero und Vergil, im Griechischen Demosthenes und Homer. Die Übungen zielen auf Nachbildung *(imitatio)* von Mustern, erst von einfachen, dann von literarischen Texten. Sturm bringt sodann ein Klassenschema, das aus neun Einheiten besteht; für jede Einheit ist ein besonderer Lehrer und das Pensum eines Jahres vorgesehen.

Die »Classicae epistolae« scheinen sich stärker an der Wirklichkeit zu orientieren. Sie rechnen mit zehn Klassen, deren Stoffe nach zwei einleitenden Stücken in den Briefen 3 bis 12 umschrieben werden; die weiteren Briefe befassen sich im Wesentlichen mit den Gegenständen der *lectiones publicae*. Im 13. Stück blickt Sturm nicht ohne Stolz auf den Lehrplan der Schule im Ganzen. Er werde, wenn man ihn befolge (er enthalte nichts Unmögliches), bewirken, dass man weniger weit hinter den Gelehrten der Griechen und Römer zurückbleibe als alle anderen Zeitalter. Er verbürge viererlei: ein reiches Vokabular, gediegene Kenntnisse in Grammatik, Dialektik und Rhetorik, die Fähigkeit, die antiken Autoren – Redner, Historiker und Dichter – zu erklären, den *usus sermonis Latini quotidianus*, die sichere Handhabung des Lateinischen im akademischen Leben. Und zur Frage der Abgrenzung von Schulpensum und Theologiestudium – modern ausgedrückt: von Allgemein- und Fachbildung – bemerkt Sturm, die Lektüre der biblischen Schriften und der sie erklärenden patristischen Literatur sei Sache der Theologen; die Schule solle sich auf die klassischen Autoren beschränken, da diese sich für den Erwerb des in den erwähnten vier Punkten Aufgezählten eigneten.[43]

Wie ersichtlich, hatte der Lateinunterricht in der nach ihm benannten Schulform der frühen Neuzeit ein viel weiteres Aufgabenfeld als das moderne Nachfolgefach. Auch die einen wichtigen Unterschied hervorhebende Definition, dass es auf die aktive Beherrschung in Wort und Schrift angekommen sei, erfasst noch nicht das Ganze: Die dialektischen und rhetorischen Übungen zielten – über das Medium einer bestimmten Sprache hinaus – auf die Argumentations- und Ausdrucksfähigkeit schlechthin; der Lateinunterricht hatte somit damals in analoger Weise das Pensum zu bewältigen, das heutzutage vom Fach Deutsch und vom Unterricht in einer modernen Fremdsprache (wo ja ebenfalls das Hörverstehen und die Sprechfähigkeit zu den wichtigsten Lernzielen gehören) bewältigt wird. Und hiermit nicht genug: auch Realienkenntnisse vermittelte der Lateinunterricht, z. B. auf dem Felde der Geschichte.

d) Die Erneuerung des katholischen Schulwesens durch die Jesuiten

Während der ersten Hälfte des 16. Jahrhunderts gehörte alle Initiative wie in der Theologie so auch im Schulwesen dem Protestantismus; die katholische Kirche wurde von dem Geschehen überrannt, ohne nennenswerten Widerstand zu leisten. Die notorischen Missstände, die Veräußerlichung des Pfründenwesens, die Unbildung des Klerus und die Auflösung der kirchlichen Disziplin, waren von so gravierender Art, dass Bemühungen, durch Reformen Abhilfe zu schaffen, lange auf sich warten ließen. Im Ganzen kamen die Maßnahmen ein bis zwei Menschenalter zu spät, um mehr zu bewirken als die Konsolidierung des Zustandes, der zur Zeit des Augsburger Religionsfriedens (1555) erreicht war – Deutschland blieb konfessionell gespalten. Die so genannte Gegenreformation vermochte lediglich einen Gürtel herzustellen, der, vom Rheinland über Bayern nach Osten verlaufend, die protestantischen Gebiete eingrenzte.

Für die Erneuerung der katholischen Kirche und zumal ihres Schulwesens waren zwei Ereignisse von besonderem Gewicht: das Tridentinum (Konzil von Trient, 1545–1563) und die Gründung des Jesuitenordens. Aus dem Trienter Konzil, das in drei durch lange Unterbrechungen voneinander getrennten Perioden tagte, ging die katholische Kirche innerlich gestärkt hervor. Es war gelungen, die Glaubenslehre einer umfassenden Revision zu unterziehen und die Wiederherstellung der kirchlichen Disziplin durch zahlreiche Beschlüsse in die Wege zu leiten. Auf diesem Felde stand die Ausbildung des Klerus obenan; das wichtigste hierfür einschlägige Dekret enthielt die Weisung, dass in jeder Diözese bei der Domkirche ein Klerikerseminar einzurichten sei.

Die Gründung des Jesuitenordens war die persönliche Tat des Ignatius von Loyola (1491–1556). Dieser Mann, baskischer Adliger, Offizier in Diensten von Navarra, fand nicht ohne Umwege zu seinem eigentlichen Beruf, dem geistigen Kampf für die katholische Kirche, geführt an der Spitze einer Truppe Gleichgesinnter, der Societas Jesu. Sein Orden, im Jahre 1540 päpstlich bestätigt und rasch wachsend, sollte sich vor allem auf dreierlei Weise für die Festigung und Ausbreitung des christlichen Glaubens einsetzen: mit Hilfe der Predigt, der Beichte und der Erziehung der Jugend. De facto besteht seine historische Leistung – neben seiner missionarischen Tätigkeit in den außereuropäischen Ländern – hauptsächlich darin, dass er als Lehrorden par excellence mit seinem wissenschaftlichen Unterricht wie keine andere Instanz zur Durchsetzung der Beschlüsse des Tridentinum beigetragen hat.

Die konfessionelle Spaltung hatte nicht nur die protestantischen Kirchen auf eigene Wege geführt; auch der Katholizismus trug durch seine Reformen zur wechselseitigen Absonderung bei. Während die eine Seite zu innerer Zersplitterung und endlosem Streit um die rechte Lehre neigte, war die andere wie nie zuvor auf die Wahrung ihrer Einheit bedacht. Und während die Katholiken den Schmuck ihrer Gotteshäuser beibehielten und ihn im Zeitalter des Barock zu berauschender Pracht steigerten, beseitigten die Protestanten die überkommene religiöse Kunst oder erlegten sich, wie das Luthertum, wenigstens bei Neubauten Zurückhaltung auf. Allgemein lässt sich feststellen, dass Äußeres und Inneres auseinander traten: in der Liturgie und in den Formen der Frömmigkeit. Die katholische Kirche billigte und förderte das Sicht- und Greifbare – in der Form von Prozessionen, Wallfahrten, Votivgaben und vielem anderen. Von den Protestanten wurden diese Dinge als dem Wesen des Glaubens fremd abgelehnt und beseitigt. Diese Entwicklung hatte gewiss nicht zuletzt darin ihren Grund, dass, wie der Protestantismus eine Angelegenheit des germanischen Nordens, so die katholische Reform überwiegend die des romanischen Südens war: Die Konfessionalisierung der Religion ließ kulturelle Spannungen und vielleicht auch gemüthafte Unterschiede, die sich bislang wenig bemerkbar gemacht hatten, schärfer hervortreten.

Auch zum katholischen – und das heißt im Wesentlichen: zum jesuitischen – Bildungswesen der nachtridentinischen Zeit trugen Kräfte aus Südeuropa weitaus das meiste bei. Und selbst auf diesem Felde lässt sich jener Gegensatz in der Organisation beobachten: Während es protestantischerseits auf die Initiative der einzelnen Kommune (und nur vereinzelt auf die des Landesherrn) sowie auf die Individualität des maßgeblichen Pädagogen ankam, sodass nahezu jede Schule ihr eigenes Gesicht hatte, herrschte bei den Katholiken, aufrechterhalten durch die geradezu militärische Disziplin der Societas Jesu, strenge Einheitlichkeit im Aufbau der Anstalten, in den Lehrplänen und in den pädagogischen Prinzipien.

Im Übrigen aber hatten gerade im Bereich des Schulwesens die Unterschiede zwischen den Konfessionen geringeres Gewicht als das ihnen Gemeinsame. Es empfiehlt sich wohl, diese zunächst paradox scheinende Tatsache vor allem darauf zurückzuführen, dass beide Seiten auf denselben Fundamenten aufbauten: Hier wie dort war es der Humanismus, der die ersten Impulse gegeben hatte. Und wenn sich dieser im Bereich des Schulwesens einigermaßen mit den Lehren der Protestanten vereinbaren ließ, dann traf das auf den Katholizismus umso mehr zu. Aus dessen Schoß war das humanistische Bildungsprogramm vor Beginn der Reformation hervorgegangen – was Wunder also, wenn es, wiewohl verspätet, nunmehr auch in den katholisch gebliebenen Gebieten dazu verwendet wurde, ein den Anforderungen der Zeit gemäßes Schulwesen einzurichten. Kein Geringerer als Johannes Sturm hat die gemeinsame Grundlage und die dadurch bedingte Vergleichbarkeit der Lehranstalten beider Konfessionen bestätigt: Er spendet in den erwähnten »Classicae epistolae« den Jesuiten Lob und Anerkennung, weil ihr Unterricht dem seinen ähnlich sei, und preist den heilsamen Wetteifer unter den protestantischen und katholischen Schulen.[44]

Als Autorität in Bildungsangelegenheiten, der sowohl Sturm als auch die Jesuiten manches verdankten, darf der spanische Humanist Juan Luis Vives (1492–1540) nicht unerwähnt bleiben. In Valencia geboren und durch sein Studium in Paris zunächst der Scholastik verpflichtet, knüpfte er in den Niederlanden zu Erasmus Beziehungen und durch diesen zu Thomas Morus. Er machte sich nunmehr die humanistische Sache zu Eigen: Sein großes Werk »De disciplinis« (20 Bücher)[45] ist ein literarisches Plädoyer für die Erneuerung des zeitgenössischen Unterrichtswesens. Der erste Teil – »De causis corruptarum artium« (»Über die Ursachen des Niedergangs in den Wissenschaften«) – befasst sich mit dem Zustand, den der Autor vorgefunden hat; er enthält eine scharfe Kritik der vielfältigen Mängel des üblichen Betriebes. Sinnentleerter Formalismus und Phrasenhaftigkeit, vorgetragen mit viel Arroganz: so etwa ließe sich ein Teil der Rügen resümieren, die Vives für seine gelehrten Zeitgenossen bereithält, und in seiner Ablehnung der Tyrannei des allzu heidnischen Aristoteles trifft er sich mit Luther. Der zweite Hauptteil des Werkes trägt den Titel »De tradendis disciplinis seu de institutione christiana« (»Über den Unterricht in den Wissenschaften und über die christliche Bildung«); dort folgen auf das Bekenntnis zum christlichen Glauben als dem Fundament aller Bildung die Reformvorschläge: staatliche Oberaufsicht über die Schulen und öffentliche Besoldung der Lehrer, individuelle und liberale Behandlung der Schüler, als Lehrgegenstände außer dem Lateinischen auch die Muttersprache sowie das Griechische und Hebräische, vermittelt durch viel Lektüre, ferner Geschichte und etwas Naturkunde.

Die Societas Jesu gab sich in den Konstitutionen des Jahres 1558 ihre Verfassung. Ein wichtiger Teil davon war die Studienordnung; diese enthielt eine Darstellung des vollständigen Bildungsgangs künftiger Kleriker, vom Elementarunterricht bis zur Theologie.[46] Als Stufen, die zu diesem krönenden Abschluss führten, dienten der humanistische Bereich der Sprachen und die Philosophie, die Litterae humaniores diversarum linguarum, die Logica sowie die Naturalis ac moralis philosophia, und das Ziel wird mit den Worten Metaphysica et theologia, tam quae scholastica quam quae positiva dicitur, et sacra scriptura, umschrieben. Der Unterricht fand in Kollegien, mitunter auch im Rahmen einer Universität statt; die Kollegien vermittelten teils nur die humanistisch-rhetorische und teils auch die philosophische Stufe, und wieder andere Anstalten beherbergten den ganzen Lehrgang unter einem Dach.

Im Jahre 1599 wurde die »Ratio atque institutio studiorum S. J.« (»Die Grundsätze und Ordnung der Studien in der Gesellschaft Jesu«) erlassen; sie brachte die endgültige Regelung des jesuitischen Unterrichtswesens.[47] Dort ist alles Einschlägige bis in die feinsten Details normiert: die Stufenfolge, die Stoffe und die Lehrbücher, der Stundenplan und die häuslichen Aufgaben, die Prüfungen und die Promotionen, ferner die Ausstattung der Anstalten sowie deren Verwaltung. Man unterschied die *studia inferiora* (Sprachen) und *superiora* (Philosophie); für die ersteren, die sich in fünf Klassen gliederten und in etwa dem Pensum des nachmaligen Gymnasiums entsprachen, waren insgesamt sieben Jahre vorgesehen. Es bedarf kaum noch des Hinweises, dass das Lateinische im Mittelpunkt der *studia inferiora* stand; *eloquen-*

tia war auch bei den Jesuiten das erste Hauptziel des gelehrten Unterrichts: die Fähigkeit, mit dem Lateinischen umzugehen wie mit der Muttersprache.

Eiserner Grundsatz der Societas Jesu war, dass jeglicher Unterricht mitsamt allen Examina unentgeltlich zu erfolgen habe, nach dem Wort des Evangeliums: »Umsonst habt ihr's empfangen, umsonst gebt es auch«.[48] Da der Orden die Kosten nicht aufbringen konnte (er war ohne Vermögen), bedurften die Kollegien der Unterstützung von außen, und diese wurde reichlich gewährt: vornehmlich von den weltlichen und geistlichen Landesherren, in zweiter Linie auch von Städten und durch private Hand. Die Jesuitenkollegien hatten somit einen ähnlichen Status wie die Gründungen der Protestanten, die sächsischen Fürsten- und die württembergischen Klosterschulen. Es handelte sich hier wie dort um Einrichtungen für den gelehrten Unterricht, die von staatlicher Seite finanziert wurden. Zwei nicht unerhebliche Unterschiede wollen indes beachtet sein: Die Verwaltung der Fürsten- und Klosterschulen lag in der Hand der weltlichen Obrigkeit, während der Unterrichtsbetrieb der Jesuitenkollegien einzig und allein von Instanzen des Ordens reglementiert wurde. Außerdem betrafen die Initiativen der protestantischen Landesherren nur wenige Schulen auf kleinen Territorien; die jesuitische Bewegung hingegen erstreckte sich über große Teile Europas, und die Zahl der Lehranstalten, die einem einheitlichen Regiment unterstanden, ging in die Hunderte – der Societas Jesu gelang zum ersten Male eine großflächige Uniformierung des Unterrichtswesens im Stil eines modernen europäischen Staates.

Die Erfolge des Ordens waren beträchtlich. Innerhalb von wenig mehr als einem halben Jahrhundert brachten die Jesuiten in den katholischen Ländern Europas den größten Teil der höheren Bildung – das medizinische und juristische Studium ausgenommen – in ihre Hand; sie qualifizierten sich in kurzer Zeit zum Lehr- und Schulorden der katholischen Kirche par excellence. Sie gründeten nicht nur neue Kollegien in großer Zahl; sie beschickten überdies die bestehenden Einrichtungen, die Gymnasien sowie die philosophischen und theologischen Fakultäten an den Universitäten, mit Lehrkräften. Auch aus den durch das Tridentinum angeordneten Klerikerseminaren wäre nicht viel geworden, wenn sie nicht fast überall Anschluss an die Kollegien der Societas Jesu gefunden hätten.

Ignatius hat selbst noch die Fundamente gelegt: Er gründete im Jahre 1550 das Collegium Romanum, die philosophische und theologische Musteranstalt des Ordens, und zwei Jahre darauf – ebenfalls in Rom – das Collegium Germanicum, das vor allem die deutschen Domkapitel mit gut ausgebildeten Priestern zu versorgen hatte. Nördlich der Alpen fasste die Societas Jesu besonders früh und intensiv in Bayern Fuß, und Bayern blieb – nicht zuletzt dank der Protektion der Herzöge – während des ganzen Zeitalters der Gegenreformation das deutsche Zentrum des Ordens. Die Pionierarbeit leistete hier ein Niederländer aus Nimwegen, Petrus Canisius (Pieter Kanijs, 1521–1597), gleichermaßen bedeutsam als Organisator, Politiker und Schriftsteller. Seine Katechismen – in dreifacher Ausführlichkeit für die verschiedenen Altersstufen – fanden weite Verbreitung und trugen erheblich dazu bei, dem Religionsunterricht feste Konturen zu verleihen. Canisius wurde Leiter der oberdeutschen Ordensprovinz und wirkte tatkräftig bei der Errichtung neuer Kollegien mit. Die Gründung der Anstalten von Ingolstadt (1556), München (1559) und Dillingen (1563) fällt in seine Amtszeit.

So ging es fort. Die Zahl der Ordensmitglieder, die sich, als Ignatius starb, auf etwa eintausend belief, vergrößerte sich in den darauffolgenden Dezennien ungefähr um das Zehnfache, sodass genügend Kräfte vorhanden waren, die katholischen Gebiete Deutschlands mit einem Netz von Kollegien zu überziehen: neben Bayern und Franken die rheinischen Lande von Konstanz über Straßburg bis Köln sowie den Nordwesten mit den Bistümern von Paderborn, Münster und Osnabrück. Auch in Österreich und in den Ländern der böhmischen Krone entfalteten die Jesuiten, tatkräftig vom Hause Habsburg unterstützt, eine intensive Tätigkeit. Hierzu tat noch Canisius, der offensichtlich in den Dimensionen des Heiligen Römischen Reiches dachte, die ersten Schritte: Er weilte 1552–1554 in Wien und während der beiden folgenden Jahre in Prag und richtete hier wie dort ein Kollegium ein.

Im 17. Jahrhundert ging die expansive Kraft des Ordens allmählich zurück, um im 18. gänzlich zu ersterben. Einst, in der Phase der Gründung und Entfaltung, hatten die Jesuiten als Adepten der maßgeblichen Form der Bildung, des Humanismus, auf der Höhe ihrer Zeit gestanden. Die Entwicklungen des 17. Jahrhunderts hingegen, die zur Entstehung des modernen mathematisch-naturwissenschaftlichen Weltbildes führten, vollzogen sich außerhalb ihres Horizonts, und so gerieten sie, die ursprünglich Hochmodernen, mehr und mehr in die abseitige Position von Repräsentanten eines veralteten Betriebes. Auf die Misshelligkeiten und Konflikte, die zur Zurückdrängung und schließlich zur Aufhebung des Ordens im Jahre 1773 führten, sowie auf dessen weitere Geschicke braucht hier, bei der Erörterung des gelehrten Unterrichts im 16. Jahrhundert, nicht eingegangen zu werden.[49]

3. Die Literatur der Humanisten

Die Humanisten brachen, wie bereits dargelegt,[50] mit der Sprache der Scholastik, die sie als »barbarisch« verachteten; sie suchten die gesamte etwa tausendjährige Entwicklung rückgängig zu machen, die das Lateinische seit der Spätantike, der Kirchenväterzeit, genommen hatte, und erhoben die Syntax und den Wortgebrauch der Autoren des antiken Roms, insbesondere Ciceros, zur einzigen Richtschnur ihrer eigenen literarischen Bemühungen. Sie hatten hiermit Erfolg; es gelang ihnen, in zähem, langwierigem Kampf die scholastische Gebrauchssprache zu verdrängen und ihre eigenen Vorstellungen von korrektem Latein durchzusetzen. Sie machten Epoche, und zwar umso entschiedener, als sie sich mit großem Fleiß und Geschick und überaus vielseitig schriftstellerisch betätigten. Sie schufen ein neues Stratum der Poesie und Prosa, das als ›neulateinische Literatur‹ in die Geschichte eingegangen ist – als das letzte Stratum gesamteuropäischer, nicht auf die Nationalsprachen verteilter Literatur. Die Humanisten waren bestrebt, alle Gattungen der Griechen und Römer zu erneuern, einschließlich des Dramas, und so vermochten sich ihre Erzeugnisse vom 15. bis zum 17., zum Teil bis zum 18. Jahrhundert, neben den aufkommenden und immer stärker werdenden nationalsprachlichen Literaturen zu behaupten. Die Bedürfnisse der Schule und andere kulturelle Gegebenheiten bewirkten, dass sich bestimmte Formen in besonderem Maße der Pflege durch die Humanisten erfreuten. Die unterrichtsbedingten Texte – Gesprächsbücher und Dramen – blieben in Gebrauch, solange die aktive Beherrschung des Lateinischen Bildungsziel war; sie verschwanden mit dem neuhumanistischen Gymnasium der Goethezeit, das sich im Wesentlichen auf die Lektüre der antiken Autoren beschränkte.

Die neulateinische Literatur verbreitete sich mit dem Humanismus von Italien aus – wo Petrarca als der Begründer galt – über ganz Europa, soweit es nicht der griechisch-orthodoxen Sphäre angehörte. Die Entwicklung verlief in den einzelnen Ländern verschieden, je nach den Beziehungen zu Italien und der Einschätzung der eigenen Sprache. Kroatien z. B. trat dank seiner venezianischen Städte bereits von der Mitte des 15. Jahrhunderts an mit bedeutenden Autoren hervor; andererseits ließ der Nationalstolz der Weltmacht Spanien neulateinischen Werken nur wenig Raum. Auch in Frankreich entfaltete sich die Humanistenliteratur nicht ungehemmt; sie fasste dort erst ziemlich spät, um die Mitte des 16. Jahrhunderts, Fuß und wurde alsbald durch die »Deffense et illustration de la langue françoyse« von Joachim Du

Bellay (1549) angefochten.[51] In Osteuropa avancierte Polen zur Hochburg des Neulateins; das Einfallstor war Krakau, die Universitätsstadt und Residenz. Dort leistete Konrad Celtis, der ›Erzhumanist‹, in kurzer Zeit, in den Jahren 1489–1491, Wegweisendes, und vom Königshof aus fanden die Sprache und Literatur der Humanisten Eingang zu den Sitzen der Bischöfe und des Adels. England steuerte zunächst vor allem die überragende Figur des Thomas Morus, des Schöpfers der »Utopia«,[52] bei; die neulateinische Poesie kam erst unter Königin Elisabeth I. (1558–1603) kräftig zur Blüte – die Tradition, die daraus hervorging, blieb länger lebendig als auf dem Kontinent, bis ins 18. Jahrhundert.

In Mitteleuropa hielt die neue Bildung – nach einem kurzen, folgenlosen Vorspiel in Prag, dem Besuch Petrarcas am Hofe Karls IV.[53] – mit Enea Silvio de'Piccolomini Einzug, dem nachmaligen Papst Pius II. Kaiser Friedrich III. berief ihn vom Basler Konzil weg an seine Kanzlei nach Wien, wo er Gelegenheit nahm, eifrig für die humanistische Sache zu werben. Damals begannen auch Deutsche für jene neuen *litterae* einzutreten, denen sie jenseits der Alpen begegnet waren. So wirkte der ›Poet‹ Peter Luder (ca. 1415–1472) nach seiner Rückkehr in die Heimat einige Jahre in Heidelberg, wo Pfalzgraf Friedrich I. die humanistischen Studien zu fördern suchte. Auch an anderen Orten, z. B. in Erfurt, Straßburg/Schlettstadt oder in Nürnberg bildeten sich erste humanistische Zirkel.

Im letzten Viertel des 15. Jahrhunderts begann eine Reihe bedeutender Autoren von sich reden zu machen. So tat sich der Schlettstädter Jakob Wimpfeling (1450–1528) vor allem als Pädagoge hervor; seine diesbezüglichen Schriften, insbesondere der »Isidoneus«, wurden bereits gewürdigt.[54] Auch von Johannes Reuchlin aus Pforzheim (1455–1522), dem großen Hebraisten, und dem Effekt, den sein Eintreten für die Judenbücher im Bildungskampf gegen die Scholastik hatte, war schon ausführlich die Rede.[55] Als Dritter sei der soeben erwähnte ›Erzhumanist‹ Konrad Celtis (1459–1508) genannt, der Poet und Poetologe, der überaus erfolgreiche Wanderlehrer und Gründer mancher humanistischen ›Sodalität‹. Ihm hatte Jakob Locher (1471–1528), der nicht nur ein Philomusus, sondern auch ungemein streitlustig war, viel zu verdanken; berühmt wurde er durch seine lateinische Übersetzung von Sebastian Brants »Narrenschiff«. Mit Übersetzungen ins Lateinische – in diesem Falle von griechischen Autoren – machte sich auch der Dürerfreund und Nürnberger Ratsherr Willibald Pirkheimer (1470–1530) einen Namen, und der Augsburger Stadtschreiber Konrad Peutinger (1465–1547), der Sammler deutscher Altertümer, verdankt vor allem der durch ihn erhaltenen römischen Straßenkarte seinen Nachruhm. Weiterhin darf in dieser Galerie bedeutender deutscher Humanisten der Tübinger Poetik- und Rhetorikprofessor Heinrich Bebel (1472–1518), der Autor der bereits gewürdigten »Comoedia de optimo studio iuvenum«, nicht fehlen:[56] Er hat seine bisweilen allzu patriotischen Äußerungen durch seine witzigen »Facetiae« (Schwänke, Anekdoten) reichlich kompensiert.

Unter den Lutheranern gebührt Philipp Melanchthon aus Bretten (1497–1560) der erste Platz; sein theologisches, philosophisches und sonstiges Œuvre füllt insgesamt 28 Bände des Corpus Reformatorum.[57] Er bereicherte die humanistische Literatur nicht nur durch Schulbücher, sondern auch durch Gedichte und die eleganten »Declamationes«. Zwei respektable Poeten gingen durch die strenge Schule Wittenbergs: Georg Sabinus aus Brandenburg (1508–1560), ein Schwiegersohn Melanchthons, sowie Simon Lemnius aus Graubünden (1511–1550), den Luther wegen seiner aggressiven Epigramme von der Universität verweisen ließ. Das kurze Leben Ulrich von Huttens (1488–1522), des Reichsritters und Poeta laureatus, des leidenschaftlichen Genies und gefürchteten Satirikers, hat ein vielfältiges Echo bei der literarischen Nachwelt gefunden, am eindrucksvollsten durch den Gedichtzyklus Conrad Ferdinand Meyers. Helius Eobanus Hessus (»der Hesse«, 1488–1540), Huttens Altersgenosse und Freund, Haupt des Erfurter Humanistenkreises, brillierte durch seine Lyrik, desgleichen der um eine Generation jüngere Petrus Lotichius Secundus (1528–1560), der ebenfalls aus Hessen stammte. Eine späte Blüte erlebte die neulateinische Literatur durch die Jesuitenschule: Aus ihrem Ambiente gingen der Dramatiker Jakob Bidermann (1578–1639) und der Lyriker Jakob Balde (1604–1668) hervor.

Der niederländische Humanismus stand mit dem deutschen in engem Konnex, was schon durch die Biographie des Erasmus von Rotterdam (1469–1536), der alle Zeitgenossen überragenden Gestalt, bewiesen wird; zumal im Bereich des Schulwesens liefen zahlreiche Fäden hin und her. Der quecksilbrige Frühhumanist Rudolf Agricola wurde bereits gewürdigt;[58] er tat sich auch als Dichter hervor, und seine Erzeugnisse wurden von Erasmus mit hohem Lobe bedacht. Georgius Macropedius aus Nordbrabant (1475–1558) zählte zu den erfolgreichsten Schuldramatikern des Neulateinischen; seine »Fabulae comicae« behandeln teils biblische, teils Schwankstoffe. Ein Höhepunkt waren die Liebesgedichte des jungen Genies Janus Secundus aus Den Haag (1511–1536). Die so genannte Leidener Schule wurde vor allem durch Janus Dousa den Vater (1545–1609) und dessen gleichnamigen, frühreifen Sohn (1571–1597), auch sie Liebeslyriker, repräsentiert; einen grandiosen Abschluss fand die erotische Dichtung der Leidener Neulateiner in den Elegien des berühmten Philologen Daniel Heinsius aus Gent (1580–1655).

Die Humanisten pflegten Dichter, Redner und Philologen in einem zu sein; ihr Programm, die Antike zu erneuern, verpflichtete sie gleichermaßen zur Wiederherstellung der griechischen und lateinischen Texte und zu eigener Produktion. Die *poetae docti* nördlich der Alpen unterschieden sich in dieser Hinsicht nicht von ihren italienischen Lehrmeistern; allenfalls waren sie stärker pädagogisch engagiert, sodass es ihnen in besonderem Maße um die Schultauglichkeit all der Ausgaben, Kommentare und Lehrbücher zu tun war, die sie herstellten.

In einem Punkte konnten sie es allerdings mit den Italienern nicht mehr aufnehmen: im Entdecken bis dahin unbekannter Werke. Mit Petrarca hatte diese elementare Form der Antike-Rückgewinnung, das Ausgraben von Texten gewissermaßen, begonnen; er gab der gelehrten Welt einen großen Teil der Cicero-Korrespondenz zurück, als er um das Jahr 1345 in Verona einen Codex mit den Briefen an Atticus und andere entdeckte. Berühmt geworden sind die Bibliotheksreisen, die Poggio vom Konstanzer Konzil (1414–1418) aus unternahm; sie erbrachten als wichtigstes Ergebnis den Fund einer vollständigen Handschrift von Quintilians »Institutio oratoria« – kein anderes Werk der Antike leistete den rhetorischen Studien der Humanisten so wertvolle Dienste wie diese umfassende Darstellung der gesamten Theorie der Rede.[59] Das Baseler Konzil (1431–1449) war bereits weniger ergiebig; immerhin gelang Giovanni Aurispa, dem Retter zahlreicher griechischer Codices, auf einer Rheinreise in Mainz die Entdeckung des Terenz-Kommentars von Donat und der lateinischen Panegyriker.[60] So blieb für die Deutschen, als sie sich vom Ende des 15. Jahrhunderts an der neuen Geistesrichtung verschrieben, auf diesem Felde nicht mehr viel zu tun; der Fund des Geschichtswerks des Velleius Paterculus, der Beatus Rhenanus um 1515 im oberelsässischen Kloster Murbach glückte, war ein Zufall.[61]

Im Übrigen aber beschäftigten sich die deutschen Humanisten mit denselben Dingen wie ihre italienischen Kollegen: Das Edieren und Kommentieren antiker Texte sowie das Übersetzen griechischer Texte ins Lateinische (da hinlängliche Griechischkenntnisse wenig verbreitet waren) gehörten zu ihren wichtigsten Obliegenheiten. Edieren bedeutete so viel wie das Herstellen eines fehlerfreien, lesbaren Textes. Hierbei pflegte man noch nicht methodisch nach den besten Handschriften zu fahnden; man stützte sich auf die Zeugen, die man hatte, und verbesserte nach Maßgabe des eigenen Urteilsvermögens. Als Herausgeber verdient zuallererst Erasmus Erwähnung, der auf diesem Felde ein geradezu immenses Œuvre hinterließ. Unter seinen griechischen Editionen ragt die Gesamtausgabe des Aristoteles hervor, unter den römischen die des Seneca. Berühmt war die mit einer lateinischen Übersetzung und Anmerkungen versehene Ausgabe des Neuen Testaments; von den Editionen der Kirchenväter fand vor allem der neunbändige Hieronymus Anerkennung. Neben Erasmus machte sich Beatus Rhenanus (1485–1547) durch Ausgaben von wissenschaftlichem Rang verdient (Curtius Rufus, Tertullian u.a.), ebenso Joachim Camerarius (1500–1574), der sich etlicher griechischer Autoren annahm, z.B. des Sophokles (mit Kommentar), und Georg Fabricius (1516–1571), dessen Vergil- und Horaz-Text von den antiken Erklärern begleitet waren. Als Autoren von Schulausgaben taten sich insbesondere Johannes Murmellius und Johannes Sturm hervor;[62] Melanchthon betätigte sich als Exeget Ciceros, des Terenz und anderer, und Hermann Torrentius (gest. 1520) brachte ein Reallexikon zum Verständnis der römischen Klassiker heraus. Schließlich Neander: seine Spezialität waren, wie schon erwähnt,[63] griechische Chrestomathien. Als Übersetzer zeichneten sich Eoban Hesse (Ilias) und Pirkheimer (Platon, Plutarch, Lukian) aus; Erasmus steuerte metrische Versionen der »Hekuba« und der »Iphigenie in Aulis« von Euripides bei.

Neben dem Edieren florierte das Verfassen von Lehrbüchern. Hierbei knüpften die Humanisten an die mittelalterliche Tradition des Unterrichts in den Fächern des Trivium an, jedoch mit den Modifikationen, die ihr eigenes Programm mit sich brachte, und unter energischem Rückgriff auf die antiken Ursprünge. Die Dialektik verlor im Verhältnis zu den beiden übrigen Disziplinen erheblich an Bedeutung.

Für die Grammatik und Stilistik des Lateinischen aber hat wiederum Erasmus Wegweisendes getan: Sein »Ciceronianus« äußerte sich, wie schon erwähnt,[64] im Sinne eines gemäßigten Klassizismus zur Frage der korrekten Ausdrucksweise. Der Dialog »De recta latini graecique sermonis pronunciatione« (»Über die richtige Aussprache des Lateinischen und Griechischen«) hat vor allem dadurch Berühmtheit erlangt, dass er für die ›erasmische‹, d.h. exakt der Schreibweise folgende Aussprache des Griechischen plädiert – im Gegensatz zur ›reuchlinschen‹, nach der das alte Griechisch ebenso auszusprechen sei wie das moderne. Für den griechischen Elementarunterricht sorgte Erasmus durch eine Übersetzung der Grammatik des Theodoros Gazes.[65]

Von dem Erfolg des »Pappa puerorum«, des von Murmellius verfassten lateinischen Elementarwerks, war schon die Rede.[66] Die bekannteste lateinische Grammatik, wohl vornehmlich für Lehrer bestimmt, stammte von Melanchthon; sie war bis gegen die Mitte des 18. Jahrhunderts in Gebrauch.[67] Heinrich Bebel zog in einer besonderen Abhandlung gegen die aus dem scholastischen Latein sattsam bekannten Germanismen zu Felde: »Commentaria de abusione linguae Latinae apud Germanos« – »Bemerkungen über den falschen Gebrauch des Lateinischen bei den Deutschen«.[68] Da das Dichten in den antiken Versmaßen zum humanistischen Bildungsprogramm gehörte, wurden hierzu des Öfteren Kompendien veröffentlicht. So schrieb Celtis eine »Ars versificandi et carminum«, und Hutten verfasste wenige Jahre darauf ein ähnliches Werk – wobei sich beide, da sie ja Dichter waren, des Hexameters bedienten.[69] Das beste Werk auf diesem Felde hat Bebel beigesteuert: die »Ars versificandi et carminum condendorum« vom Jahre 1506. Schließlich die Theorie der Rhetorik: auch ihrer hat sich Melanchthon angenommen sowie, gründlicher und mit einer ganzen Reihe von Schriften, Johannes Sturm.

Die Humanisten gingen als prägende Kraft ihrer Zeit in ihrer Gegenwart auf und waren zugleich der von ihnen bewunderten Antike zugewandt – nicht nur als Literaten und Philologen, sondern auch als Gelehrte und Forscher. Georg von Peurbach (1423–1461) und sein Schüler Johannes Müller, genannt Regiomontanus, knüpften als Erneuerer der neuzeitlichen Mathematik und Astronomie an die einschlägigen antiken Quellen an und hielten außerdem Vorlesungen über Vergil und Horaz. Reuchlins hebraistische Studien blieben bei der Sprache nicht stehen, sondern drangen tief in die jüdische Mystik, in die Kabbala ein. Beatus Rhenanus wiederum schuf mit seinen »Rerum Germanicarum libri III« vom Jahre 1531 eines der ersten Werke über die Geschichte Deutschlands. Georg Fabricius fertigte nach italienischem Vorbild eine Topographie des antiken Roms an, und Peutinger leistete mit der Edition seiner Inschriftensammlung Pionierarbeit auf epigraphischem Gebiet.

Nach diesen Werken, die – sosehr sie sich ins Repertoire humanistischer Betätigungen einfügten – doch eher die Erzeugnisse von Einzelgängern abseits der großen Straße waren, zurück zur Schule, zur Basis des Lateinunterrichts: es wurde bereits erwähnt,[70] dass aus diesem Milieu zwei Textarten oder Literaturgattungen hervorgingen, die vornehmlich didaktischen Zwecken dienten, die Gesprächsbücher und die Schuldramen. Die Geschichte der Gesprächsbücher,[71] der eigens für Schüler verfassten Musterdialoge, begann um das Jahr 1480 mit anonymen Phraseologien, mit Sammlungen von Redewendungen, die den Stücken des Terenz entnommen waren. Als der eigentliche Erfinder der Gattung gilt Paulus Niavis (alias Paul Schneevogel) aus Eger, weiland Stadtschreiber zu Zittau und Bautzen; er brachte insgesamt fünf Gesprächssammlungen heraus, darunter den »Dialogus parvulis scholaribus ad latinum idioma perutilissimus«, der um 1485 zum ersten Male erschien. Andere Autoren folgten, darunter Laurentius Corvinus, der sich schon durch den »Hortulus elegantiarum« hervorgetan hatte[72]; sein »Latinum idioma«, erschienen im Jahre 1503, erlebte bis 1523 mehr als fünfundzwanzig Auflagen. Nunmehr nahm sich auch Erasmus des neuen Genres an: Er verfasste die »Colloquia familiaria«, deren eleganter Stil und geistvoller Inhalt alles Bisherige übertrafen. Er fügte von 1518 bis 1523, von der ersten bis zur letzten Ausgabe aus seiner Hand, ständig Neues hinzu; das Werk erlebte in dieser Zeit über sechzig Auflagen.

Erasmus fand Nachahmer, z. B. in der Person des streitbaren Hadrianus Barlandus aus den Niederlanden; seine »Dialogi ad profligendam e scholis barbariem utilissimi« – »Äußerst nützliche Gespräche, die Barbarei aus den Schulen zu vertreiben« erschienen zum ersten Male im Jahre 1524. Auf einige weitere Gesprächsbücher verschiedener wenig bekannter Autoren folgte – nach Erasmus – der zweite Höhepunkt der Gattung: die witzige, gedankenreiche und nahezu enzyklopädische »Linguae latinae exercitatio« des Juan Luis Vives (ab 1538).[73] Die produktive Zeit der Schülerdialoge endete – abermals nach einigen Specimina von geringerer Bedeutung – mit den »Colloquia scholastica« des Nordfranzosen Mathurinus Corderius (ab 1564). Die drei Hauptrepräsentanten des Typs, die Werke des Erasmus, des Vives und des Corderius, wurden noch über ein Jahrhundert lang eifrig benutzt; die Reihen der Neuauflagen brechen kurz nach 1780 ab, als das Lateinische nicht mehr aktiv beherrscht werden musste.

Die Zöglinge der Lateinschule durften im Bereich ihrer Anstalt nur lateinisch reden, auch wenn es um triviale Alltäglichkeiten ging; die Gesprächsbücher versorgten sie mit den hierfür geeigneten Vokabeln und Wendungen. Diese hatten daher im Allgemeinen die Welt ihrer Adressaten zum Gegenstand und übten die fremde Sprache an bekannten Dingen, nicht an der entlegenen Welt der Griechen und Römer. Sie waren nicht zimperlich; sie suchten die Wirklichkeit ungeschminkt und unbeschönigt darzubieten. Eine Fülle von Genrebildern zeichnete die Schule und ihre Pflichten; man unterhielt sich über Schwänzen und Faulheit, über Streiche und deren Bestrafung, über Reisen und Besichtigungen, über Feste, Prozessionen, Hochzeitsfeiern und Sportveranstaltungen und vieles anderes mehr, und all dies pflegte mit Witz und Ironie dargestellt zu werden.

In Italien gab es seit dem ausgehenden 14. Jahrhundert theatralische Darbietungen: Man führte römische Originale auf oder moderne Nachahmungen. Und schon früh wurde der didaktische Nutzen dieser Versuche erkannt: *Comoediae plurimum conferre ad eloquentiam possunt* – »Komödien sind der Redefertigkeit überaus förderlich«, schrieb Enea Silvio im Jahre 1449.[74] Über die Alpen gelangte das alt-neue Genre gegen Ende des 15. Jahrhunderts. Das schon erwähnte früheste Stück, das in Deutschland entstand, Wimpfelings »Stylpho«,[75] sollte wohl nicht so sehr die Eloquenz steigern als satirische Angriffe gegen die Geistlichkeit vortragen. Eine Komödie Reuchlins, der Schwank »Henno« (1497), nicht mehr wie der »Stylpho« in Prosa, sondern in terenzischen Versen und sogar mit Chorliedern zwischen den Akten, kam dem Typus des Schuldramas bereits näher; das Stück, in Heidelberg von Studenten aufgeführt, fand sofort starke Resonanz. Ein drittes Paradigma, die schon ausführlich gewürdigte »Comoedia de optimo studio iuvenum« von Bebel (1501),[76] gibt auch durch den Stoff den pädagogischen Zweck zu erkennen. Zugleich zeigt sich hier besonders deutlich die enge Verwandtschaft von Schuldrama und Schülergespräch. Beide Gattungen sollten zur Sicherheit im lateinischen Ausdruck beitragen; die Dramenaufführungen waren überdies geeignet, die jungen Leute im Agieren vor der Öffentlichkeit zu üben.

Jakob Locher hatte sich bereits durch die Dialogisierung zeitgeschichtlicher Sujets, z. B. durch die »Historia de rege Franciae«, hervorgetan, als im Jahre 1502 in Ingolstadt sein Stück »Iudicium Paridis de pomo aureo«, »Das Urteil des Paris über den goldenen Apfel« (als Preis der Schönheit), aufgeführt wurde. Hierin zeigt sich eine Tendenz, die in der massenhaften Produktion der folgenden Zeit vorgeherrscht hat: Man dramatisierte mythische, biblische oder historische, insbesondere dem Altertum entnommene Stoffe, um daran in unmissverständlicher Weise moralische Maximen zu demonstrieren, um die Tugenden zu preisen und die Laster zu rügen. Die Figuren kamen Allegorien nahe; oft begnügte man sich damit, die gemeinten Eigenschaften unverkleidet, als Personifikationen, auf die Bühne zu schicken. Der Niederländer Guilhelmus Gnaphaeus (1493–1568) ließ sich durch das Gleichnis vom verlorenen Sohne zu dem Drama »Acolastus« (»Der Ungezogene«) inspirieren, einem überaus erfolgreichen Stück. Die »Fabulae comicae« des Macropedius wurden bereits erwähnt;[77] eine der bekanntesten Proben seines respektablen Talents war »Hecastus«, die Behandlung des »Jedermann«-Stoffes. Schließlich der Schwabe Nicodemus Frischlin (1547–1590): seine Stücke, darunter die biblischen Sujets »Rebecca« und »Susanna«, ragten weit über den Durchschnitt lateinischer Schuldramen hinaus. Die jesuitische Spätblüte der Gattung erreichte mit Bidermann ihren Höhepunkt; sein berühmtestes Werk, die Comico-Tragoedia »Cenodoxus« (etwa: »Von wahnhafter Überheblichkeit erfüllt«), ein allegorisches Drama, wurde im Jahre 1602 in Augsburg uraufgeführt.

Das lateinische Drama der Humanisten war von Hause aus für ein genau umschriebenes Milieu, die Schulen und Universitäten, bestimmt; immerhin kam es von Anfang an vor, dass regierende Herren – bis hinauf zum Kaiser – den Aufführungen beiwohnten. Doch allmählich wurden die Schauspiele, dargeboten von Schülern und Studenten, zu einer öffentlichen Lustbarkeit; sowohl die Bürgerschaft als auch – wenn vorhanden – die Hofgesellschaft fanden sich gerne zu den Vorstellungen ein. Feste Theater existierten noch nicht, und der Besuch einer Wandertruppe war ein Zufallsereignis. Bei den Jesuiten vollends verstand es sich von selbst, dass die Allgemeinheit an den dramatischen Darbietungen ihrer Schulen Anteil nahm.

Im 18. Jahrhundert ging es mit dem Schuldrama, wie mit der neulateinischen Literatur überhaupt, allmählich zu Ende. Das Lateinische wurde nicht mehr benötigt und infolgedessen nicht mehr hinlänglich verstanden. Zugleich kamen überall – meist von den Höfen finanzierte – Theater mit Berufsschauspielern auf.

III. Das Schulwesen im Zeitalter der Aufklärung

1. Einflüsse an der Schwelle zum 18. Jahrhundert: Hofkultur und Pietismus

a) Die Zeit des Übergangs

Die Blütezeit des Humanismus war zugleich eine Blütezeit des Bildungswesens, des gelehrten Unterrichts. Diese Zeit ging in den letzten Jahrzehnten des 16. Jahrhunderts mit dem Tode von Sturm und Frischlin, Neander und Canisius zu Ende.[1] Die produktive Phase der Epoche war vorbei, und es blieb die Hinterlassenschaft: die Schulen und ihr Arbeitsmittel, die Literatur. Mit diesem Kapital, mit den von den Humanisten geschaffenen Institutionen und Texten, hat man noch etwa anderthalb Jahrhunderte gearbeitet – bis mit Aufklärung, Griechenglaube und Idealismus eine neue Epoche, die Epoche des neuhumanistischen Gymnasiums, begann.

Die stille Periode, welche die beiden dynamischen Phasen des neuzeitlichen Bildungswesens, die humanistische und neuhumanistische, voneinander trennt, hielt zwar in den Bereichen der Schulorganisation, der Unterrichtsziele und der Lehrpläne ohne bedeutende eigene Initiativen am Gegebenen fest; sie nahm jedoch bei aller Stagnation schon wegen der äußeren Umstände keinen gänzlich gleichförmigen Verlauf. Diese Umstände lassen sich in der Hauptsache mit einem Wort benennen: Der Dreißigjährige Krieg. Er und seine weitreichenden wirtschaftlichen Folgen waren der düstere Hintergrund einer schulischen Entwicklung, die man kaum anders denn als Schrumpf- und Schwundprozess, kurz als Niedergang kennzeichnen kann. Erst gegen Ende des 17. Jahrhunderts begannen sich im Bildungswesen neue Erscheinungen hervorzutun: die Ritterakademien und die Franckeschen Stiftungen, Erzeugnisse einerseits der Hofkultur und andererseits des Pietismus. Beide Erscheinungen hatten, aufs Ganze gesehen, episodischen Charakter. Die Ritterakademien waren Adelsschulen und verschwanden in der Zeit des Neuhumanismus, und der beträchtliche Einfluss, den Franckes Hallesche Musteranstalt auf das Schulwesen des frühen 18. Jahrhunderts ausgeübt hat, ging im allgemeinen Strom der Entwicklung auf. Gleichwohl empfiehlt es sich, den beiden neuen Gegebenheiten an der Schwelle zum 18. Jahrhundert einen eigenen Zeitabschnitt zuzubilligen, denn es bekunden sich in ihnen zum ersten Male die Kräfte, die schließlich die für das 19. Jahrhundert gültige Form der höheren Bildung hervorgebracht haben. Es werde also zwischen zwei Phasen unterschieden: zwischen jener rein transitorischen, durch wenig Eigenes charakterisierten Phase, die vom Ende des 16. Jahrhunderts bis zum Ende des 17. Jahrhunderts währte, und jener Zeit, die durch die Ritterakademien und die Schulen Franckes ihre Signatur erhielt.

Während der transitorischen Phase existierte die Lateinschule in der Form weiter, die die Humanisten ihr gegeben hatten – jedoch gleichsam wie ein Körper ohne Seele. Die Humanisten hatten aus dem Vollen, aus dem schier unerschöpflichen Reservoir ihrer poetischen und rhetorischen Fähigkeiten geschöpft; das Lateinische, die mühsam erlernte Sprache, war ihnen zur zweiten Natur geworden, und sie konnten damit umgehen, als wäre es ihre erste. Ihre literarische Produktion ging, so mochte es scheinen, über das für die Schule Erforderliche hinaus (musste man denn in der fremden Sprache schwierige Versmaße handhaben können, um Heranwachsenden die Regeln der Grammatik beizubringen?). In Wahrheit aber war diese Produktion mit ihrem von Jahr zu Jahr anschwellenden Reichtum die Quintessenz der Schule, ein Festtagsschmuck, der auf die saure Alltagsarbeit zurückwirkte. Die Humanisten lebten vor, was sich mit dem fremden Idiom erreichen ließ, in Prosa und in Versen, im Ernst und im Spiel, in feierlicher Rede und in herzhafter Satire. Die alte, die ›klassische‹ Lateinschule der Lutherzeit beruhte auf der Union von Poetentum und Philologie, und wenn es, wie immer und überall, nur wenige waren, denen Bedeutendes gelang – die Meisterwerke strahlten weit, und die handwerkliche Qualität war stets so gut, dass auch Mittelmäßiges auf Beifall hoffen durfte.

Das Feuer eigenen Hervorbringens erlosch im letzten Viertel des 16. Jahrhunderts weithin; nur aus den Jesuitenkollegs gingen auch danach noch bedeutende Talente hervor.[2] Zurück blieb ein formalistischer, pedantischer Schulbetrieb, und wenn auch noch stets lateinische Reden und Verse verfasst wurden: ihre beste Zeit hatten sie hinter sich; ihnen fehlte der Schwung und die Eleganz von einst. Die humanistischen Studien waren wohl bereits großenteils von innen her verholzt, als der Dreißigjährige Krieg mit seinen materiellen Nöten von außen auf das Schulwesen zu drücken begann, und der Unterricht, auf sein verstandesmäßiges Skelett reduziert, fiel wieder in die Routine zurück, aus der die Humanisten ihn hatten befreien wollen: in die Routine der Scholastik, der theologischen Disputation.

Die Beherrschung des Lateinischen war nach wie vor der einzige Schlüssel zu jeglichem akademischen Beruf; das Lateinische vermochte sich daher als der Hauptinhalt des höheren Unterrichts zu behaupten. Allerdings nahm das Ideal ciceronischer Klassizität erheblich Schaden; auch der Stil fiel in die Gewohnheiten der vorhumanistischen Zeit zurück. Doch der Hauptleidtragende des Schwund- und Schrumpfprozesses war das Griechische. Beim Latein blieb die Kontinuität im Wesentlichen gewahrt; hier brauchte man im 18. Jahrhundert der erstarrten Tradition nur neue Ziele und Wege mitzuteilen. Anders beim Griechischen. Dort ging nahezu alles wieder verloren, was die Humanisten erkämpft hatten: Von dem üppigen Lektüreprogramm der Reformationszeit, das die wichtigen Autoren von den Anfängen bis zur römischen Kaiserzeit enthielt, blieb wenig mehr übrig als das Neue Testament, bei dem ein grotesker Streit darüber ausbrach, ob es in reinem, fehlerfreiem Griechisch verfasst sei.[3] Die Neuhumanisten fanden somit, als sie um die Mitte des 18. Jahrhunderts tätig zu werden begannen, nahezu dieselbe Tabula rasa vor wie ihre Kollegen von einst, vom Ausgang des 15. Jahrhunderts. Das Griechisch-Vakuum der Zeit des Niedergangs hat in den Katalogen der wissenschaftlichen Bibliotheken sichtbare Spuren hinterlassen: Dort klafft in der Chronologie der Ausgaben griechischer Autoren ein Hiat, der vom Anfang des 17. bis zum letzten Viertel des 18. Jahrhunderts reicht – in dieser ganzen Zeit hat offensichtlich kein nennenswerter Bedarf an griechischen Texten bestanden.[4]

Nutznießer der Sprachvernachlässigung waren hauptsächlich die Philosophie und die Theologie. Wie man an den Universitäten zum alten Metaphysik- und Dogmatikbetrieb zurückkehrte, so glaubte man jetzt, auch auf den Schulen mit philosophischen und theologischen Vorlesungen aufwarten zu sollen. Eine zeitgenössische Stimme[5] beklagt diese Vorwegnahme universitärer Studien: Statt Klassiker zu lesen, »lässt man die Knaben zu den höheren und realen Wissenschaften übergehen oder vielmehr überspringen. Und da bilden sich dann solche Schulmeister was rechtes ein, wenn sie lehren, was sie selbst nicht wissen und die Schüler nicht verstehen; die guten Autoren, welche die Vorzeit als Lehrer der Bildung und Rede anerkannte, nehmen sie der Jugend aus der Hand; dafür geben sie ihnen ihre eigenen Kompendien und dissertieren nun mit den Knaben über die materia prima, über das principium individuationis, über die Prädestination und den Antichrist.«

Was die Schulen auf Kosten des Sprachunterrichts, vor allem der Autorenlektüre, an sich zogen, war nichts anderes als zeitgenössische Universitätslehre, und in dieser wiederum spiegelte sich die Entwicklung des konfessionellen Kirchenwesens, zumal des Luthertums. Dessen expansive Phase war um die Zeit des Augsburger Religionsfriedens (1555) zu Ende gegangen, und wie den Humanisten und Poeten, so kam auch den Theologen allmählich die frische und zupackende Energie abhanden, die sie bislang beseelt hatte. Es ging nunmehr vor allem darum, das Erreichte zu sichern und innerlich zu festigen, und dies geschah mit den Instrumenten einer von der Ratio gelenkten Theologie. Man rang allenthalben, im katholischen ebenso wie im lutherischen und reformierten Lager, um die rechte, die wahre Lehre, die Orthodoxie. Man stellte Kompendien her, welche die jeweils verbindlichen Lehren zusammenfassten; die Lutheraner benötigten etwa zwanzig Jahre, bis sie nach mühsamer Arbeit die »Formula Concordiae«, die Konkordienformel, verabschieden konnten (1577). Die Konfessionen waren, so heftig sie sich wegen der zwischen ihnen obwaltenden Unterschiede stritten, von *einem* Zeitgeist geprägt, und die Theologie der Protestanten glich der der Katholiken derart, dass man nicht gezögert hat, bei ihr von einer protestantischen Scholastik zu sprechen.[6] Das Kirchenwesen, das überall fest in der Hand der weltlichen Obrigkeit, der Territorialherren, lag, wurde durch strenge Dogmen und Intoleranz gegenüber den anderen Konfessionen zusammengehalten, und die Ausbildung der Pfarrer vollzog sich in der dünnen Luft einer Abstraktion, die oft mit Spitzfindigkeit und Intransigenz verbunden war. Dieser Hintergrund will beachtet sein, wenn man sich die Austrocknung begreiflich zu machen sucht, der das Schulwesen im Zeitalter der Glaubenskämpfe ausgesetzt war.

Paradoxerweise hat ebendieses Zeitalter zwei bedeutende Pädagogen hervorgebracht, deren gemeinsames Merkmal darin besteht, dass sie sich gerade nicht den trüben Verhältnissen anzubequemen suchten, die sie vorfanden, dass sie vielmehr kühn genug waren, mit ihren Reformvorschlägen das gesamte Schulwesen von Grund auf kurieren zu wollen: Wolfgang Ratichius (1571–1635) und Johann Amos Comenius (1592–1670). Bei ihnen verband sich die Bereitschaft zu hochfliegender Konzeption mit enzyklopädischen Ansprüchen – für beides bietet der Zeitgeist, der sie prägen half, mancherlei Analogien dar. Weder Ratichius noch Comenius vermochten ihrer Gegenwart erheblich zu helfen; anders als den Humanisten blieb ihnen die Verwirklichung ihrer Absichten weithin versagt. Ihre Theorien sind gleichwohl in zweifacher Hinsicht von Belang: Sie spiegeln bei aller Neigung zu wirklichkeitsfremder Spekulation verbreitete Tendenzen ihrer Zeit, und sie haben – was zumal für den weitaus größeren, für Comenius, gilt – der Nachwelt vielfältige Impulse gegeben.

Ratichius (Ratke) machte sich dadurch einen Namen, dass er im Jahre 1612 den in Frankfurt am Main zur Kaiserwahl versammelten Fürsten ein

Memorial vorlegte, worin er versprach, das Erlernen der biblischen Sprachen zu erleichtern und zu beschleunigen und alle Wissenschaften auf Deutsch zu vermitteln – mit dem Ziel, dass »im ganzen Reich eine einträchtige Sprache, eine einträchtige Regierung und endlich auch eine einträchtige Religion« bestehe.[7] Die Reduktion der alten Sprachen auf das für die Bibellektüre erforderliche Maß gefiel den orthodoxen Theologen, denen die Beschäftigung mit heidnischen Dichtern und Philosophen längst ein Dorn im Auge war, und die Aufwertung des Deutschen sagte insbesondere einigen Territorialherren zu, etwa dem Fürsten Ludwig von Anhalt. Dieser stiftete im Jahre 1617 die Fruchtbringende Gesellschaft, die erste unter jenen akademieartigen Vereinigungen, die sich die Pflege der deutschen Sprache und Literatur zur Aufgabe machten.[8] Ratichius fand mit seinen Vorschlägen viel Beachtung; Fürsten und Städte glaubten, von ihrer Befolgung profitieren zu können. Gleichwohl, seine Bemühungen, die Pläne in die Tat umzusetzen, schlugen fehl; immerhin vermochte einer seiner Anhänger im Fürstentum Weimar eine Schulordnung einzuführen, die von seinen Grundsätzen geprägt war. Am nachhaltigsten haben seine Ideen auf andere gewirkt, insbesondere auf Comenius.

Johann Amos Comenius (Komensky), geboren bei Ungarisch-Brod in Mähren, gehörte der Böhmischen Brüdergemeinde an, einer Konfession hussitischen Ursprungs, die sich gegen Ende des 16. Jahrhunderts mit den Reformierten und Lutheranern verständigt hatte. So studierte er in Herborn, das zum Territorium der Grafen von Nassau gehörte und dessen 1584 gegründete Hochschule für die reformierte Lehre sich eines ausgezeichneten Rufes erfreute. Unter den dortigen Professoren war für ihn vor allem Johann Heinrich Alsted von Belang, ein Universalgelehrter, der im Jahre 1630 eine siebenbändige Enzyklopädie (das erste Werk, das diesen Begriff im Titel nannte) veröffentlichte. Comenius machte als Schulmann Karriere in seiner mährischen Heimat, bis ihn Habsburgs Maßnahmen nach der Schlacht am Weißen Berge (1620), insbesondere die gewaltsame Rekatholisierung Böhmens, zur Flucht zwangen. Er fasste im Jahre 1628 in Lissa (Leszno), im toleranten Polen, wieder Fuß; diese Stadt, in der seit längerem eine Brüdergemeinde existierte, wurde nunmehr deren Hauptsitz, und Comenius avancierte zu ihrem Bischof. Die Werke, die damals entstanden, machten ihn rasch berühmt, und so unternahm er, Einladungen folgend, Reisen nach England, Schweden und Ungarn. Der schwedisch-polnische Krieg (1655–1660) nötigte ihn abermals zur fluchtartigen Aufgabe seines Wohnsitzes. Er fand ein Asyl in Amsterdam, das er nicht mehr verlassen hat.

Comenius, der teils freiwillige, teils und vor allem unfreiwillige Wanderer durch Europa, war auch geistig mit vielen Bereichen vertraut. Er zählte zu den besten tschechischen Prosaisten seiner Zeit, was er zumal durch seine allegorisch-satirische Reisebeschreibung »Das Labyrinth der Welt« (»Labyrint sveta«) bekundet hat. Er beteiligte sich als Theologe an den damaligen Unionsbestrebungen, den Versuchen zur Wiederherstellung der Kircheneinheit. Er ließ sich, spekulativ veranlagt und von unzerstörbaren Hoffnungen erfüllt, auf chiliastische Schwärmer und Schwindelpropheten ein, an denen es in den Wirrnissen seiner Zeit nicht fehlte. Und er trat als pädagogischer Schriftsteller hervor; einzig dem umfänglichen Œuvre, das er auf diesem Felde hinterließ, verdankt er seinen weit über Mitteleuropa hinausreichenden Ruhm.

Seine pädagogischen Lehren waren eingeordnet in das zeitgenössische, christliche und neuplatonisch-gnostische Elemente verbindende Bild vom Weltlauf, mit der Schöpfung am Anfang und der Wiederkunft des Herrn am Ende. Dieser Zusammenschau alles Seienden dient insbesondere das enzyklopädische Werk »Pansophia«. Die pädagogische Hauptschrift, die »Didactica magna« (»Große Didaktik«), zunächst in tschechischer Sprache konzipiert, wurde später vom Autor selbst ins Lateinische übertragen; sie enthält das Grundgerüst seines pädagogischen Systems. Hiernach hat der Mensch als Ebenbild Gottes die Aufgabe, sich während des zeitlichen auf das ewige Leben vorzubereiten; er bedarf dazu wissenschaftlicher Kenntnisse, tugendhafter Sitten und einer stets den Geboten der Heiligen Schrift verpflichteten gottesfürchtigen Haltung. Diese Ziele, für die die Natur dem Menschen die Anlagen mitgegeben hat, können nur durch Erziehung erreicht werden; Erziehung aber und Unterricht müssen möglichst früh einsetzen, und zwar ausnahmslos bei allen Kindern, ob adlig oder nicht adlig, ob reich oder arm, ob Jungen oder Mädchen.

Beim Lernprozess[9] – so eine der Hauptmaximen des Comenius – befolge man das Vorbild der Natur. Die Vögel brüten im Frühjahr; entsprechend lasse man den Unterricht beizeiten beginnen. Die Natur, die überall vorgegebene Ordnung der Dinge sei auch für das Lernen selbst maßgeblich; demgemäß gehe das Konkrete dem Abstrakten – die Sache dem Wort, das Beispiel der Regel, die Autorenlektüre der Grammatik – voraus. Auch macht die Natur keine Sprünge; ebenso arbeite man sich kontinuierlich und schrittweise vor.

Comenius wollte bei aller Sittenstrenge und Frömmigkeit fröhliche Kinder um sich sehen: wer gern lerne, lerne leicht, und hierzu seien helle Unterrichtsräume in heiterer Umgebung, mit Spielplatz und Garten, überaus förderlich. Der Lehrer zeige stets ein freundliches Wesen und geize nicht mit Lob; Schläge aber und sonstige Zwangsmittel suche er zu meiden. Man überbürde die Schüler nicht mit Stoff; man pfropfe ihnen das Wissen nicht äußerlich auf, sondern suche zu erreichen, dass sie die Zusammenhänge aus eigener Einsicht von innen her begreifen.

Der Erziehungsprozess läuft nach Comenius in vier Phasen, in vier Stufen von je sechsjähriger Dauer ab. Die erste Stufe, die ›Mutterschule‹, findet in einem jeden Hause im Kreise der Familie statt; Comenius verfasste hierzu ein eigenes »Informatorium« mit detaillierten Anweisungen für die Kindererziehung. Die zweite Stufe, die ›Muttersprachschule‹, in jeder Gemeinde, sollte für Knaben und Mädchen gleichermaßen obligatorisch sein; sie beruht auf der Maxime, dass die Beschäftigung mit der Muttersprache der mit fremden Sprachen vorausgehen müsse – Lesen und Schreiben sind zunächst im schon vertrauten Idiom zu erlernen. Nunmehr folgt als dritte Stufe die Lateinschule, wie man sie in jeder Stadt antreffe; ihr Pensum umfasse außer den drei alten Sprachen und Deutsch auch Geschichte und Naturkunde. Mit der vierten Stufe endlich ist das Studium an der Universität, wie sie in jeder Provinz zu bestehen pflegt, gemeint. Man erkennt in den Phasen zwei bis vier mühelos den dreistufigen Aufbau der Bildungsanstalten – mit Volksschule, Gymnasium und Hochschule – wieder, wie er erst im 19. Jahrhundert allgemein verwirklicht worden ist; die Entwürfe des Comenius eilten ihrer Zeit erheblich voraus.

Die größten Anstrengungen hat Comenius auf die Lateinschule verwandt; sie, der Hauptgegenstand seiner pädagogischen Praxis, schien ihm in besonderem Maße verbesserungsbedürftig. Er war wie Ratichius und manch anderer Zeitgenosse davon überzeugt, dass sich das Lateinische auf kürzerem Wege und mit geringerer Mühe erlernen lasse als bisher; beliebige Marketender und Rossknechte, meinte er, der sich hierbei wohl auf Beobachtungen im Dreißigjährigen Krieg stützen konnte, machten sich im Lager oder in der Kneipe schneller noch so fremde Idiome zu Eigen als die Schuljugend mit größter Mühe ein wenig Latein. Diesem Übelstand suchte er durch etliche Lehrbücher abzuhelfen. Das »Vestibulum«, die »Vorhalle«, enthielt einige hundert einfache Sätze mit insgesamt eintausend der gebräuchlichsten Wörter. Hierauf folgte das Haupt-Unterrichtswerk, die »Janua« (»Eingangstor«), mit achttausend Wörtern, die in hundert Rubriken »von allem Wissbaren« handelten – der damalige Lateinunterricht musste ja noch sämtliche Dinge der Alltagswelt benennbar machen; er konnte sich nicht mit dem für die Lektüre der römischen Klassiker erforderlichen Wortschatz begnügen. Als mnemotechnische Hilfe beim Erlernen der vielfältigen Gegenstände brachte Comenius den »Orbis sensualium pictus«, »Die gemalte Welt des Wahrnehmbaren«, heraus, mit Holzschnitten aus allen Bereichen des Lebens; der »Orbis« zählte bis zur Zeit Goethes zu den verbreitetsten Schulbüchern. Nach der »Janua« hatten sich die Schüler noch mit dem »Atrium«, der »Halle«, zu befassen; dieser dritte und letzte Teil des Lehrgangs diente der Einübung der eleganten rhetorischen Sprechweise.

Comenius, Theologe und Mitglied einer überaus strengen Glaubensgemeinschaft, konnte sich, auch hierin ein Kind seiner Zeit, heftig über das heidnische Wesen ereifern, das die Humanisten in die Schulen gebracht hatten, und so verlangte er in der »Didactica magna«, dass das Lektüreprogramm rigoros beschnitten werde und dass insbesondere Autoren wie Plautus, Catull, Ovid und Martial daraus entfernt würden. Eigentlich wollte er nur Platon, Seneca, Epiktet und ähnliche Tugendlehrer gelten lassen. In die Praxis hat er diese zelotischen Grundsätze schwerlich umsetzen können; überdies hat er sich später auch theoretisch zur Frage der Klassikerlektüre erheblich milder geäußert.

b) Die Ritterakademien

Mit dem Ende des Dreißigjährigen Krieges, der Religionskriege überhaupt, begann eine neue Epoche in der Geschichte Europas: Sie führte zur Aufklärung, zur Säkularisation, zur Lösung vom Christentum als der das gesamte öffentliche und private Leben prägenden Macht und brachte vielleicht einen tieferen Einschnitt mit sich als der Übergang vom Mittelalter zur Neuzeit. Der große geistige Umbau, der damals einsetzte, hat sich auch in erheblichem Maße auf die Organisation und die Ziele der höheren Bildung ausgewirkt. Denn der Humanismus hatte, bei aller Hinwendung zur griechisch-römischen Antike, an der christlichen Offenbarung als der für den gesamten Unterricht maßgeblichen Orientierung festgehalten und die drei für das Verständnis der Bibel notwendigen Sprachen zu dessen wichtigstem Gegenstand erhoben.[10] Hiermit wurde nunmehr für immer Schluss gemacht. Die höhere Schule hörte endgültig auf zu sein, was sie bis dahin – wenn auch oft schon uneingestandenermaßen – gewesen war, ein Propädeutikum für künftige Theologen; sie verließ das Gehäuse des christlichen Weltbildes und unternahm Versuche, sich als gleichsam neutrale Vorbereitungsstätte aller akademischen Berufe – auch derer, die das neue Zeitalter hervorbrachte – zu bewähren.

Die Veränderungen im Bildungswesen zielten darauf, dass den Bedürfnissen der Gegenwart besser Rechnung getragen würde. Man verlangte nach mehr Weltkenntnis und nach mehr Sicherheit und Wohlstand. Dies richtete sich gegen die Mächte der Tradition, gegen die Theologie und die alten Sprachen; die Stundentafeln der Lateinschule mussten jetzt in höherem Maße als je zuvor auch anderen Fächern Raum geben: der Mathematik und den Naturwissenschaften, dem Deutschen und anderen modernen Sprachen, insbesondere dem Französischen.

Die Entwicklung verlief indes nicht so, dass die höheren Bildungsanstalten gleichmäßig und auf großer Fläche der neuen Orientierung angeglichen wurden, wie das knapp anderthalb Jahrhunderte zuvor infolge der Reformation geschehen war.[11] Dies gelang nur bei einzelnen Schulen, während das Gros noch lange, bis tief ins 18. Jahrhundert hinein, an der überkommenen Routine festhielt. Vor allem aber kam es zu einer Spaltung im Bildungswesen, wobei der ererbte Stand als Scheidewasser diente: Es wurden so genannte Ritterakademien gegründet, Institutionen, die nur jungen Adligen offen standen. Diese Trennung der Schüler nach dem Merkmal der Herkunft, eine Erscheinung, die es zuvor nie gegeben hatte, war nicht von langer Dauer. Die Ritterakademien, die sich, wie die Gründungsdaten zeigen, vor allem in der Zeit des Übergangs vom 17. zum 18. Jahrhundert eines regen Zuspruchs erfreut hatten, verschwanden bereits wieder, als das neuhumanistische Gymnasium allerorten die veraltete Lateinschule ablöste.[12] Sie waren ein Phänomen des Übergangs, bedingt durch ein ganzes Bündel von sozialen, politischen und kulturellen Gegebenheiten.

Die von den Humanisten eingeleitete und durch die Reformatoren vollendete Reorganisation des Schulwesens hatte in einer Zeit hoher wirtschaftlicher Blüte stattgefunden, sodass die Städte sich in der Lage sahen, die Lücken, welche die Aufhebung der Klöster gerissen hatte, alsbald wieder zu schließen. In der zweiten Hälfte des 17. Jahrhunderts hingegen stand es zumal in den vom Krieg schwer heimgesuchten Gebieten schlecht um die Bauern und Bürger; die Bevölkerung war auf etwa die Hälfte reduziert, und statt Wohlstand und Bereitschaft zu kultureller Entfaltung herrschten Armut und Not. Die Fürsten allerdings gingen gestärkt aus den langen Wirren hervor, und der niedere Adel wurde für die Einschränkung seiner Privilegien durch Hof-, Verwaltungs- und Militärdienste im modernen Territorialstaat entschädigt. Die alte Oberschicht avancierte noch einmal zur politisch und kulturell maßgeblichen Kraft, während sich das Bürgertum einstweilen mit einer untergeordneten Rolle begnügen musste. Die anderthalb Jahrhunderte vom Westfälischen Frieden bis zur Französischen Revolution erhielten durch die Höfe, die Residenzen als die Zentren der Macht und der Kultur ihr Gepräge, und von dort gingen auch die nicht geringen Anstrengungen aus, die das Zeitalter unternahm, um die Wissenschaften und die Künste zu fördern. Dieser soziale Hintergrund macht den bildungspolitischen Sonderweg des Adels begreiflich, der sich nicht nur durch private Lehrer, durch die so genannten Hofmeister, sondern auch durch eine regelrechte Institution, die Ritterakademie, die für seine Position im Staats- und Gesellschaftsganzen notwendigen Kenntnisse zu verschaffen suchte.

Deutschland, das Land, von dem die Reformation ausgegangen war, nahm an den kulturellen Entwicklungen des 17. Jahrhunderts fast nur noch durch Importe aus dem Westen Anteil; dorthin, nach Frankreich, das unter Ludwig XIV. zur bestimmenden Macht aufgestiegen war, hatte sich wie auf dem Felde der Politik so auch auf dem der Kultur das Gravitationszentrum verlagert. Dort blühten die Künste und die Literatur; von dort aus verbreiteten sich Lebensstil, Mode und Umgangsformen, insbesondere das Ideal des *honnête homme* über ganz Europa. Der Hof von Paris war das Muster für sämtliche übrigen Höfe, und an ihrem heimatlichen Hof orientierten sich alle diejenigen, die auf der Höhe ihrer Zeit stehen wollten. Aus Frankreich und dem übrigen Westeuropa kam indes noch vieles andere über den Rhein: neue, effizientere Formen der Verwaltung, der Wirtschaft und der Fabrikation, allerlei Erfindungen und Entdeckungen auf naturwissenschaftlich-technischem Gebiet, ja die ersten Fundamente des modernen mathematisch-physikalischen Weltbildes und schließlich, als Krönung des Ganzen, der Fortschrittsglaube, die Überzeugung, dass die eigene Zeit die Antike übertroffen habe.

Alle diese Gegebenheiten spiegelten sich im Lehrplan der Ritterakademie als einer Standes-Hochschule, die bestrebt war, ihre Adepten für die vielfältigen Anforderungen der damaligen Welt hinlänglich auszurüsten. Zunächst musste der Tradition, ihrer noch stets präsenten Wirkungsmacht, Rechnung getragen werden. Das Lateinische, im 17. Jahrhundert kaum noch Sprache der Dichtung und in abnehmendem Maße Sprache der internationalen Verständigung,[13] herrschte nach wie vor in der Wissenschaft, an der Universität, und einige Lateinkenntnisse benötigte der junge Adlige auch dann, wenn er sich lediglich mit Fragen der Politik, des Rechts oder der Wirtschaft zu befassen gedachte. Neben dem Lateinischen aber war für ihn das Französische von gleichem oder größerem Gewicht; Europas vornehme Welt nahm sich, wie in den Konventionen und der Kleidung, so auch in der

Sprache die führende Macht zum Vorbild, und das Französische wurde so sehr zur Sprache der Höfe, dass es einem Herrscher wie Friedrich II. von Preußen an Sicherheit im Deutschen fehlte.

Der junge Adlige wollte kein Gelehrter, sondern ein perfekter Hofmann und Kavalier werden. Die Ritterakademien waren bestrebt, ihm die hierfür erforderlichen Fertigkeiten zu vermitteln: Sie erteilten Reit-, Fecht- und Tanzunterricht und gaben ihm auch Gelegenheit, sich im Zeichnen und Spielen eines Musikinstruments zu üben. Da sie sich meist in einer fürstlichen Residenz befanden, konnte der junge Herr seine Fähigkeiten in diesen Künsten auf Bällen und bei anderen Anlässen des Hofzeremoniells erproben.

Das 17. Jahrhundert brachte Erfindungen wie das Mikroskop, das Fernrohr oder das Thermometer; man entdeckte den Blutkreislauf, die Gravitation und vieles andere.[14] Man begann, den Fortschritt planmäßig voranzutreiben: Nach der Jahrhundertmitte konstituierten sich in England die Royal Society und bald darauf in Paris die Académie des sciences.[15] Dort, im Rahmen staatlich geförderter Zusammenschlüsse von Gelehrten, entfalteten sich damals die empirischen Naturwissenschaften, und nicht innerhalb der Universitäten, die noch gar nicht über die hierfür erforderlichen Einrichtungen verfügten. Die großen Denker und Forscher von Bacon und Descartes bis Leibniz wirkten, ohne es je zu universitären Ämtern zu bringen. Die Fürsten ließen sich bei der Förderung, die sie den Naturwissenschaften zuwandten, weniger von der Sache als von der Hoffnung auf Profit leiten: Die Experimente sollten zu Erfindungen und die Erfindungen zu Gewinnen führen. Die gebildete Öffentlichkeit nahm an alledem regen Anteil, sodass die Ritterakademien gar nicht umhin konnten, in ihr Lehrprogramm auch einführende Lektionen in Physik und Chemie, in Anatomie und Biologie aufzunehmen.

Man lebte im Zeitalter des Merkantilismus, der planmäßigen staatlichen Förderung von Wirtschaft und Handel. Begleitende wissenschaftliche Disziplinen ließen nicht auf sich warten; in Deutschland, wo man sich wegen der vielen Territorialherrschaften und wegen der Erfordernisse des Wiederaufbaus besonderen Verhältnissen gegenübersah, kam unter dem Namen ›Kameralistik‹ – benannt nach den fürstlichen Hof- und Rentkammern – eine vielfältig zusammengesetzte Lehre von der öffentlichen Verwaltung auf. Diese propagierte Maßnahmen, die geeignet waren, die Erträgnisse der Landwirtschaft und der Manufakturen zu steigern und hierdurch mittelbar die Staatseinkünfte zu verbessern. Die Ritterakademien konnten die Kameralistik und im Zusammenhang mit ihr die zeitgenössische Rechts- und Staatskunde noch weniger ignorieren als die Naturwissenschaften, und so gingen auch diese Disziplinen in ihren Lehrplan ein. Ein Gutachten des Staatstheoretikers Veit Ludwig von Seckendorff (1626–1692) illustriert die damalige Auffassung: Er, dessen »Teutscher Fürstenstaat« (1656) lange Zeit als Grundlage des staatswissenschaftlichen Unterrichts diente, befand die bestehenden Lehranstalten, die Lateinschulen, für gänzlich unzureichend, die Angehörigen des regierenden Standes auf ihren Beruf vorzubereiten, und leitete hieraus dem Kurfürsten von der Pfalz gegenüber die Notwendigkeit der Gründung einer Ritterakademie ab.[16]

Das genannte Werk »Teutscher Fürstenstaat« enthält Empfehlungen zur Erziehung des jungen Adels, die sich auch als Rahmen für den Stundenplan einer Ritterakademie verstehen lassen. Zu den Grundkenntnissen zählen dort, neben dem Lesen, Schreiben und Rechnen sowie dem Unterricht in der Religion, Natur-, Landes- und Haushaltskunde, ferner die Kunst des Briefschreibens. Für die Ausübung der Regierungsgeschäfte kommen hinzu: Latein (damit man in der Lage sei, die gelehrten Bücher zu benutzen), Geschichte, Recht und Kriegswissenschaft, außerdem Mathematik und deren Anwendungsmöglichkeiten sowie Politik, Beredsamkeit und Sprachen. Nach diesem Muster waren auch die Ritterakademien eingerichtet – als ein Ensemble von Unterrichtsgegenständen, die nicht nach wissenschaftsimmanenten Kriterien, sondern ganz und gar nach praktischen Gesichtspunkten zusammengestellt waren.

Die Ritterakademien pflegten als Internate eingerichtet zu sein, und die Zahl der Studierenden hielt sich in ziemlich engen Grenzen.[17] Die Kosten standen denen einer Universität nicht nach; sie wurden teils von den Zöglingen (die je nach Stand einen oder mehrere Diener bei sich hatten), teils von den Landesherren aufgebracht. Es liegt nahe anzunehmen, dass der hohe Aufwand, den die Akademien erforderten, erheblich zu deren Kurzlebigkeit beigetragen hat.

Die ersten Adelsschulen, das Collegium illustre in Tübingen und das Collegium Mauritianum in Kassel, beides Gründungen des ausgehenden 16. Jahrhunderts, vermochten den Dreißigjährigen Krieg nicht zu überdauern. Die neue Bildungseinrichtung kam erst nach dessen Ende einigermaßen in Gebrauch; die meisten Gründungen fielen in die Dezennien vor und nach 1700. Eine der frühesten Ritterakademien war in einer ehemaligen Benediktinerabtei in Lüneburg untergebracht; sie entwickelte sich zu einer der angesehensten Einrichtungen ihrer Art. Einige Berühmtheit erlangte auch die Akademie zu Wolfenbüttel, eine Gründung von Herzog Anton Ulrich, dem prunkliebenden Musensohn und bewunderten Romanautor.

Die zunehmende Zahl der Ritterakademien blieb nicht ohne Rückwirkung auf die alten Lateinschulen. Man sah sich hier und dort veranlasst, das Lehrprogramm zu modernisieren und einen Teil der neuen Fächer darin aufzunehmen. Als Beispiel sei die Anstalt von Bayreuth genannt: Sie wurde im Jahre 1664 in ein so genanntes ›Gymnasium illustre‹ umgewandelt, mit Unterricht nicht nur in den herkömmlichen Schuldisziplinen, sondern auch in Geschichte, Mathematik und Französisch, in Reiten, Fechten und Tanzen. Ebenfalls ein Abklatsch einer Ritterakademie war das im selben Jahr gegründete Gymnasium illustre Augusteum zu Weißenfels; dort gehörten außer den Sprachen und der Philosophie sowohl Mathematik und Physik als auch Geschichte und Politik zum Fächersystem.

An der Weißenfelser Anstalt lehrte in den Jahren 1670–1678 Christian Weise, Poet und Pädagoge in einer Person. Er verfasste satirische Romane und eine Fülle von Schuldramen. Vor allem aber zeichnete er sich als Autor von Lehrbüchern aus, die der Modernisierung des Unterrichts dienten; er wirkte im gleichen Sinne administrativ auf die Lehranstalten der Region ein, nachdem man ihn mit der Leitung des Gymnasiums seiner Heimatstadt Zittau betraut hatte. Er sah es als seine Lebensaufgabe an, die alte Lateinschule im Sinne des Lehrprogramms der Ritterakademien für die Anforderungen der Gegenwart auszurüsten. Sein bekanntestes Unterrichtswerk, »Der politische Redner« (1677),[18] unternahm den Versuch, die Fertigkeit im Reden, die bisher dem Lateinischen vorbehalten gewesen war, auf das Deutsche zu erstrecken, wie er überhaupt dem Gymnasium die Aufgabe zuwies, die Beherrschung der Muttersprache in Wort und Schrift zu fördern.

c) Die Franckeschen Stiftungen

In Halle an der Saale wurde im Jahre 1694 Deutschlands erste moderne Universität gegründet.[19] Sie hat während des ganzen 18. Jahrhunderts eine führende Stellung innegehabt, von der Jahrhundertmitte an allerdings neben der Universität Göttingen. Sie beherbergte in ihren Anfängen zwei Strömungen, die einerseits gemeinsame Sache gegen eine dritte machten, andererseits aber wegen ihrer grundverschiedenen Positionen auch miteinander in einen schweren Konflikt gerieten. Die beiden zunächst verbündeten und dann einander bekämpfenden Strömungen waren der Pietismus und die Aufklärung, der gemeinsame Gegner war die lutherische Orthodoxie.

Sowohl der Theologe August Hermann Francke (1663–1727) als auch der Jurist und Philosoph Christian Thomasius (1655–1728) hatten in Leipzig, wo sie zunächst lehrten, bei den dortigen Orthodoxen Anstoß erregt; sie folgten beide dem Ruf an die neue Universität und bewirkten, dass Halle zu einem Vorort sowohl des Pietismus als auch der Aufklärung wurde. Das Junktim, repräsentiert vor allem durch Francke und Thomasius, löste sich, als Christian Wolff, seit dem Jahre 1707 zunächst als Mathematiker, dann auch als Philosoph in Halle lehrend, auf Betreiben Franckes seines Amtes enthoben wurde, da er sich als Religionsfeind betätigt habe (1723); Wolff kehrte, sobald Friedrich II. den preußischen Thron bestiegen hatte, im Triumph nach Halle zurück (1740).

Die beiden Gegner der in ihren Dogmen erstarrten lutherischen Theologie waren von sehr unterschiedlicher Bedeutung. Die Aufklärung, das uneingeschränkte Vertrauen in die menschliche Vernunft – die Bahn, die Christian Wolff beschritt – machte der Theologie überhaupt ihren bisherigen Rang streitig; sie forderte und erreichte, dass die Philosophie als richtunggebende Wissenschaft an deren Stelle trat. Der Pietismus hingegen wollte nur eine bestimmte Form des christlichen Glaubens durch eine andere ersetzt wissen; er führte lediglich zu einer innerkirchlichen Kontroverse, die nichts weniger beabsichtigte als einen Angriff auf die Grundlagen der Religion. Vor der Folie der unaufhaltsam heraufkommenden Aufklärung nimmt sich daher die pietistische Bewegung wie eine Episode aus, und nicht mehr als eine – wenn auch achtbare – Episode blieben die pädagogischen Bestrebungen des Pietisten Francke.

Der Pietismus, das Bekenntnis zur ›Frömmigkeit‹ im prägnanten Sinne, eine protestantische Bewegung, war ein letzter Versuch, alle Theorie und Praxis der menschlichen Existenz der Religion – und zwar der religiösen Haltung jedes Einzelnen – unterzuordnen. Er sah im Christentum weniger eine Lehre als ein das ganze Leben durchdringendes Prinzip, das Streben nach Vollkommenheit. Aus mystischen Quellen gespeist, die gleichsam unterirdisch über die Zeiten hinweg fortgewirkt hatten, gab er sich durch Erbauungsbücher ein literarisches Fundament: in allegorischer Verkleidung durch John Bunyans berühmtes Werk »The pilgrim's progress« (1678–1684), in unverhüllter Programmatik durch die »Pia desideria« Philipp Jacob Speners (1685). Intensive Beschäftigung mit der Bibel, allgemeines Priestertum, eine in der Praxis sich bewährende Haltung sowie Toleranz bei dogmatischen Streitigkeiten – dies waren die wichtigsten »frommen Wünsche«, die Spener in seinem Buch vorbrachte. Das individualistisch-subjektivistische Gepräge des Pietismus, ablesbar vor allem an dem Erfordernis der ›Wiedergeburt‹ des Einzelnen und an seiner Berufung zur Tat, entsprach einer allgemeinen Tendenz der Epoche; die weltflüchtig-asketische Einstellung hingegen, die bei jedem Vergnügen einen Rückfall in den Stand der Sünde fürchtete, verpflichtete die Pietisten auf fragwürdige Ideale von ehedem, auf Forderungen, die die Reformation überwunden hatte und die im späten 17. Jahrhundert als abgestanden und hergeholt erscheinen mussten.

Francke,[20] gebürtiger Lübecker, als angehender Theologe von Spener geprägt, hatte in seinen Anfängen wegen seiner Bibelzirkel zweimal den konservativen Kräften (erst, wie erwähnt, in Leipzig und dann in Erfurt) weichen müssen, ehe er sich in Halle zu entfalten vermochte. Dort verband er Theorie und Praxis: Er lehrte an der soeben gegründeten Universität und versah in einer Kirchengemeinde das Pfarramt. Eine Spende von sieben Gulden gab ihm den Anstoß, eine Armenschule aufzubauen (1695). Die Einrichtung war erfolgreich; auch Kinder zahlender Eltern fanden sich ein, und so erwies es sich als zweckmäßig, eine Bürgerschule zu eröffnen. Im Jahre darauf kam für die Söhne Adliger noch das Pädagogium hinzu, dessen Besuch minder kostspielig war als der einer Ritterakademie. Weiterhin wurde ein Waisenhaus geschaffen, und vom Jahre 1697 an gehörte auch eine Lateinschule zum Komplex der florierenden Erziehungsinstitute. Als Francke starb, waren seine Stiftungen auf zehn Anstalten mit über 2000 Schülern (von denen etwa ein Zehntel in Internaten lebte) und rund 170 Lehrern angewachsen. Er war offensichtlich ein ungewöhnlich begabter Organisator. Hierbei muss man allerdings berücksichtigen, dass er gewissermaßen in ein Vakuum stieß: Als er tätig zu werden begann, gab es in Preußen noch kein allgemeines öffentliches Schulwesen und keine Schulpflicht (die wurde dort erst im Jahre 1716 zum ersten Male vorgeschrieben); andererseits aber war die Zeit reif dafür, und die Einsicht war weit verbreitet, dass die Jugend einer gediegenen Schulbildung bedürfe.

Das Pädagogium und die Lateinschule befolgten im Ganzen denselben Lehrplan; die beiden Anstalten unterschieden sich lediglich dadurch, dass ihre Zöglinge hier adliger und dort bürgerlicher Herkunft waren, nicht aber durch ihre Ziele. Bei diesen stand, der Grundhaltung des Pietismus gemäß, das Streben nach Vollkommenheit, nach einem wahrhaft frommen Leben obenan. Zugleich aber gingen die Prinzipien der Franckeschen Pädagogik insoweit mit dem Zeitgeist konform, als sie über der Rücksicht auf das Jenseits die Vorsorge für das irdische Dasein nicht außer Acht ließen; in den Schulen von Halle wehte auch ein frischer utilitaristischer Wind, und so kamen dort weder die akademischen noch die höfischen Anforderungen zu kurz.

Die aktive Beherrschung des Lateinischen in Wort und Schrift galt auch in den Anstalten Franckes als der wichtigste Zweck allen gelehrten Unterrichts, und dem Erwerb dieser Fähigkeit wurden Tag für Tag mehrere Stunden gewidmet. Immerhin milderte man die Methode: Der Anfangsunterricht beruhte auf einer Grammatik, die in deutscher Sprache abgefasst war.[21] Den römischen Autoren gegenüber zeigte man sich engherzig wie die strengen Lutheraner und wie Comenius; Francke selbst sah sich einmal genötigt, seine allzu skrupulösen Lehrer an dem völligen Verzicht auf heidnische Schriften zu hindern. Gelernt wurde vorzugsweise aus Chrestomathien, d. h. aus Sammlungen von Texten, die nichts Bedenkliches enthielten. Für die oberste Klasse standen auch lateinische Zeitungen aus Leipzig zu Gebote.

Während das Lateinische vor allem handfesten praktischen Zwecken diente, fand der Griechischunterricht allein um der Religion willen statt: Er beschränkte sich im Wesentlichen auf den unvermeidlichen Grammatikdrill und auf die permanente Lektüre des Neuen Testaments. Das Französische wiederum verdankte seinen Platz im Stundenplan rein praktischen Erfordernissen; die Anstalten Franckes konnten hierauf nicht verzichten, wenn sie mit den Ritterakademien konkurrieren wollten. Schließlich das Deutsche, der Stilus germanicus, wie das Fach genannt wurde: die Schüler übten sich einige Monate im Verfertigen von Reden und Briefen, wobei sie sich vom Jahre 1721 an eines damals noch ungewöhnlichen Hilfsmittels bedienen konnten: der von Hieronymus Freyer, einem Helfer Franckes, verfassten »Anweisung zur Deutschen Orthographie«.

Die Mathematik hatte einen bescheidenen Anteil am Stundenplan, wobei man sich je länger desto weniger dem Einfluss Christian Wolffs zu entziehen vermochte; außerdem wurde wie in den Ritterakademien etwas Geographie und Geschichte gelehrt. Eine Neuheit in Franckes Programm waren die mechanischen Künste und die naturkundlichen Realien: In beides wurde außerhalb des eigentlichen Unterrichts um der Rekreation willen, wie man sagte, eingeführt. Die Schüler besuchten Handwerker und verschafften sich durch ein Naturalienkabinett sowie in einem Hortulus medicus elementare mineralogische und botanische Kenntnisse.[22]

Wie andere Schulen, so kannte auch das System Franckes die Einrichtung einer Selecta, d. h. einer auf ein Jahr berechneten obersten Klasse, die zum Universitätsstudium überleitete; in ihr kam das der ganzen Halleschen Pädagogik inhärente enzyklopädische Prinzip besonders deutlich zum Ausdruck. Hier erhielten die künftigen Studenten den letzten Schliff in der lateinischen Beredsamkeit; hier wurden sie im christlichen Dogma gefestigt. Vorträge vermittelten philosophisches Überblickswissen, bei dem auch das Naturrecht nicht fehlte; einführende Kurse machten die Schüler mit den *principia iuris* und *medicinae* vertraut.

Schon früh, im Jahre 1696, legte Francke den Grund zu einer Einrichtung, mit der er seiner Zeit um Generationen vorauseilte: Er schuf das erste Seminarium praeceptorum als Stätte der Vorbereitung auf das Lehramt und leitete hiermit eine Entwicklung ein, die schließlich, gegen Ende des 18. Jahrhunderts, zu einem neuen Berufsstand, dem des vom Theologen abgesonderten Philologen, führte. Francke hatte von Anfang an arme Theologiestudenten gegen freie Kost als Lehrpersonen eingestellt; diese wurden alsbald in dem genannten Seminar zusammengefasst, wo ein Inspektor sich darum bemühte, ihren Unterricht in den alten Sprachen zu verbessern. Francke ließ darauf einige Jahre später noch eine höhere Stufe, das Seminarium selectum praeceptorum, folgen; wer ihm angehörte, musste sich verpflichten, nach einer zweijährigen Vorbereitungszeit noch drei Jahre an den Halleschen Anstalten zu lehren.

In diesem System von Schulen, einer Schöpfung weniger Jahre, hat allem Anschein nach eine zwiespältige Grundhaltung geherrscht, analog zu den beiden Hauptzielen der Pädagogik Franckes, der Frömmigkeit und der Tüchtigkeit im bürgerlichen Leben. Um der Letzteren willen fand vieles von dem, was die Ritterakademien oder Schulen wie die von Christian Weise geleitete aufgebracht hatten, Eingang in das Fächersystem und die Lehrpläne. Durchaus ›modern‹ und im Einklang mit den Maximen von Ratichius und Comenius waren auch die Methoden des Sprachunterrichts: dass die Grammatik nicht als ein verselbständigtes Regelwerk, sondern im Zusammenhang mit der Lektüre, im ständigen Rekurs auf Texte, zu erlernen sei; dass sie nicht mechanisch eingetrichtert werden dürfe, dass vielmehr der Unterrichtende die einzelnen grammatischen Erscheinungen voneinander ableiten und jede Regel durch Beispiele erläutern müsse.

Dieser Offenheit für die Lebenspraxis und für vernünftige didaktische Grundsätze stand die pietistische Enge der sittlichen Erziehung gegenüber; im Unterschied zu Comenius lag Francke durchaus nicht daran, dass kindlicher Frohsinn den Schulalltag durchdringe. Er war von der Schlechtigkeit und Sündhaftigkeit der menschlichen Natur überzeugt, und so trug er Sorge, dass seine Zöglinge ständig überwacht, belehrt und beschäftigt wurden. Diese Ängstlichkeit ließ für Ferien und freie Stunden keinen

Raum; Spiel und Ausgelassenheit galten als gefährlich, und die Arbeitshaus-Atmosphäre, die allenthalben herrschte, verbannte jedwede Form heiterer Muße und unschädlicher Entspannung.

Die Halleschen Anstalten stiegen rasch zu Musterschulen auf, zumal in den brandenburgisch-preußischen Gebieten. Schon unter Friedrich I. (1688–1713) wurden Schüler und Anhänger Franckes mit der Leitung einiger angesehener Gymnasien betraut. Mit dem Regierungsantritt Friedrich Wilhelms I. avancierte Francke vollends zur ersten pädagogischen Autorität des Landes: Frömmigkeit und Nützlichkeit sowie Fleiß und Pflichtbewusstsein galten auch am preußischen Hof als die obersten Maximen des Handelns und der Lebensführung. Die Pädagogik Franckes breitete sich nicht nur durch die Lehrer aus, die in stattlicher Zahl aus dem Halleschen Seminar hervorgingen; zu ihrer Wirkung trugen auch die Unterrichtswerke und sonstigen Hilfsmittel erheblich bei, die, nach Franckeschen Maximen hergestellt, in der Druckerei des Waisenhauses zu erscheinen pflegten. Als Beispiel sei die erwähnte deutschsprachige Grammatik des Lateinischen genannt. Dieses Werk, verfasst von dem Francke-Schüler Joachim Lange, erreichte in der Zeit von 1703 bis 1819 etwa sechzig Auflagen.[23]

Ein Zögling des Pädagogiums in Halle hat der Pädagogik Franckes auf besondere Weise Tribut gezollt: Nikolaus Ludwig Reichsgraf von Zinzendorf (1700–1760), der dort in den Jahren 1710–1716 in pietistischem Geiste erzogen wurde. Auf seinen Gütern in der Oberlausitz siedelten sich Böhmische Brüder an; sie gründeten dort auf halbem Wege zwischen Löbau und Zittau das Städtchen Herrnhut, das zum Stammort der nach ihm benannten Brüdergemeinde wurde. Die religiöse Vereinigung, eine Erscheinungsform des Pietismus, gewann Anhänger vor allem in Brandenburg und Schlesien sowie in England und in den Vereinigten Staaten und nahm sich mit Erfolg der Heidenmission an.

Die Herrnhuter richteten auch Schulen ein; zur wichtigsten gedieh das im Jahre 1760 gegründete Pädagogium in Niesky (nördlich von Görlitz). Dort hat von 1783 bis 1785 Schleiermacher seine Bildung empfangen, und während der darauf folgenden Jahre in einer anderen Zinzendorf-Schule, in Barby bei Magdeburg. Die Herrnhuter nahmen sich die Franckeschen Anstalten zum Muster; das strenge erzieherische Regime, das dort herrschte, kam jedoch für sie nicht in Betracht. Sie wussten sich durch den Heiland geborgen, und so erfüllte heitere Gelassenheit ihr Tun. Sie hielten sich daher lieber an die Grundsätze des Comenius: Die Jugend, die ihnen anvertraut war, durfte spielen und lachen. Die Zinzendorf-Schulen bestanden durch die Jahrhunderte fort; sie wurden durch den NS-Staat und dessen Folgen auf rund ein Drittel des vorherigen Bestandes von etwa zwanzig Internaten reduziert.

2. Die Säkularisation der höheren Schule

a) Die Aufklärung und ihre pädagogischen Impulse

Neuere Darstellungen der Geschichte der Pädagogik oder des gelehrten Unterrichts – wie die von Reble, von Blättner oder von Ballauf-Schaller[24] – pflegen die beiden Hauptrichtungen der Epoche, den Philanthropinismus und den Neuhumanismus, nacheinander und in getrennten Abschnitten zu behandeln, wobei der Philanthropinismus dem 18. Jahrhundert und der Aufklärung, der Neuhumanismus jedoch dem 19. Jahrhundert und dem Idealismus (oder der Klassik) zugewiesen wird. Das Werk von Paulsen[25] hingegen bringt die einschlägigen Materien in verschränkter Disposition: Im 4. Buch, »Das Zeitalter der Aufklärung«, geht ein Kapitel über die Anfänge des Neuhumanismus dem über den Philanthropinismus voraus; die Blüte und Entfaltung des Neuhumanismus folgt erst im nächsten, nach ihm betitelten Buch.

Diese Diskrepanz ist sachbedingt. Der Philanthropinismus und der Neuhumanismus sind Errungenschaften derselben Epoche; sie sind gleichermaßen aus den Antrieben der Aufklärung hervorgegangen und hatten beide das Ziel, eine gänzlich obsolet gewordene Schulwirklichkeit durch eine den Ansprüchen der Zeit genügende zu ersetzen. Sowohl der Philanthropinismus als auch der Neuhumanismus bekunden den Willen zur radikalen Abkehr von der Religion, von jener aus dem Mittelalter überkommenen Tradition, welcher die Schule als der Kirche zugehörig galt,[26] und beide Richtungen erstrebten und erreichten, dass in staatlichen Anstalten ›weltliche‹ Inhalte vermittelt wurden, und zwar nach Möglichkeit von Lehrpersonen, die nicht mehr in erster Linie Theologen waren. Der Hauptunterschied zwischen den beiden Richtungen, die Hinwendung zur bürgerlichen Lebenspraxis auf der einen und der Griechenglaube als eine Art Ersatzreligion auf der anderen Seite, ist diesen Gemeinsamkeiten gegenüber von geringerem Gewicht; in beiden Lagern herrschte jener Geist, der wie in allen Bereichen der Kultur so auch im Schul- und Bildungswesen die schärfste Zäsur herbeiführte, welche die europäische Menschheit seit ihrer Christianisierung in der Spätantike und im frühen Mittelalter erlebt hat.

Die Anordnung Paulsens sucht sowohl den zeitlichen Verhältnissen als auch der Bedeutung der beiden Richtungen zu entsprechen. Zwar sind diese um dieselbe Zeit dem Schoße der Aufklärung entsprungen, indes, der weitere Verlauf wies ihnen verschiedene Rollen zu. Der Philanthropinismus entwickelte sich feuerwerksartig und verbrauchte sich rasch; seine Errungenschaften gingen im Strome der allgemeinen pädagogischen Entwicklung auf. Der Neuhumanismus hingegen entfaltete sich langsam; er gewann in der Weimarer Klassik einen überaus starken Bundesgenossen und errang mit dessen Hilfe eine Monopolstellung im Reich der höheren Bildung, die er das ganze 19. Jahrhundert über zu behaupten vermochte. Der Philanthropinismus war und blieb ein Phänomen der Aufklärung, während der Neuhumanismus, beflügelt von der klassischen Literatur und der idealistischen Philosophie, erst danach seine Blüte erlebte. Um dieses Unterschiedes willen ist es angemessen, an der konventionellen Reihenfolge und Epochengliederung festzuhalten und den Philanthropinismus als die kurzlebigere Strömung dem 18. Jahrhundert zuzuweisen.

Die Gleichzeitigkeit von Ursprung und Entfaltung der beiden konkurrierenden Richtungen sollte indes darüber nicht außer Acht geraten; sie lässt sich insbesondere an den folgenden Daten ablesen:

Philanthropinismus	*Neuhumanismus*
J. J. Hecker, 1747: Gründung der Realschule zu Berlin	J. M. Gesner, 1737: Einrichtung des Seminarium philologicum zu Göttingen
J. B. Basedow, 1774: »Elementarwerk«, Gründung des Philanthropinum zu Dessau	J. A. Ernesti, 1734–1762: Rektor der Thomasschule zu Leipzig
E. Chr. Trapp, 1780: »Versuch einer Pädagogik«	Chr. G. Heyne, 1763–1812: Professor zu Göttingen
Chr. G. Salzmann, 1784: Gründung von Schnepfenthal	Fr. A. Wolf, 1783–1806: Professor zu Halle, 1807: »Darstellung der Alterthumswissenschaft«
J. H. Campe, 1785–1791: »Allgemeine Revision des gesamten Schul- und Erziehungswesens«, 16 Bde.	

Die Aufklärung, diese gesamteuropäische, alle Bereiche der Kultur umwälzende Bewegung, sei hier nur aufs Gröbste charakterisiert: als unentbehrlicher Hintergrund für ihre pädagogischen Bestrebungen. Der Begriff kam um die Mitte des 18. Jahrhunderts auf; er verbindet Lichtmetaphorik mit einem erzieherischen Moment, wie sein englisches Pendant *enlightenment* (während sich das Französische ganz auf die ›Erleuchtung‹ konzentriert: *siècle des lumières*). Kants berühmte Definition[27] bestimmt ihn als den »Ausgang des Menschen aus seiner selbstverschuldeten Unmündigkeit«; der Mensch habe es aus Mangel an Entschlusskraft unterlassen, seine Verstandeskräfte ohne fremde Leitung zu gebrauchen; das horazische »Sapere aude![28] Habe Mut, dich deines eigenen Verstandes zu bedienen!« sei daher der Wahlspruch der Aufklärung.

Diese Definition atmet in ihrer Schroffheit selber aufklärerischen Geist. Sie verwirft, indem sie allein die von ihrer Vernunft geleitete autonome Persönlichkeit gelten lassen will, die christliche Ära als Ganzes. Ein auf geschichtliche Kategorien sich stützendes Urteil sieht demgegenüber in der Aufklärung eher eine berechtigte Reaktion auf eine bestimmte Phase in der Entwicklung der Religion: auf die Glaubenskriege des 16. und 17. Jahrhunderts, die das Christentum in einem bis dahin unerhörten Ausmaß kompromittiert hatten. Jedenfalls hörten die Religion und ihr Instrument, die Kirche, auf, die maßgebende Mitte des gesamten öffentlichen und privaten Lebens zu sein, und im Zuge der Säkularisierung vermochten sich große Teile der europäischen Kulturtradition aus der Umklammerung durch die christliche Lehre zu lösen: die Philosophie und die Literatur, die Wissenschaften und die bildenden Künste.

Der Staat wird nunmehr – in der Theorie wie in der Praxis – als eine rein weltliche Instanz verstanden, die von der Kirche unabhängig sei und Glaubensfragen in toleranter Haltung der Entscheidung jedes Einzelnen anheim zu geben habe. Hierbei gewann die Theorie des Gesellschaftsvertrages mehr und mehr an Terrain: der Staat beruhe auf dem freiwilligen Zusammenschluss ursprünglich selbständiger Individuen. Ihm wurde die Aufgabe zugewiesen, die angeborenen Rechte jedes Einzelnen, wie Leben, Freiheit oder Eigentum, zu schützen; diese Forderungen führten zur aufgeklärten Monarchie und schließlich auch zur Französischen Revolution. Die Entwicklungen im Sozialgefüge bewirkten, dass der altüberlieferte Ordo christianus, das System der streng hierarchisch gegliederten Gesellschaft, aufgeweicht wurde und dass nicht mehr Adel und Klerus, sondern das gehobene Bürgertum als die in allen Bereichen der Kultur tonangebende Schicht auftrat.

Das Weltbild, das sich bislang auf ein religiöses Fundament gestützt hatte, wurde nunmehr nach Maßgabe der neuen Naturwissenschaften, der Physik und der Mathematik, entworfen, und was bisher im Namen der Religion gefordert worden war, die Moral, erhielt jetzt eine rein philosophische Grundlage. In der Literatur setzten sich die Nationalsprachen dem Lateinischen gegenüber endgültig durch, und die beiden Hauptgattungen einer mehr als tausendjährigen christlichen Tradition, die Heiligenlegende und das Bibelepos, büßten ihre Geltung ein – Klopstocks »Messias« war hiervon ein letzter, schon verspäteter Repräsentant. Die Nationalsprachen bemächtigten sich schließlich auch der Universität. Der Lehrbetrieb und das wissenschaftliche Schrifttum begannen im Laufe des 18. Jahrhunderts ebenfalls, sich überall der jeweiligen Landessprache zu bedienen. Die bildenden Künste und die Musik hatten herkömmlicherweise überwiegend im Dienste des christlichen Kults gestanden; sie wurden jetzt mehr und mehr als Schmuck diesseitiger Existenz aufgefasst und als ästhetische Phänomene um ihrer selbst willen gewürdigt.

Wie in Staat und Gesellschaft, so suchte man auch in Handel und Gewerbe liberale Prinzipien durchzusetzen. Die französischen Physiokraten, die Befürworter einer ›natürlichen‹ Wirtschaftsordnung, verfochten nach dem Motto des Laissez faire, laissez aller die Auffassung, dass es mit den ökonomischen Verhältnissen eines Landes umso besser bestellt sei, je weniger sein Regime sich einmische, und Adam Smith, der Begründer der klassischen Volkswirtschaft, lehrte, dass der Markt von selbst für den gewünschten Ausgleich sorge, wenn man dort die Einzelinteressen ungelenkt nach der Maxime des freien Spiels der Kräfte aufeinander prallen lasse.

Das Zeitalter des Barock hatte einen letzten Versuch unternommen, die menschliche Existenz als Bestandteil einer durch die Religion verbürgten, transpersonalen Ordnung zu deuten. Die Aufklärung verzichtete auf derlei Bekundungen eines Systemdenkens in kosmischen Bezügen; sie konzentrierte sich ganz auf den Menschen, auf dessen irdische Ziele, wie Wohlfahrt und Glück, und sie entfaltete große Anstrengungen, ihre Erkenntnisse und Überzeugungen unter die Leute zu bringen. Ihre Repräsentanten wirkten im doppelten Sinne des Namens der von ihnen propagierten Geisteshaltung, d. h. sie lehrten und bewirkten hierdurch in den Köpfen der Belehrten Helligkeit. Das 18. Jahrhundert war ein Zeitalter der Popularphilosophie und der popularisierten Wissenschaften, und man hat es nicht grundlos das ›pädagogische Jahrhundert‹ genannt.[29] Dieses Prädikat ist nicht nur deshalb angemessen, weil damals etliche für die moderne Pädagogik grundlegende Werke entstanden sind, sondern auch, weil in der gesamten zeitgenössischen Literatur doziert und moralisiert wurde. Lehrhafte Gattungen wie die Tierfabel oder der Aphorismus hatten Hochkonjunktur, und Literaten verschiedenster Sparten fühlten sich berufen, als Erzieher in die Breite zu wirken. Man gebärdete sich kritisch, ironisch oder satirisch; man bemühte sich um Eingängigkeit und scheute sich auch vor Plattheiten nicht. Unterhaltsame Volksbildung stand in hohem Ansehen, und ein Spezifikum der Epoche war eine Fülle von eigens für die Jugend bestimmten Schriften.

Die Aufklärung kam aus Westeuropa, aus Holland, wo Hugo Grotius und Spinoza zu den Wegbereitern zählten, und zumal aus England und Frankreich; in Deutschland waren nach Thomasius und Wolff, den Vorkämpfern der neuen Geisteshaltung, Lessing und Lichtenberg die herausragenden Repräsentanten. Die englische Aufklärung steuerte vor allem den Deismus bei, jene eher philosophische als religiöse Lehre, wonach Gott nach einmal vollbrachter Schöpfertat keinerlei Einfluss mehr auf seine Schöpfung nehme, weder durch Offenbarungen noch durch Wunder. Eine nicht minder bedeutsame Errungenschaft Englands war der Empirismus, entwickelt vornehmlich von John Locke und David Hume. Diese philosophische Richtung, ersonnen zur Widerlegung der altüberkommenen Doktrin von den angeborenen Ideen, wollte alle Erkenntnis einzig auf die Erfahrung gegründet wissen. In Frankreich wurden die Lehren der Engländer alsbald aufgenommen und radikalisiert: Voltaire und die Enzyklopädisten, wie d'Alembert, Diderot, Holbach und andere, verstanden sich zu ausdrücklicher Polemik gegen Christentum und Kirche oder wagten sich zu atheistischen und materialistischen Positionen vor.

Der Grandseigneur François de Salignac de la Mothe-Fénelon (1651–1715) wurde im Jahre 1689 von Ludwig XIV. zum Erzieher des Thronerben, des Duc de Bourgogne, berufen; aus diesem Amt ging eine Kombination von Abenteuerroman und Fürstenspiegel hervor, die unter dem Titel »Les aventures de Télémaque« zu einer in ganz Europa beliebten Lektüre avancierte. Das Werk erregte Anstoß an höchster Stelle; es erschien 1699 ohne Erlaubnis des Verfassers in Brüssel und Den Haag und konnte erst nach dessen Tode mit der Pariser Ausgabe von 1717 seinen Weg zum Erfolg antreten. Die Handlung knüpft an die ersten vier Bücher der homerischen »Odyssee«, die so genannte Telemachie, an:[30] Telemach, begleitet von der Göttin Athene in der Gestalt des Mentor, begibt sich auf die Suche nach seinem Vater Odysseus, der auch im zehnten Jahr nach Beendigung des trojanischen Krieges noch nicht in die Heimat zurückgekehrt ist. Die Version Fénelons lässt Telemach nicht nur nach Pylos und Sparta auf dem Peloponnes reisen wie die antike Vorlage, sondern darüber hinaus nach Ägypten, Phönizien, Zypern und Kreta, ferner – unfreiwillig, als durch einen Sturm Verschlagenen – auf die Insel der Kalypso sowie nach Unteritalien. In diese äußeren Geschehnisse sind mancherlei Betrachtungen über Herrschertum und fürstliche Gesinnung eingeflochten. Der Aristokrat und nachmalige Erzbischof rührt zwar nicht an die Monarchie und das ständische System seiner Zeit, entwirft aber zugleich ein Idealbild fürstlichen Regiments, das auf die Merkmale des so genannten aufgeklärten Absolutismus hinausläuft. Sein Herrscher soll nicht schrankenlos schalten dürfen; er sei friedliebend und lebe ganz dem Wohl seiner Untertanen. Die fortschrittlichen Gedanken des »Télémaque« wurden als versteckte Kritik an der Regierungsweise Ludwigs XIV. verstanden; der Autor fiel daher, kompromittiert durch die unautorisierte Ausgabe von 1699, in Ungnade. Er verbrachte den Rest seines Lebens im Exil in Cambrai.

Eine kurze Spanne vor dem »Télémaque«, im Jahre 1693, war die Abhandlung »Some Thoughts Concerning Education« aus der Feder von John Locke (1632–1704), dem Begründer des Empirismus, erschienen. Sie wird an dieser Stelle behandelt, weil sie den Grund für das Werk gelegt hat, dem die deutsche Aufklärungspädagogik wie keinem anderen Wegweisung verdankte: für Rousseaus Roman »Emile«. Locke gibt in seinem pädagogischen Traktat – anders als in seinem großen erkenntnistheoretischen »Essay Concerning Human Understanding« – keine wissenschaftlich begründete Theorie, sondern lediglich eine Anleitung für die Praxis, nach den Erfahrungen, die er selber als Erzieher im Hause des Grafen Shaftesbury gesammelt hatte.

Erziehung ist auch für Locke diejenige eines Individuums und Angehörigen der höheren Stände, und so beruhen seine Anweisungen auf derselben Konstellation von Hofmeister und Zögling wie die Werke Fénelons und Rousseaus. Demgemäß kann Locke ein Ideal aristokratischer Liberalität entwerfen: Ein weiser Präzeptor geht ganz darin auf, dem Schüler zur Entfaltung seiner Anlagen zu verhelfen. Hierbei kommt es – Erziehungsziel ist ja der weltkundige Edelmann, nicht der Buchgelehrte – verhältnismäßig wenig auf Wissen an. Kenntnisse rangieren für Locke erst an vierter und letzter Stelle, nach dem Charakter, dem Geschick, Geschäfte auszuführen, und den gehörigen Manieren. Die leitenden Kategorien (und zumal hierin antizipiert Locke den »Emile«) sind Natur und Freiheit. Die natürlichen Fähigkeiten eines jeden Kindes gilt es zu fördern, ohne Zwang und äußerliche Abrichtung, und hierbei muss auf seine je besondere Begabung geachtet werden. Die Erziehung soll so vonstatten gehen, dass der Zögling möglichst wenig davon bemerkt; sie respektiere das Kind im Kinde und gönne ihm Zeit für Spiel und Erholung, ja suche das Lernen selbst als Spiel erscheinen zu lassen.

Jean-Jacques Rousseau (1712–1778) war Aufklärer und war es wiederum nicht; seine zwiespältigen Lehren spiegeln das Zeitalter der Vernunft und weisen darüber hinaus: zur französischen Revolution, zum deutschen Sturm und Drang und zur Romantik. In zweierlei Hinsicht widersprach Rousseau Grundüberzeugungen seines Jahrhunderts. Er setzte dem allgemeinen Verstandeskult das Recht des Herzens, des Gefühls entgegen; er bezweifelte, ja verwarf den Fortschrittsglauben und stellte ihn auf den Kopf, indem er ihn in die Perspektive des Verfalls rückte. Er maß die Kultur seines Zeitalters an Konstrukten, an angeblichen Urzuständen, und leitete aus diesem Kontrast die Kriterien für seine vernichtenden Urteile ab. Die beiden Preisschriften für die Dijoner Akademie hatten ihn berühmt gemacht: Dort verkündete er die Lehre von den glücklichen naturhaften Anfängen der Menschheit. Der erste Discours [31] rügte vor allem die Künstlichkeit der modernen Kultur, die verlogene Gleichmacherei ihrer Sitten; im zweiten[32] behauptete Rousseau, der Mensch habe sich um seine ursprüngliche Freiheit gebracht, um den Status einer vollen Existenz, und dies hätten zwei einander bedingende ökonomische Ursachen, das Privateigentum und die Arbeitsteilung, bewirkt.

Das große pädagogische Werk, »Emile ou de l'éducation«, halb Lehrbuch und halb Roman, erschien im Jahre 1762, nahezu gleichzeitig mit der staatsphilosophischen Hauptschrift, dem »Contrat social«. Das Schema des geschichtsimmanenten Sündenfalls, das rousseausche Grundmotiv der Abkehr vom heilen Anfang, wird im »Emile« auf die Erziehung angewandt. »Tout est bien, sortant des mains de l'auteur des choses, tout dégénère entre les mains de l'homme« – »Alles ist gut, wenn es aus den Händen des Schöpfers der Dinge hervorgeht, alles verkommt unter den Händen des Menschen«. So der viel zitierte lapidare Beginn; Rousseau fordert auch im »Emile«, dass der von Hause aus gute, jedoch durch die Zivilisation korrumpierte Mensch zum Ursprung, zur ›Natur‹ zurückkehre. Die Entwicklung zum Schlechten werde durch nichts so gefördert wie durch falsche erzieherische Maßnahmen; folglich hänge sehr viel davon ab, dass sich die Pädagogik gründlich wandele.

»Man kennt die Kindheit nicht«, hält Rousseau seinen Zeitgenossen entgegen. Das Kind habe seine eigene Natur, und die gebe vor, was der Erzieher beachten müsse: er solle die Anlagen seines Zöglings sich entfalten lassen und alle schädlichen Einflüsse von ihm fern halten. An der Titelfigur und ihrem Hofmeister wird exemplarisch vorgeführt, wie sich Rousseau den Gang der Erziehung denkt. Er will hierbei vier Stufen unterschieden wissen. Bei der ersten Stufe, dem Kleinkind, kommt es vor allem auf die Körperpflege an, auf richtige Nahrung und hinlängliche Abhärtung, sowie auf Begegnungen mit der Dingwelt, die dem Tastsinn förderlich sind. Die zweite Stufe, bis zum zwölften Lebensjahr, soll vor allem die Sinne üben, und zwar in der Weise, dass das Kind in Freiheit aufwachsend aus seinen eigenen Erfahrungen lernt, unter möglichst geringer Einwirkung des Erziehers. Erst in der dritten Phase, die vom zwölften bis zum fünfzehnten Jahre reicht, sei man darauf bedacht, die geistigen Fähigkeiten des Heranwachsenden auszubilden; die Kenntnisse sollen dem Zögling nicht von außen aufgenötigt, sondern von ihm selbst aus eigenem Antrieb erarbeitet werden. Nicht eher als jetzt geht es ernsthaft ans Lesen, das, wie Rousseau meint, eine Geißel der Kinder sei – doch beschränke sich der Büchervorrat einstweilen auf Robinson Crusoe, den in den Naturzustand Zurückversetzten, der sich aus eigener Kraft zu einem menschenwürdigen Leben verhilft. Demgemäß soll sich Emile vor allem in der materiellen Welt, in den Handwerken zumal, auskennen; auch erlerne er selber eines, etwa das des Tischlers. Schließlich die vierte Phase, die Periode vom fünfzehnten Jahr bis zur Verheiratung: Sie geleitet den Zögling von der bisherigen ›natürlichen Ordnung‹ in den ›bürgerlichen Zustand‹, indem sie sein sittliches und religiöses Bewusstsein zur Reife bringt.

Licht und Schatten des »Emile« sind oft charakterisiert worden. Noch nie hatte sich jemand bemüht, derart intensiv auf die Eigenart des Kindes und seiner Entwicklung einzugehen. Dem ebenso scharfen wie tiefen Blick, den Rousseau in dieser Hinsicht zeigt, stehen die offensichtlichen Übertreibungen gegenüber: das Konstruierte der Konfiguration Erzieher-Zögling und der scharf voneinander abgegrenzten Phasen, das grenzenlose Vertrauen in die den Zögling selbsttätig leitende Natur. Das Kind steht derart im Mittelpunkt, dass darüber das Ziel aller Erziehung, der Erwachsene, vernachlässigt wird. Es geht um die Entfaltung des Wahrnehmens, Denkens und Fühlens, doch die inhaltliche Bestimmung, wie diese allgemein menschlichen Fähigkeiten ausgebildet werden sollen, bleibt vage. Rousseau wurde durch seine geradezu fanatische Kulturfeindschaft daran gehindert, der geistigen Überlieferung Europas hinlänglich Aufmerksamkeit zu schenken. Zwar versichert er einmal, sein Emile werde eher Geschmack an den Schriften der Alten finden als an den zeitgenössischen französischen, da sie der Natur noch näher gestanden hätten.[33] Im Übrigen aber könnte man am ehesten einen ›realistischen‹ Lehrplan aus seinem Erziehungswerk ableiten – ihm liegt vor allem an der Bewältigung des praktischen Lebens, an handwerklichen, wenn möglich robinsonartigen Fähigkeiten. Zumal in Deutschland ist denn auch seine Botschaft nicht anders verstanden worden: Die Philanthropinisten haben sich bemüht, seine erzieherischen Ideen in die Schulpraxis zu übersetzen.

b) Der Philanthropinismus

Die Universitäten, allen voran die von Halle und Göttingen, waren die Stätten, an denen sich die neue Epoche zuerst manifestierte: durch die allgemeine, nicht mehr an kirchliche Dogmen gebundene Lehrfreiheit, durch die vom Prinzip der Vernunft geleitete autonome Philosophie Wolffs und Kants, durch den Neuhumanismus und nicht zuletzt durch die Tatsache, dass die deutsche Sprache nun auch in den Wissenschaften begonnen hatte, das Lateinische überflüssig zu machen. Die höheren Lehranstalten hingegen, die gewöhnlichen Lateinschulen und die anspruchsvolleren Gelehrtenschulen, gehorchten zunächst noch dem Trägheitsmoment der überkommenen Routine: Sie bestanden fort wie zu Melanchthons Zeiten zwei Jahrhunderte zuvor und kannten kein wichtigeres Ziel als die aktive Beherrschung des Lateinischen, die je später, desto weniger benötigt wurde.

Dieser Anachronismus blieb nicht verborgen, und so suchte man die Schulen den wirklichen Bedürfnissen anzupassen, und zwar in zweifacher Richtung. Erstens war der überkommene Unterricht noch immer einseitig auf künftige Theologen und andere Ausübende akademischer Berufe zugeschnitten, und es fehlte allerorten an einem Typus von Lehranstalten, der den Fortschritten der Naturwissenschaften und den Erfordernissen in Handel und Gewerbe Rechnung trug, kurz, es fehlte an Bürger- oder Realschulen. Zweitens stießen die Bemühungen, den Kindern das Lateinischreden und -schreiben beizubringen, mehr und mehr ins Leere; es galt also, den Hauptinhalt des bisherigen Betriebes umzumodeln, einzuschränken und durch die realen Disziplinen zu ergänzen. Die Lutherzeit hatte vor allem die institutionelle Basis des Schulwesens verändert: Die von den Städten unterhaltenen Anstalten traten an die Stelle der Kloster- und Domschulen. Jetzt aber musste das Innere verändert und der Lehrplan auf neue Füße gestellt werden, und hierbei waren die Reformer klug genug, das Lateinische nicht einfach abzuschaffen, sondern ihm – mitsamt dem Griechischen – eine neue Funktion zu geben: Es avancierte zu einem wichtigen Teil der Allgemeinbildung und diente neben der Mathematik der formalen Schulung. Paulsen hat für die Doppelaufgabe, vor die sich die Reformer in der zweiten Hälfte des 18. Jahrhunderts immer dringlicher gestellt sahen, treffende Formeln gefunden.[34] »Nicht für alle Latein« – der bisherige monolithische Charakter der über die Elementarschulen hinausführenden Anstalten genügte nicht mehr; es musste für die neuen Bedürfnisse etwas Neues, die Realschule, geschaffen werden. »Nicht nur Latein« – auch für künftige Akademiker war der überkommene Typus nicht mehr ausreichend; wie er einerseits etwas in dieser Form Unnötiges, den einseitigen Drill für die aktive Beherrschung des Lateinischen, zu vermitteln suchte, so enthielt er andererseits empfindliche Lücken: in den Bereichen der modernen Sprachen und der Naturwissenschaften.

Das Verlangen nach Trennung von gelehrtem und ›bürgerlichem‹ Unterricht war alt; die Philanthropinisten konnten sich, als sie zur Tat schritten, auf eine nahezu hundertjährige Tradition berufen. Denn der bereits erwähnte Staatstheoretiker von Seckendorff, der Gründungskanzler der Universität Halle,[35] hatte nicht nur für die Angehörigen des Adels, sondern auch – und zwar bereits im Jahre 1685 – für die Bürgerkinder, die nicht studieren wollten, eigene Schulen gefordert, aus denen »christliche und nützlich unterwiesene Hauswirte« hervorgehen sollten.[36] In ähnlicher Weise hatte sich auch Francke vernehmen lassen: Seine Entwürfe erwähnen »ein besonderes Pädagogium für diejenigen Kinder, welche nur im Schreiben, Rechnen, Lateinischen, Französischen und in der Ökonomie angeführt werden und die Studia nicht kontinuieren, sondern zur Aufwartung fürnehmer Herren, zur Schreiberei, zur Kaufmannschaft, Verwaltung der Landgüter und nützlichen Künsten gebraucht werden sollen«.[37] So ist es kein Zufall, dass Halle als erste Stadt eine »mechanische und mathematische Realschule« erhielt. Ihr Gründer war Christoph Semler, Mitpastor und Universitätskollege Franckes. Ein bleibender Erfolg wurde ihm allerdings nicht zuteil: Der erste Versuch, unternommen 1708, scheiterte schon nach zwei Jahren, und einer bescheideneren Reprise ein Menschenalter später erging es nicht viel besser. So gebührt der Ruhm, das erste dauerhafte Institut dieser Art eröffnet zu haben, dem Francke-Schüler Johann Julius Hecker: Seine Berliner Anstalt, zunächst als Armenschule eingerichtet, firmierte ab 1747 als »Ökonomisch-mathematische Realschule«. Deren Lehrprogramm enthielt zwar wie der Plan Franckes noch etwas Latein, war indes im Übrigen dem praktischen Leben zugewandt; im Fächerkanon, der neben Deutsch, Geschichte und Französisch den Hauptakzent auf die Realien setzte, fällt auf, dass es auch die Disziplin »Anweisung zu wohlanständigen Sitten« gab.

So war der Boden auf mehrerlei Weise bereitet, als im letzten Drittel des Jahrhunderts Basedow zu wirken begann: hinsichtlich der geistigen Voraussetzungen vor allem durch Locke und Rousseau, auf praktisch-organisatorischem Felde durch die Ritterakademien sowie durch die ersten Gründungen von Realschulen für Bürgerkinder. Zwar waren Basedows eigene Schöpfung, das der ganzen Richtung den Namen gebende Philanthropinum zu Dessau, sowie einige andere, nach dem Muster dieser Schule aufgezogene Anstalten überaus kurzlebig, doch gewann der umtriebige und unentwegt schriftstellernde Archeget tüchtige Bundesgenossen und wirkte stark in die Breite, sodass ihm das Verdienst gebührt, wie kein anderer den pädagogischen Ideen der Aufklärung in Deutschland zu dauerhafter Geltung verholfen zu haben.

Heutzutage ist Basedow am ehesten noch durch die eindrucksvolle Schilderung bekannt, die Goethe ihm in »Dichtung und Wahrheit« hat zuteil werden lassen. Der fünfundzwanzigjährige Dichter, als Autor des »Götz von Berlichingen« und des »Werther« bereits eine Berühmtheit, unternahm gemeinsam mit ihm und mit Lavater, dem Physiognomiker, im Hochsommer 1774 eine vergnügliche Lahn- und Rheinreise – das viel zitierte Zeugnis davon, die Schlussverse eines Gedichts, das ein Diner in Koblenz schildert, lautet:[38]

Prophete rechts, Prophete links,
Das Weltkind in der Mitten.

Johann Bernhard Basedow (1724–1790), Sohn eines Hamburger Perückenmachers, studierte zunächst in Leipzig, dann in Kiel Theologie und Philosophie, wirkte, ohne einen Abschluss erreicht zu haben, drei Jahre im Holsteinischen in einem adligen Hause als Erzieher und wurde sodann auf eine Professur für Moral und Schöne Künste an der Ritterakademie zu Sorø (Seeland) berufen. Hier machte er, der aufgeklärte Rationalist, sich durch Attacken auf theologische Dogmen unbeliebt, und so wurde er 1761 an das Gymnasium in Altona (das damals dänisch war) versetzt. Hier focht er zwar zunächst noch manchen Streit der genannten Art aus, bald aber erkannte er, nicht zum wenigsten unter dem Eindruck von Rousseaus »Emile«, seinen eigentlichen Beruf: den des pädagogischen Reformators.

Die ersten grundlegenden Werke, insbesondere die »Vorstellung an Menschenfreunde und vermögende Männer über Schulen, Studien und ihren Einfluss in die öffentliche Wohlfahrt«, brachten ihm den Auftrag des Fürsten von Anhalt-Dessau ein, eine Musteranstalt einzurichten, die es ihm erlaube, seine Ideen praktisch zu erproben. Er sagte zu und bereitete die Gründung auf zweifache Weise vor: Er vollendete seine pädagogische Enzyklopädie, das vierbändige »Elementarwerk«, und setzte, im Geldsammeln seit längerem erfolgreich, seine Bemühungen um Spenden fort. Hierauf spielt Goethe an:[39] »Er hatte bei dieser Reise« (nämlich der im Sommer 1774) »die Absicht, das Publikum durch seine Persönlichkeit für sein philanthropisches Unternehmen zu gewinnen, und zwar nicht etwa die Gemüter, sondern geradezu die Beutel aufzuschließen«.

Im selben Jahr 1774, unmittelbar nach dem Erscheinen des »Elementarwerks«, öffnete das Dessauer Philanthropinum seine Pforten. Da der erwartete Zustrom von Schülern ausblieb, kam Basedow, der sich vor aufdringlicher Werbung nicht scheute, auf den Gedanken, ein großes öffentliches Examen zu veranstalten und hierzu ringsherum einzuladen. Die Aktion wurde tatsächlich ein Erfolg: An die hundert Schulleute aus dem ganzen Lande reisten nach Dessau und gewannen dort einen im Wesentlichen positiven Eindruck von den pädagogischen Prinzipien des Philanthropinums. Hierzu zählten die natürliche Tracht, die Turnübungen, die Werkstattarbeit, die heitere Grundstimmung sowie das große Gewicht, das der Charakterformung beigemessen wurde. Eine Hauptattraktion war Basedows siebenjährige Tochter mit dem beziehungsvollen Namen Emilie: Sie wurde mit ihren ans Phantastische grenzenden Kenntnissen und Fertigkeiten als Wunderkind, als pädagogischer Dressurakt vorgeführt – durchaus gegen den Geist der Erziehungslehren Rousseaus.

Es fehlte auch sonst nicht an Übertreibungen. Die Prüfung im Lateinischen z. B. bestand aus allerlei Spielen. Der Lehrer erteilte Befehle wie *Claudite oculos,* und die Schüler machten daraufhin die Augen zu. Oder er schrieb ein Wort auf die Rückseite der Tafel mit dem Bemerken, es sei ein Körperteil; die Schüler rieten: *caput, nasus, os* usw. – wer das Richtige traf, erhielt ein Stück Kuchen. Das Verfahren knüpfte offensichtlich an das überkommene Lernziel der aktiven Sprachbeherrschung an; diesem Ziel aber, das auch von Goethe gebilligt wurde[40] (»dass die alten Sprachen an der Gegenwart geübt werden sollten, schien mir lobenswürdig«), war keine Zukunft mehr beschieden – der neuhumanistische Lateinunterricht konzentrierte sich auf Sprachanalyse und das Verständnis klassischer Texte.

Nun waren nach Basedow die Gemeinnützigkeit und das individuelle Glück die Hauptzwecke aller Erziehung, und nach diesem Kriterium mussten sich die alten Sprachen zugunsten des Französischen und der Realien, d. h. der naturkundlichen Fächer und der Handwerke, mit einem bescheideneren Anteil am Lehrplan begnügen. Basedow hätte sie liebend gern gänzlich abgeschafft:[41] »O ihr alten und fremden Sprachen«, ruft er einmal aus,

»ihr Plagegeister der Jugend, ihr Schmeichler der mit Gedächtnis und Geduld begabten Undenker, wann wird es möglich sein, den Namen eines Wohlerzogenen, Vernünftigen und Gelehrten zu führen, ohne sich anfangs von eurer Zucht und dann von eurer Schmeichelei verderben zu lassen!« Doch zumal das Lateinische schien um der Gemeinnützigkeit willen noch immer unentbehrlich zu sein, und so blieb es mit zwölf Wochenstunden in allen Klassen das am besten dotierte Fach.

Das Philanthropinum war ein Internat, und im Ganzen hatte sein in die Abteilungen IV-I sich gliedernder Stundenplan das folgende Aussehen (die Tabelle sieht von den Turn-, Tanz- und Reitstunden sowie von den handwerklichen Übungen und den musischen Fächern ab):[42]

	IV	III	
Latein	12	12	Wochenstunden
Französisch	12	6	
Deutsch	12	12	

	II	I	
Latein	12	12	Wochenstunden
Französisch	12	12	
Deutsch	3	3	
Griechisch	–	4	
Englisch	6	–	
Religion	3	3	
Geographie	3	3	
Physik	3	3	
Mathematik	3	3	
Kosmologie	–	2	

(Alte Geschichte wurde im Lateinischen, Universalgeschichte im Französischen gelehrt.)

Wie ersichtlich, nimmt das Griechische unter den Fremdsprachen die letzte Stelle ein. Beim Lateinischen aber glaubte Basedow deshalb mit einer verhältnismäßig geringen Stundenzahl auskommen zu können, weil sich der bisherige Unterricht viel zu lange mit den Finessen der Grammatik aufgehalten habe; auch das Lateinische erlerne man am besten auf die einzig naturgemäße Weise, durch Hören und Sprechen.

Ernst Christian Trapp (1745–1818), Lehrer am Philanthropinum, dann Inhaber einer pädagogischen Professur in Halle (der ersten ihrer Art), gab der Einschätzung, die Basedow dem Unterricht in Fremdsprachen zuteil werden ließ, eine theoretische Grundlage. Die Sprache, lehrte er,[43] bestehe aus Zeichen für Ideen, und für jede Idee sei eigentlich nur ein Zeichen erforderlich; folglich trage das Erlernen vieler Sprachen, d. h. vieler im Grunde identischer Zeichensysteme, nichts zur Vermehrung und Verfeinerung der Ideen bei. Demgemäß sei das Erlernen fremder Sprachen nichts als ein notwendiges Übel, notwendig für den Umgang mit Angehörigen anderer Nationen. Dieses Urteil spiegelt die rationalistische Sprachtheorie der Aufklärung. Dass die Begriffe der einzelnen Sprachen unvergleichbar seien und in ihrem jeweiligen Zusammenspiel je verschiedene Zugriffe auf die Welt bekundeten, hat erst der Historismus entdeckt.

Auch Trapp hätte die alten Sprachen gern gänzlich aus dem Lehrplan beseitigt gesehen[44] – zugunsten von gemeinnützigen, in vielen Berufen verwertbaren Kenntnissen. Allerdings seien sie noch zu sehr in alles wissenschaftliche Studium verflochten; sie müssten daher in dem Umfange gelehrt werden, der nach den herrschenden Vorurteilen und Einrichtungen unentbehrlich sei. Hierzu aber gehöre nur noch die Fertigkeit im Lesen und Verstehen, die man am leichtesten nicht durch das Auswendiglernen der Grammatik, sondern durch ständiges Sprechen erwerbe. Die Paradoxie der Methode kommt hier noch deutlicher zum Vorschein als bei Basedow. Lernziel ist jetzt nur noch das Lesen und Verstehen, doch erreicht werden soll dieses Ziel durch Sprechen. In einer späten Abhandlung unternimmt Trapp radikalere Gedankenexperimente: Die Bürgerschule solle nicht neben, sondern statt der Gelehrtenschule existieren; wer noch Unterricht in den alten Sprachen benötige, der möge ihn dort etwa vom fünfzehnten Lebensjahre an in besonderen Klassen (heute würde man wohl sagen: in besonderen Kursen) erhalten. Hiermit wären die alten Sprachen aus dem Kanon der Allgemeinbildung getilgt und zu einer Spezialität für Theologen – und vielleicht auch für Juristen – herabgestuft worden.

Der Tüchtigste unter den Anhängern Basedows, ein Allroundpädagoge in Theorie und Praxis, war Christian Gotthilf Salzmann (1744–1811). Ihm gelang die Gründung einer Anstalt, die sich als dauerhaft erweisen sollte, eines Landschulheims avant la lettre: in Schnepfenthal, südwestlich von Gotha am Nordhang des Thüringer Waldes. Dort wurde eifrig geturnt, Gartenarbeit geleistet und der Natur, der »Hieroglyphe Gottes«, viel Aufmerksamkeit gewidmet.[45] Der Unterricht galt vor allem der Entwicklung des Sinnes für die sichtbare Welt, den Realien; Latein, mit fünf Wochenstunden im Lehrplan anwesend, war lediglich eine Konzession an äußere Verhältnisse. Für einen Menschen, der glücklich sein wolle, meinte Salzmann, sei es wichtiger, aus einer von ihm bewohnten Wüste ein Paradies machen als eine Stelle aus Ovid verstehen zu können.[46] In seinem »Ameisenbüchlein« vom Jahre 1806, einer »Anweisung zu einer vernünftigen Erziehung der Erzieher«, fand er sich immerhin zu der folgenden ebenso biederen wie unzureichenden Rechtfertigung des Lateins bereit:[47] »Mehrere europäische Sprachen sind doch aus dieser« (nämlich der lateinischen Sprache) »entstanden und werden leichter gelernt, wenn man in jener einen guten Grund gelegt hat; überdies ist sie nun einmal so allgemein, dass man nicht leicht ein Buch in neuern Sprachen lesen kann, in welchem sich nicht hier und da Brocken davon befänden, welche Lesern, die damit ganz unbekannt sind, immer Steine des Anstoßes sein müssen.«

Salzmann hat sich unermüdlich als volkspädagogischer Autor betätigt, wobei er sich, Aufklärer, der er war, in vielfältiger Weise um die Besserung der Sitten bemühte; ein gut Teil seiner Schriften erschien in dem von ihm herausgegebenen »Boten aus Thüringen«, einem Wochenblatt, das es auf etwa dreißig Jahrgänge brachte. Hiermit ist ein Gebiet berührt, auf dem sich die Philanthropinisten generell hervorgetan haben: das der pädagogischen, teils an die Erziehenden, teils an die Jugend selbst sich wendenden Literatur, die vorzugsweise durch so genannte Moralische Wochenschriften vermittelt wurde. Zum zweiten Male also wurde damals eine in pädagogischer Hinsicht produktive Epoche, eine Epoche des Umbruchs und der Reformen, von literarischen, Unterhaltsamkeit mit Belehrung verbindenden Bemühungen begleitet. Wie einst die deutschen und niederländischen Humanisten, so waren auch die Philanthropinisten bestrebt, die Jugend mit ›gutem‹, ihren Vorstellungen entsprechendem Lesestoff zu versorgen. Und beide Male ging es neben der Vermittlung von Wissen um Anstand und Moral, bei den Humanisten allerdings vor allem um die Förderung des Gebrauchs der lateinischen Sprache.

Der herausragende Autor unter den Philanthropinisten war Joachim Heinrich Campe (1746–1818). Er stellte, von Rousseaus »Emile« hierzu angeregt, eine für Jugendliche bestimmte Bearbeitung von Defoes »Robinson Crusoe« her, worin er die Reize des Abenteuerromans mit allerlei moralischen Belehrungen zu verbinden wusste.[48] Das Buch wurde ein Klassiker der Jugendliteratur, wie erst ein halbes Jahrhundert später wieder Coopers Lederstrumpf-Geschichten. Campe brachte außerdem eine mehrbändige

»Kleine Kinderbibliothek« heraus; dieses Werk, das Jugendliche verschiedenen Alters mit Lektüre zu versorgen suchte, enthielt außer Fabeln und Gedichten vor allem moralische Erzählungen. Als Theoretiker setzte er sich durch eine pädagogische Enzyklopädie ein Denkmal: Er edierte die sechzehnbändige »Allgemeine Revision des gesamten Schul- und Erziehungswesens«. Dieses kühne Unternehmen kodifizierte gleichsam den Ertrag des pädagogischen Jahrhunderts. Darin fanden nicht nur Abhandlungen von Campe selber, von Trapp, Salzmann und anderen Pädagogen, sondern auch die einschlägigen Schriften der beiden Wegbereiter, Lockes und Rousseaus, ins Deutsche übersetzt, Aufnahme.

c) Reformansätze in Preußen

Trapp hatte, wie erwähnt,[49] in Halle eine Professur für Pädagogik inne. Er war vom Freiherrn von Zedlitz, von dem für Schulangelegenheiten verantwortlichen Minister Friedrichs des Großen, dorthin berufen worden. Dass er schon im Jahre 1782 nach nur dreijähriger Tätigkeit wieder fortging, hatte persönliche Gründe. Zedlitz brauchte sich nichts vorzuwerfen; er hatte den besten Theoretiker einer maßgeblichen pädagogischen Richtung, des Philanthropinismus, ins Land geholt. Nunmehr aber, nach diesem Fiasko, setzte er auf die andere Karte des damaligen Bildungswesens, auf den Neuhumanismus; er machte den Philologen Friedrich August Wolf zum Nachfolger von Trapp. Diesmal war seinem Ruf ein durchschlagender Erfolg beschieden, denn Wolf blieb dreiundzwanzig Jahre in Halle,[50] bis zur Schließung der Universität durch Napoleon, und wirkte dort nach Kräften daran mit, dass das humanistische Gymnasium zur tragenden Säule der höheren, auf das akademische Studium vorbereitenden Bildung wurde. Diese Ereignisfolge mag als charakteristisch für das damalige Preußen gelten; der Staat hielt Distanz zu den verschiedenen Richtungen (wie er dies ja auch in religiösen Angelegenheiten tat) und verschaffte sich gerade dadurch freie Hand, den jeweils Geeignetsten zu wählen.

Friedrich der Große war kein Reformer des Schulwesens. Es blieb unter seinem Regiment und in den Jahren danach bei einzelnen, nicht immer wirkungsvoll durchgeführten Maßnahmen. Trotzdem wäre es unbillig, ihn zu übergehen oder kurz abzutun. Er, der aufgeklärte Fürst par excellence, der für Toleranz einstand und dem Denken freien Lauf ließ, hat während seiner langen Herrschaft mehr als alle anderen deutschen Potentaten dazu beigetragen, dass sich die neuen, zumeist aus Westeuropa stammenden Ideen auch östlich des Rheins ausbreiteten. Das persönliche Beispiel des ›Philosophen von Sanssouci‹ und die von ihm ausgehenden, konsequent gehandhabten Maximen bewirkten, dass sich gerade in Preußen eine Aura der Modernität bildete, wenn auch zunächst mehr in den Köpfen als in den Institutionen. Und dies ist der Hauptgrund, weshalb das Regiment Friedrichs des Großen zu einigem Verweilen nötigt: Ohne jene vorbereitende, von einem großen Teil der maßgeblichen Schichten getragene Aura wären die fundamentalen Veränderungen im Bildungswesen, die, vor allem mit dem Namen Wilhelm von Humboldts verknüpft, ein Menschenalter später von Berlin ihren Ausgang nahmen,[51] unmöglich gewesen.

Friedrich II. von Preußen, nach Goethes zeitgenössischem Urteil »der Polarstern …, um den sich Deutschland, Europa, ja die Welt zu drehen schien«,[52] betrieb eine Außenpolitik, die vor allem auf Machtzuwachs des eigenen Staates zielte. Über diesen Aspekt seiner Herrschaft kann man aus der Rückschau zwiespältiger Meinung sein. Im Inneren hingegen hat er zwar an der absolutistischen Verfassung im Wesentlichen festgehalten, zugleich aber suchte er, der sich den ersten Diener seines Staates nannte, in rigoroser Weise seinen Pflichten zum Wohle des Landes und seiner Bewohner zu genügen. Hierbei steuerten ihn kein Gottesgnadentum und kein religiöser Nimbus mehr; die Basis seines Herrscherethos war einzig die Philosophie der Aufklärung. Dass er sich in kultureller Hinsicht gänzlich an Frankreich orientierte, hatte er mit vielen europäischen Fürsten seiner Zeit gemein. Bei ihm fiel dieser Umstand deshalb mehr ins Gewicht als bei anderen, weil er, künstlerisch reich begabt, nichts mehr schätzte als die Literatur und sich auch selber, insbesondere auf politischem Gebiet, schriftstellerisch betätigte: stets im Medium der französischen Sprache. Diese Bindung an den französischen Geist, manifest vor allem durch Voltaires jahrelangen Aufenthalt an seinem Hofe, hinderte ihn am Zugang zum aufblühenden literarischen Leben Deutschlands. Dies erscheint deshalb geradezu als ein Paradox, weil er in der Abhandlung »De la littérature allemande«[53] eine derartige Blüte wünschte und prophezeite. So fanden Klopstock und auch Lessing, der Autor der »Minna von Barnhelm«, keine Gnade vor seinen Augen, als sie sich bei ihm um einen Posten bemühten, und Winckelmanns Gesuch, der König möge ihn für ein Jahresgehalt von zweitausend Talern mit einer Bibliothekarsstelle betrauen, wurde mit den Worten abgewiesen: »Für einen Deutschen sind tausend Taler genug.«[54]

Friedrich II. war ein eifriger Leser der griechischen und lateinischen Schriftsteller; unter den Ersteren bevorzugte er Demosthenes, Plutarch und den Stoiker Epiktet, und von den Römern gehörten Seneca und Tacitus und vor allem Cicero (»Sa compagnie est préférable presque à tous les auteurs anciens«[55]) zu seinen Favoriten. Von den Originalen konnte er allerdings mangels jeglicher Kenntnisse in den alten Sprachen keinen Gebrauch machen; er benutzte durchweg französische Übersetzungen. So erklärt sich wohl auch, dass er sich zum Wert der Antike als Gegenstand der Jugendbildung nicht eindeutig geäußert hat: Bald dringt er, seiner eigenen Zugangsweise entsprechend, auf den Gebrauch von Übersetzungen der klassischen Literaturwerke, da es nicht so sehr auf die Wörter wie auf die Inhalte ankomme, bald aber verlangt er, dem überkommenen Lehrplan gemäß, dass jedenfalls das Lateinische (vom Griechischen spricht er nur beiläufig) gelernt werde, und zwar auch von künftigen Kaufleuten.[56]

Zwei Dokumente scheinen die Vorstellungen Friedrichs II. besonders deutlich wiederzugeben: eine Instruktion, die er 1765 an das Direktorium der Berliner Ritterakademie richtete, sowie ein protokollarisch festgehaltenes Gespräch mit Zedlitz aus dem Jahre 1779. In der Instruktion[57] werden als Unterrichtsgegenstände zuallererst Logik und Rhetorik genannt: zur Schärfung des Verstandes sowie zur Übung im Argumentieren und im Gebrauch der Redefiguren. Wie man die Theorie anwende, lasse sich an Cicero und Demosthenes in französischer Sprache zeigen; auch für den Kursus in Poesie, der neben anderen Homer, Vergil und Horaz behandeln solle, gebrauche man Übersetzungen. Im Gesprächsprotokoll von 1779, das nicht eine Ritterakademie, sondern die höheren Bildungsanstalten allgemein zum Gegenstand hat, verlautet hingegen:[58] »Lateinisch müssen die jungen Leute auch absolut lernen, davon gehe Ich nicht ab; es muss nur darauf raffinieret werden, auf die leichteste und beste Methode, es den jungen Leuten am besten beizubringen.«

Zedlitz war überzeugter Anhänger der Aufklärung (Kant hat ihm seine »Kritik der reinen Vernunft« zugeeignet). Er schätzte die Philanthropinisten, ohne ihre Ideen in allen Details zu billigen, und zollte zugleich dem aufkommenden Philhellenismus einen nicht unerheblichen Tribut. Er ging, schon seit etlichen Jahren Minister, bei Friedrich Gedike, dem Rektor des Friedrichswerderschen Gymnasiums, in die Schule, um seine Griechischkenntnisse zu vervollkommnen. Die wichtigste allgemeine Maßnahme seiner Amtszeit war die Einsetzung einer Aufsichtsbehörde für das gesamte öffentliche Erziehungswesen, das Oberschulkollegium (1787, im Jahre nach dem Tod Friedrichs II.). Hiermit tat Preußen einen großen Schritt in Richtung auf eine einheitliche staatliche Kultusverwaltung; dem aus Staatsbeamten, Universitäts- und Schulleuten zusammengesetzten Gremium oblag vor allem die Fürsorge für die Lehrerbildung und die Überwachung des Unterrichtsbetriebes. Das Kollegium führte bereits im Jahre 1788 die von den Schulen vorzunehmende Abiturientenprüfung ein. Diese Maßregel hatte jedoch zunächst kein großes Gewicht, da das Nichtbestehen des Examens nicht das Studium, sondern lediglich den Genuss der Stipendien verwehrte. Eine bedeutsamere Folge der Prüfung bestand darin, dass sie als Scheidewasser unter der Masse der überkommenen Lateinschulen wirkte; die Gelehrtenschulen oder Gymnasien mit Abiturberechtigung sonderten sich ab, und die übrigen Anstalten verwandelten sich allmählich in Bürgerschulen.

Der Minister tat sein Mögliches, um die Lehrerbildung zu verbessern, und zwar, nach heutigen Begriffen, sowohl im wissenschaftlichen als auch im pädagogischen Bereich. Hierfür war vor allem Halle das Experimentierfeld. Unter der Ägide von Johann Salomo Semler, einem der Begründer der historisch-kritischen Theologie, hatte es sich eingebürgert, dass im Halleschen theologischen Seminar auch philologische Lehrveranstaltungen stattfanden; für sie war der Pädagoge Christian Gottfried Schütz verantwortlich. Da an der zugehörigen Übungsschule pädagogische Exerzitien durchgeführt wurden, entstand eine Art Parallelunternehmen zur Dessauer Anstalt Basedows, und auch durch ein vierzehnbändiges »Neues Elementarwerk für die niederen Klassen lateinischer Schulen und Gymnasien« (1780–1792) suchten Semler und Schütz den Philanthropinisten Konkurrenz zu machen. Auf Schütz, der 1779 nach Jena ging, folgte das erwähnte Experiment mit Trapp, und ab 1783 nannte die Universität Halle ein philologisches Seminar ihr Eigen, an dem Friedrich August Wolf für eine gründliche wissenschaftliche Vorbereitung der künftigen Lehrer sorgte. Ein Seminar im pädagogischen Sinne hingegen, zur Einführung nicht von Studenten, sondern von Lehramtskandidaten in die Unterrichtspraxis, wurde am Friedrichswerderschen Gymnasium in Berlin eingerichtet (1787); es stand unter der Leitung Gedikes.

Die Lateindidaktik ging in Preußen offenbar andere Wege als bei den orthodoxen Philanthropinisten. In Halle jedenfalls galten Lektüre und Grammatik als die Grundpfeiler des Unterrichts, und das Sprechenlernen wurde, da es unnötig und schädlich sei, ausdrücklich abgelehnt. Wie in Halle, so dachte man auch in Berlin: Friedrich Gedikes einschlägige Verlautbarungen nehmen bereits ein gut Teil der neuhumanistischen Prinzipien vorweg. Die Gelehrtenschulen, heißt es dort, verbänden den Unterricht in Sprachen mit dem in Sachen; der Kern ihres Programms müsse das Studium der antiken

Literatur sein. Gerade die Fremdheit der Griechen und Römer, schreibt Gedike, die Versetzung in andere Zeiten und Räume bilde den jugendlichen Geist; außerdem dürfe man den formalen Bildungswert der alten Sprachen nicht zu gering veranschlagen – auch wenn man sein Griechisch und selbst sein Latein später vergesse, wirke sich die intellektuelle Schulung, die man einst empfangen habe, bei allen beruflichen Geschäften aus. Das Joachimsthalsche Gymnasium, eine zweite herausragende Berliner Anstalt, wurde unter der Regie von Johann Heinrich Ludwig Meierotto ähnlich eingerichtet. Die Stundentafel hatte dort etwa dasselbe Aussehen wie einige Jahrzehnte später die landauf, landab gültige Norm des humanistischen Gymnasiums: Die alten Sprachen beanspruchten etwa die Hälfte der verfügbaren Zeit, wovon auf das Lateinische zwei Drittel und auf das Griechische ein Drittel verwendet wurden.

IV. Das humanistische Gymnasium des 19. Jahrhunderts

1. Das Zeitalter der deutschen Klassik

a) Die Anfänge des Neuhumanismus

Der Neuhumanismus ging, wie schon dargelegt,[1] aus denselben Voraussetzungen hervor und kam um dieselbe Zeit auf wie der Philanthropinismus. Beide Richtungen gründeten sich auf das Weltbild der Aufklärung und beide waren bestrebt, das infolge der veränderten Verhältnisse veraltete höhere Schulwesen in Einklang mit den neuen Bedürfnissen und Erfordernissen zu bringen. Die beiden Richtungen unterschieden sich in ihren Zielen: Die Philanthropinisten wollten auf die Vermittlung von Kenntnissen, die für die Praxis des Lebens nützlich seien, auf eine ›bürgerliche‹ Bildung und eine Schule der Realien hinaus; den Repräsentanten des Neuhumanismus hingegen war es um die Modernisierung des überkommenen ›gelehrten‹ Unterrichts – mit den alten Sprachen als wichtigstem Gegenstand – zu tun. Diesen Zielen aber suchte man auf je verschiedene Weise gerecht zu werden: Die Philanthropinisten waren wirkliche Erzieher, die die Lehren Lockes und Rousseaus[2] ernst nahmen und sich nicht nur die intellektuelle, sondern auch die sittliche Entfaltung der kindlichen Seele angelegen sein ließen. Den Humanisten hingegen waren die eigentlich pädagogischen Probleme der früheren Altersstufen gleichgültig; sie wandten sich – als Wissensvermittler, als Lehrer – an die reifere Jugend; sie wollten dem Schulwesen im Hinblick auf das Universitätsstudium eine bestimmte Gestalt geben.

Die beiden Bildungsbewegungen haben in der zweiten Hälfte des 18. Jahrhunderts nebeneinander existiert und sich nebeneinander ausgebreitet. Zu Beginn des 19. Jahrhunderts erlosch dieser Gegensatz. Der Neuhumanismus fand nicht nur in der bürgerlichen Gesellschaft breiten Widerhall; seine Lehren wurden auch von den staatlichen Instanzen anerkannt und erlangten so den Status offizieller, für die Einrichtung des Schulwesens maßgeblicher Direktiven. Dies hatte jedoch nicht zur Folge, dass die Mittel und Ziele der Philanthropinisten obsolet wurden; sie gingen einerseits im Programm des humanistischen Gymnasiums auf und setzten sich andererseits in den Bemühungen um Bürgerschulen fort.

Es war kein Zufall, dass in der Zeit, da der Neuhumanismus sich durchzusetzen begann, eine pädagogische Abhandlung erschien, die mit rigoroser Einseitigkeit Schwarz und Weiß auf die beiden Richtungen verteilte: Friedrich Immanuel Niethammer, Philosoph, durch seine Jenaer Zeit mit Goethe und Schiller bekannt, gab als Zentralstudienrat in München die Schrift »Der Streit des Philanthropinismus und Humanismus in der Theorie des Erziehungsunterrichts unserer Zeit« heraus (1808). Er behauptet darin, dass, wie die eine Richtung ihrem Namen gemäß für die Humanität des Zöglings sorge, so die andere sich dessen Animalität angelegen sein lasse, weshalb denn für sie die Bezeichnung Animalismus treffender gewesen wäre als Philanthropinismus.[3] Das animalistische Erziehungsprinzip, meint er weiterhin, wobei er nach Art eines Polemikers die Fakten auf den Kopf stellt, habe jedenfalls in der Theorie das humanistische fast völlig verdrängt – infolge der Aufklärung, des allgemeinen Utilitarismus, der ein Rückschreiten der Kultur, einen Hass auf alles rein Geistige und Ideale mit sich gebracht habe. Es mag sein,[4] dass Niethammers Schrift das Verdienst beanspruchen kann, die Humanismusidee in der Weise zur sozialen Wirklichkeit ihrer Zeit in Beziehung zu setzen, dass sie der bevorzugten Schicht der Gebildeten eine besondere Verantwortung auferlegte; die polternde Heftigkeit des Angriffs gegen die Philanthropinisten wird dadurch nicht gemildert. Die Schrift wird hier nur deshalb erwähnt, weil sie zum ersten Male das Abstraktum ›Humanismus‹ gebraucht (bis dahin kannte man nur den Humanisten und die Humanität) und somit zum Namensgeber der das 19. Jahrhundert beherrschenden Form der höheren Schulbildung geworden ist. Im Laufe der Zeit stellte sich das Bedürfnis ein, diesen ›neuen‹ Humanismus vom älteren der Renaissance zu unterscheiden; aus dem Terminus ›neuer Humanismus‹ ging gegen Ende des 19. Jahrhunderts allmählich das Kompositum ›Neuhumanismus‹ hervor.

Diese Bezeichnung trifft deshalb die Sache, weil sie sowohl auf das Gemeinsame als auch auf das Unterscheidende hinweist: Gemeinsam ist dem ›neuen‹ Humanismus mit dem herkömmlichen ›alten‹, dass die antiken Sprachen den Hauptgegenstand der Jugendbildung ausmachen, und das Trennende besteht darin, dass sich der Lehrplan nunmehr auf die ›heidnische‹, die vorchristliche Literatur der Griechen und Römer beschränkt und dass es dabei im Falle des Lateinischen nicht mehr hauptsächlich auf die aktive Beherrschung der Sprache in Wort und Schrift ankommt, sondern vor allem auf die Lektüre und deren prägenden Inhalt. Der Weg, der vom alten Humanismus, von dessen erstarrter, im Griechischen auf die Bibel reduzierter Spätphase zu der gewandelten Form führte, wurde zuerst von Johann

Matthias Gesner (1691–1761) eingeschlagen – er gilt zu Recht als der Initiator der Reform.

Gesner blickte auf eine nahezu zwanzigjährige Schulerfahrung zurück, als er 1734 an die soeben gegründete Universität Göttingen berufen wurde. Theorie und Praxis waren und blieben bei ihm eng miteinander verbunden, wie vor allem das von ihm eingerichtete Seminarium philologicum beweist; dessen Mitglieder waren zwar noch in der herkömmlichen Weise Theologen, wurden aber umfassend und intensiv auf das Lehramt vorbereitet.

Ein weiteres Verdienst Gesners bestand darin, dass er den Griechen als den wahren Quellen der Weisheit mehr Beachtung geschenkt wissen wollte – diese Forderung stellte er bereits 1737 in einer von ihm verfassten Schulordnung, nahezu zwanzig Jahre bevor Winckelmann in seiner spektakulären Programmschrift »Gedancken über die Nachahmung der Griechischen Wercke in der Mahlerey und Bildhauerkunst« (1755) den Vorrang der Griechen behauptete.[5] Der Durchführung in der Praxis waren allerdings Grenzen gesetzt: Gesner hätte lieber mit den Griechen als mit den Lateinern und lieber mit Homer als mit dem Neuen Testament den Anfang gemacht, sah sich aber hieran durch die bestehenden Gepflogenheiten gehindert.

Für den lateinischen Elementarunterricht hingegen übernahm er aus freien Stücken das philanthropinistische Prinzip, dass man die Sprache – jedenfalls zunächst – ohne Grammatik, durch Gebrauch und Übung lehre. Seine heftige Polemik gegen das Regelsystem scheint umso eigenwilliger, als es ihm nicht mehr um das Ziel ging, das der Lateinunterricht noch immer aus althumanistischen Zeiten mitschleppte, um die *imitatio*, um die Nachahmung der römischen Autoren durch eigene Produktion. In diesem Punkt war er modern wie nirgends sonst: Die Lektüre der griechischen und römischen Autoren sollte bilden, sollte dem Urteil und Geschmack sowie dem Ausdrucksvermögen in der eigenen Sprache förderlich sein. »Wer … ihre Schriften lieset und verstehet«, verlautet in der erwähnten Braunschweig-Lüneburgischen Schulordnung,[6] »der genießet des Umgangs der größten und edelsten Seelen, die jemals gewesen, und nimmt dadurch auch selbst, wie es bei aller Konversation geschiehet, schöne Gedanken und nachdrückliche Worte an.« Hiermit wurde dem Unterricht in den alten Sprachen eine neue Zweckbestimmung zuerkannt, eine Zweckbestimmung, die von den bisherigen Zielen, der aktiven Beherrschung des Lateinischen und der Fähigkeit, die biblischen Schriften im Original zu lesen, unabhängig war – sie galt seither als unangreifbares Argument für den hohen Rang der neuen humanistischen Bildung.

Gesner blieb nicht ohne Verbündete; der wichtigste war Johann August Ernesti (1707–1781), erst sein Kollege an der Leipziger Thomasschule, dann ebendort sein Nachfolger im Rektoramt, schließlich Professor der Eloquenz und der Theologie an der Leipziger Universität. Ernesti, als Philologe vor allem durch seine Ausgabe der sämtlichen Werke Ciceros bekannt, tat sich als Schulreformator auf dieselbe zwiefache Weise hervor wie sein Vorgänger und Freund, und wie bei jenem ließen es auch bei ihm die Verhältnisse noch nicht zu, das Alte radikal durch das Neue zu ersetzen. So sah sein Griechischprogramm die Lektüre des Lukas-Evangeliums und anderer biblischer Schriften vor, ehe Sophokles, Euripides oder die attischen Redner in Angriff genommen wurden.

Die Zweckbestimmung der Autorenlektüre, ein Thema, das Ernesti besonders am Herzen lag, zeigt ebenfalls noch Merkmale des Übergangs. Ernesti wendet sich in seinen Schulreden gegen eine gänzlich steril gewordene Art der Klassiker-Imitatio: man lese die Werke der Alten nur noch, um allerlei Phrasen und Floskeln für den eigenen Gebrauch daraus zu gewinnen. Ernesti hält für diesen Modus aktiver Sprachverwendung das Spottwort Stupor paedagogicus, »Schulverdummung«, bereit und erklärt (so das Thema einer Rede vom Jahre 1738):[7] *maius utiliusque esse Latinos auctores intellegere quam probabiliter Latine scribere,* »es ist etwas Größeres und Nützlicheres, die lateinischen Schriftsteller zu verstehen als ordentlich Latein zu schreiben«; man lese die Alten, um klüger zu werden, um Klarheit, Würde, Anmut und viele andere Vorzüge der Darstellung kennen zu lernen und sich selber anzueignen. Doch die Schulordnung, die auch Ernesti einzurichten Gelegenheit erhielt (für Kursachsen, vom Jahre 1773), konnte nicht umhin, als Zweck der Autorenlektüre neben dem Verstehen und dem Erwerb nützlicher Kenntnisse auch die Nachahmung im Reden und Schreiben namhaft zu machen – die Nachahmung allerdings nicht nur im Lateinischen, sondern auch in den modernen Sprachen. Um das Verständnis der antiken Autoren zu fördern, sah Ernestis Schulordnung vor, dass eine Stunde wöchentlich für Literaturkunde zu verwenden sei, für biographische Nachrichten und Werkbeschreibungen.

Der dritte, der bedeutendste unter den Wegbereitern des Neuhumanismus war Christian Gottlob Heyne, ein Schüler Ernestis in Leipzig, der Nachfolger Gesners in Göttingen (1729–1812). Die äußere Dürftigkeit seiner Jugend (er kam als Sohn eines Leinewebers in Chemnitz zur Welt) bekundet zugleich, in welch dürftigem Zustand sich um die Mitte des 18. Jahrhunderts die zu wesenlosem Schematismus erstarrte höhere Bildung befand – mit der materiellen Not verband sich die geistige. Der Lateinunterricht, erzählt Heyne selbst,[8] »beschränkte sich fast bloß auf Vokabeln und Phrasen« – auch ihm wurde also nichts als der überkommene, längst ins Leere zielende Sprachdrill zuteil. »Das Neue Testament und Plutarch ›Von der Erziehung‹ war alles, was wir von griechischen Büchern kannten«, heißt es weiterhin bei ihm: Der veräußerlichten Unterweisung im Lateinischen entsprach die auf geringe Reste reduzierte im Griechischen. Das Durchhalten in doppelter Not lässt vermuten, dass der Zögling einen starken Glauben an sich selbst und an seine Sache in sich trug. Ein Erfolg, der zugleich ein Licht auf den damaligen Schulbetrieb wirft, ermutigte ihn: Er sollte in einem Examen ein Anagramm zu *Austria* (»Österreich«) erfinden, d. h. aus denselben Buchstaben ein anderes Wort bilden – seine Lösung lautete *vastari* (»verwüsten«; u und v sind im Lateinischen *ein* Buchstabe). »Dieses pedantische Abenteuer gab den Anstoß zur Entwicklung meiner Kräfte«, stellt er selber hierzu fest.

Im Jahre 1763 erhielt er den Ruf nach Göttingen; Ausgaben des römischen Elegikers Tibull und des griechischen Stoikers Epiktet hatten ihm hierzu den Weg geebnet. Dort aber blieb er trotz verlockender Angebote, u. a. aus Dresden und Kopenhagen, und dort hat er in nahezu fünfzig Jahren auf vielfältige Weise fruchtbar gewirkt. Dazu war er imstande, weil er nicht nur seine Professur der Poesie und Beredsamkeit, wie sie damals noch hieß, wahrnahm, sondern zugleich als Direktor der Universitätsbibliothek und als Sekretär, d. h. als Präsident, der Akademie der Wissenschaften wichtige leitende Funktionen ausübte. Seine Arbeitskraft entsprach dieser Kumulation von Ämtern. Er benutzte seinen Lehrstuhl, um die Umrisse einer neuen, alsbald der Philosophie ebenbürtigen Disziplin, der Altertumswissenschaft, zu entwerfen; er baute eine Büchersammlung auf, deren Bestände alles Bisherige in den Schatten stellten, und machte die »Göttingischen Gelehrten Anzeigen« zu einem führenden Rezensionsorgan Europas. Der jungen Universität verhalf er zu Ruhm und Ansehen wie neben ihm allenfalls der Physiker Lichtenberg oder der Orientalist Michaelis. Seine Lehrtätigkeit verschaffte ihm zahlreiche Schüler, darunter ein gut Teil derer, die das Bildungswesen des 19. Jahrhunderts maßgeblich prägen halfen: Friedrich August Wolf und Johann Heinrich Voss, Wilhelm von Humboldt und Friedrich Wilhelm Thiersch. Auch die Brüder Schlegel studierten bei ihm, und Goethe schildert in »Dichtung und Wahrheit«,[9] dass es sein sehnlichster Wunsch gewesen sei, sich bei Heyne und anderen eine vollständigere Ansicht des Altertums zu verschaffen, dass ihn jedoch der unerbittliche Wille des Vaters gezwungen habe, nach Leipzig zu gehen.

Gesner und Ernesti waren mehr um die Hebung des Schulunterrichts besorgt als um Fortschritte in der Wissenschaft. Heyne hingegen zeichnete sich vor allem als Gelehrter, als Forscher aus und überdies – in der Bibliothek, in der Akademie – als Organisator. Dies besagt jedoch nicht, dass ihm nicht auch die Schule am Herzen gelegen hätte; außerdem war er, wie man treffend festgestellt hat,[10] als akademischer Lehrer extrovertiert, d. h. er bemühte sich, die antike Literatur, zumal die Dichtung, einem breiteren Publikum von Gebildeten nahe zu bringen. Er schrieb und wirkte nicht anders als Gesner im Horizont der überlieferten Polymathie, des barocken, gänzlich ahistorischen Enzyklopädismus; es gelang ihm jedoch, sich hiervon zu lösen und zu einer den geschichtlichen Wandel berücksichtigenden Betrachtungsweise vorzudringen – besonders eindrucksvoll bei der Einschätzung der griechischen Mythen.

Vom Enzyklopädismus übernahm er, dass er die Antike als ein Ganzes behandelte. Sein Lehrstuhl lud ihn hierzu ein, da es zu seiner Zeit die Trennung von Klassischer Philologie, Alter Geschichte und Archäologie noch nicht gab. Er verstand sich indes besonders gut darauf, diesen Rahmen zu füllen. Seine Vorlesungen befassten sich mit der römischen und griechischen Literatur sowie mit dem römischen und griechischen Altertum, worunter sowohl die Geschichte als auch die Staats- und Rechtseinrichtungen zu verstehen waren. Heyne gab überdies archäologische Kollegs, wobei es ihm wie bei der Literatur vornehmlich auf die Ausbildung des Kunstsinns, des Sinns für ästhetische Phänomene ankam.

Sein Schwiegersohn und Biograph, der Historiker Arnold Heeren, kleidete sein Bestreben, das Altertum insgesamt und als eine selbstständige Größe darzustellen, in die folgenden Worte:[11] »Heyne wollte ganz Humanist sein; er war nicht zugleich Jurist und Theologe, wie seine Lehrer in Leipzig es gewesen waren. Die klassische Literatur war ihm der Mittelpunkt, von dem alles ausging, auf den er alles zurückführte. Er betrachtete sie keineswegs bloß als ein Hilfsstudium für andere Wissenschaften. Sie war ihm das Mittel zu jener edleren Ausbildung des Geistes für das Wahre, das Gute, das Schöne.« Seine ganze Ansicht des Altertums könne eine poetische genannt werden, meinte Heeren weiterhin, so sei es möglich gewesen, »die Altertumskunde und die klassische Literatur aus dem Schulstaube zu erheben und sie in die Kreise der gebildeten Welt einzuführen«. Dieses Urteil mag durch die Perspektive der Entwicklung, die neben und nach Heyne eintrat, gefärbt sein. Es bleibt jedoch, dass die Breite seines Wissens, für die Nachwelt vor allem ablesbar an den etwa achttausend Rezensionen in den »Göttingischen Gelehrten Anzeigen«, sowie die auf das Wesentliche zielende Art seiner Dichtererklärung, dokumentiert durch die vierbändige kommentierte Vergil-Ausgabe und anderes, empfängliche Schüler wie Wolf und Humboldt in dem von Heeren umschriebenen Sinne beeinflussten. Das klassische Antikebild war bei Heyne gleichsam potentiell vorhanden, noch ohne ausdrückliche Programmatik, noch ohne ein kritisches Verhältnis zur eigenen Gegenwart und die hieraus resultierende Spannung des Konstrastes Antik – Modern.

Für Heyne war die allerorten fällige Reform des Unterrichts, zumal in den alten Sprachen, Nebenwerk. Er verrichtete es als Aufseher der einzigen hannoverschen Schule, die staatlich und nicht städtisch war und somit der königlichen Regierung direkt unterstand: des Pädagogiums zu Ilfeld im Harz, einer Anstalt, die, ursprünglich ein Prämonstratenserkloster, von dem Melanchthon-Schüler Neander zu einer der bekanntesten Lateinschulen Mitteldeutschlands gemacht worden war.[12] Die Maximen, von denen sich Heyne bei seinen Eingriffen leiten ließ, gleichen denen Gesners und Ernestis. Es galt, das Schwergewicht des Unterrichts vom überkommenen Sprachdrill auf die Lektüre der bedeutenden Autoren zu verlagern und hierbei den Griechen mehr Raum als bisher zu gewähren.

Der Visitationsbericht vom Jahre 1771 bekundet in schlichten Worten den Übergang von der alten zur neuen Epoche, von der Lateinschule zum neuhumanistischen Gymnasium:[13] »Lateinisch und Griechisch als Sprache an und für sich kann allenfalls sehr gleichgültig sein, und solange das Vorurteil herrscht, die Alten lese und erkläre man bloß der Sprache wegen, so ist es Personen von Einsicht zu verzeihen, dass sie dies als Zeitverlust ansehen … Lateinisch und Griechisch soll erlernt werden der großen Schriftsteller wegen, die in diesen Sprachen vorhanden sind … Durch das Lesen und Erklären dieser Schriftsteller soll … die junge Seele zum richtig Denken, zum guten Ausdruck des Gedachten im Schreiben und Sprechen und zu einem feinen Geschmack und richtiger Empfindung des Wahren und Schönen angewöhnet werden.« Knapp zehn Jahre später (damals hatte Wolf in Ilfeld seine erste Stelle inne) erklärt Heyne in einem Rechenschaftsbericht, dass das Griechische einen wesentlichen Teil des frühen Schulunterrichts ausmachen müsse. »Für die frühe Bildung des Geschmacks«, schreibt er,[14] »ist das Lesen der großen griechischen Schriftsteller entscheidend; Größe und Einfalt« – eine zuerst von Winckelmann gebrauchte Verbindung[15] – »prägen sich den jungen Seelen ein; ich zweifle, dass derjenige, welcher Griechen zu lesen gewohnt ist, sich jemals durch alle die abenteuerlichen Geniestreiche unseres Zeitalters täuschen lassen wird.«

b) Der Humanitätsglaube der deutschen Klassik

Bildung bedarf eines Ziels, und dem Ziel wiederum muss ein Sinn innewohnen. Die christliche Religion hatte Europa ein Jahrtausend lang der Mühe enthoben, nach einer Zielbestimmung und Sinngebung der Bildungsinstitutionen zu fragen. Sie enthielt beides; sie selber war letzter Sinn und letztes Ziel alles geistigen Strebens, und die lateinische Sprache diente hierzu kraft althergebrachter Tradition als Mittel. Nachdem Aufklärung und nationalstaatliches Denken die Autorität der kirchlichen Lehre niedergerungen und zugleich das Lateinische als gemeineuropäisches Verständigungsmittel beseitigt hatten, fehlte es der höheren Bildung, vermittelt vor allem durch die Lateinschule, sowohl an einem Ziel, das der Beherrschung des Lateinischen in Wort und Schrift gleichwertig gewesen wäre, als auch an der Sinngebung durch den christlichen Glauben als allgemein verbindlicher Instanz. Die abstrakten Ideale der Aufklärung, so befreiend sie zunächst vielen erschienen sein mögen, sowie das nüchterne Nützlichkeitsdenken, das, stets als Nebenzweck vorhanden, nach dem Verblassen der religiösen Inhalte desto aufdringlicher hervortrat, ließen offenbar auf die Dauer ein Bedürfnis unbefriedigt, das man als Hunger nach absoluten Werten, ja geradezu nach Transzendenz bezeichnen könnte; so bemächtigten sich einmal die idealistische Philosophie und zum anderen der Griechenglaube, der der Philosophie die Anschaulichkeit eines historischen Modells voraushatte, des Vakuums.

Dieser Griechenglaube, das geistige Fundament des Neuhumanismus, war aufs Engste mit dem Geistesleben der deutschen Klassik verflochten. Seine Programmatik entfaltete sich vor allem in den kunsttheoretischen und geschichtsphilosophischen Werken von Winckelmann, Herder, Goethe, Schiller, Friedrich Schlegel und Wilhelm von Humboldt; Altertumsgelehrte wie Wolf und Übersetzer wie Voss unterstützten seine Bestrebungen, und als Mittelpunkt, als Bürge für die Möglichkeit der Erfüllung, galt in den Dezennien vor und nach 1800 der aus Italien zurückgekehrte, ›klassische‹ Goethe, der Schöpfer der »Iphigenie«.[16]

Die auf ein bestimmtes Bild vom antiken Griechentum sich gründende Lebensauffassung des Neuhumanismus entzündete sich am Protest gegen den Rationalismus und Utilitarismus des Vernunftzeitalters. Hieraus ist allerdings eine konsequent ausgebildete und in sich geschlossene Theorie nicht hervorgegangen; die Tendenzen des klassischen deutschen Humanitätsglaubens kamen vielmehr in mannigfachen, durch die Individualität des jeweiligen Verfassers erheblich modifizierten Entwürfen zum Ausdruck.

Man pflegt mit Recht die individualistische und ästhetizistische Grundhaltung des literarischen Neuhumanismus hervorzuheben. Die deutschen Klassiker revoltierten gegen das in der zeitgenössischen Lebenspraxis weithin gültige Leitbild des durch sein Spezialistentum legitimierten nützlichen Gliedes der Gesellschaft; an seiner statt forderten sie die Persönlichkeit als höchstes Ideal des zur Selbstvervollkommnung berufenen Menschen, ein Ideal, das sich nur durch die harmonische Entfaltung aller Anlagen und Kräfte verwirklichen lasse. Der Neuhumanismus maß keinem Bereich der Kultur eine so große Bedeutung bei wie der Kunst. Die überkommene Lehre von der doppelten Aufgabe des ästhetischen Wertes, von seiner sei es belehrenden, sei es ergötzenden Funktion, wurde für unzulänglich befunden – man postulierte die Autonomie der Kunst und sah in ihr die Wesenserfüllung des schöpferischen Menschen. Zugleich aber behauptete man eine enge Wechselbeziehung zwischen dem ästhetischen und dem ethischen Wert und folgerte hieraus die bildende, sittlich läuternde Kraft des schönen Kunstwerks.

Bei allem Protest blieb der von den klassischen Schriftstellern ausgehende literarische Neuhumanismus in vielfacher Hinsicht der Aufklärung verpflichtet. Von ihr übernahm er die Darstellungsformen, wie den Essay oder das Geschichtswerk, und die Leitbegriffe der Argumentation, wie Natur, Vernunft, Kultur. Vor allem der Religion gegenüber machte er sich die Position der Aufklärung zu Eigen; seine Repräsentanten standen also – im Gegensatz zu den Humanisten der Renaissance – außerhalb des christlichen Glaubens.[17] Immerhin bemühten sie sich, Religion nicht lediglich zu dulden, sondern zu verstehen; sie begriffen sie als notwendige Entwicklungsphase des menschlichen Geistes und verwendeten sowohl die griechischen Mythen als auch die christliche Offenbarung als Symbole zur Veranschaulichung der eigenen pantheistischen Weltauffassung. In dieser Position unterschieden sie sich von der geschichtsfernen Grundeinstellung des fortschrittsgläubigen Vernunftzeitalters. Sie waren – ganz im Sinne des aufkommenden Historismus – generell bestrebt, vergangene Zeitalter und fremde Kulturen als eigenständige Größen zu deuten, die es nach ihnen selbst innewohnenden Kriterien zu beurteilen galt.

Das Menschenbild des Neuhumanismus wurde beherrscht von einem besonderen Verhältnis zur Antike. Das Unbehagen an der utilitaristisch-rationalistischen Umwelt und die Sehnsucht nach einem vollkommeneren Dasein ließen das klassische Griechenland als Inbegriff höchster Humanität erscheinen. Indem man eine bloße Nachahmung ablehnte, begriff man die

Antike als Modell, an dem man die eigenen Bestrebungen zu veranschaulichen suchte, und als Quelle der Zuversicht, dass man unter den veränderten Bedingungen der Neuzeit durch die Kraft der Vernunft abermals erreichen könne, was einst bei den Griechen auf gleichsam natürliche Weise zustande gekommen sei. Das Griechenbild und das Humanitätsideal der deutschen Klassiker stimmten im Wesentlichen miteinander überein; die hervorstechendsten Züge des Ersteren enthielten stets Forderungen an die eigene Zeit.

Als wichtigstes Merkmal des griechischen Menschentums galt die von ihm verwirklichte Totalität. Hierunter verstand man eine Existenz, die in gleicher Weise Leib und Seele, Sinne und Geist, Natur und Vernunft zu bilden und zu gebrauchen wisse und überhaupt darauf aus sei, alle Möglichkeiten der Gattung Mensch in wechselseitiger Begrenzung und Mäßigung zu entfalten. Demgegenüber habe die moderne Kultur die Ganzheit des menschlichen Daseins durch einen fortschreitenden Differenzierungsprozess auf künstlerisch-wissenschaftlichem, politisch-sozialem und ökonomischem Gebiet zerstört; das Individuum müsse die Ausbildung einer einzigen Fähigkeit mit der Verkümmerung aller übrigen bezahlen. Eine weitere Lehre des Neuhumanismus behauptete die Originalität der griechischen Kultur und die von allen Zufälligkeiten äußerer Einwirkung freie Konsequenz ihres Entwicklungsganges. Auch hiermit wandte man sich gegen die moderne Kultur, die man als ein kompliziertes Gemisch verschiedenster Strömungen auffasste.

Die klassische deutsche Bildungsidee war das Resultat von Entwicklungen, die bis zum italienischen Humanismus zurückreichten. Petrarca und andere hatten das alte, ciceronische Latein für besser gehalten als das zeitgenössische, das aus der Scholastik hervorgegangen war.[18] Das Beispiel machte Schule, und die Abfolge der Schreibweisen, die sich hieraus ergab, brachte ein dreistufiges Schema hervor: ›Einstige Größe – Verfall – Wiederherstellung der einstigen Größe‹. Die einstige Größe glaubte man in der griechisch-römischen Antike verwirklicht; den Verfall diagnostizierte man für das tausendjährige Intervall zwischen dem Untergang des weströmischen Reiches und dem Auftreten Petrarcas, für die nunmehr »mittlere Zeit«, Mittelalter genannte Epoche, und die Wiederherstellung nahm man für die eigene Gegenwart in Anspruch. Das Schema, zunächst nur für ein literarisches Stilideal, dann für die Künste und Wissenschaften im Ganzen verwendet, hatte so viel Erfolg, dass es sich aller Bereiche menschlicher Tätigkeit einschließlich der Politik bemächtigte. Es half die erst seit dem 18. Jahrhundert landauf, landab geläufige Auffassung zu begründen, dass sich die europäische Geschichte in die Phasen Antike – Mittelalter – Neuzeit gliedere.

Im 17. Jahrhundert war Frankreich die politisch und geistig führende Macht. Auch dort suchte man, als man sich großer Erfolge rühmen konnte, den eigenen Standort zu bestimmen. Dem Mittelalter glaubte man sich inzwischen weit entrückt, und so verkürzte man das von den Italienern aufgestellte Dreiphasenschema zur Antithese ›Antik – Modern‹ und diskutierte heftig über die Frage, ob man die Leistungen der Antike nicht längst übertroffen habe. Diese Diskussion ist als »Querelle des Anciens et des Modernes« – als »Streit der Liebhaber der Antike mit den Modernisten« – in die Geschichte eingegangen.[19] Die ›Anciens‹ behaupteten wie in den Jahrhunderten zuvor nahezu alle Italiener, dass der frühere Gipfel der Menschheit, der antike, noch stets der höhere sei; die ›Modernes‹ hingegen beanspruchten den Vorrang für die eigene Zeit.

Die eigentliche Querelle, an der sich weite Kreise des damaligen intellektuellen Frankreichs beteiligt hatten, endete nach etwa zehnjähriger Dauer im Jahre 1697; damals erschien der vierte und letzte Band von Charles Perraults groß angelegtem Dialog »Parallèle des Anciens et des Modernes« – »Vergleich der Alten mit den Neueren«. Eines der wichtigsten Ergebnisse des Streites bestand darin, dass es sich als schwierig erwiesen hatte, für die Künste in gleichem Maße den Primat der Gegenwart zu beanspruchen wie für die Wissenschaften und beide Bereiche, die Künste ebenso wie die Wissenschaften, in dieselbe Perspektive stetiger Vervollkommnung zu rücken. Selbst eingefleischte Modernisten sahen sich genötigt, zumindest im Falle der Literatur die Überlegenheit der Antike anzuerkennen.

Der Antike-Moderne-Vergleich hörte damit beileibe nicht auf, die Gemüter zu beschäftigen. Er war ein unentbehrlicher Bestandteil des europäischen Kulturbewusstseins und musste während des ganzen 18. Jahrhunderts immer wieder herhalten, den Vorrang sei es des Altertums, sei es der Gegenwart zu demonstrieren. Auch in Deutschland beteiligte man sich an der Debatte; auch dort plädierte man nicht selten für jene differenzierte Auffassung, wonach in den Naturwissenschaften die eigene Zeit der Antike, in der Dichtung und Beredsamkeit hingegen die Antike der eigenen Zeit überlegen sein sollte.

Um die Mitte des 18. Jahrhunderts gewann der Disput sowohl in Frankreich als auch in Deutschland neue Energien. Hier wie dort diente der Epochenkontrast als Vehikel, dem verbreiteten Fortschrittsglauben mit Entschiedenheit zu widersprechen, sodass sich die seit langem zwischen Einst und Jetzt schwebenden Waagschalen wieder deutlich dem Einst, den Anfängen und Ursprüngen zuneigten. In Frankreich behauptete Rousseau in den beiden bereits erwähnten Preisschriften der Jahre 1750 und 1755,[20] Glück sei der Menschheit gerade in ihrem natürlichen Urzustand beschieden gewesen; die erste Preisschrift polemisierte gegen die Künstlichkeit der Kultur, und die zweite machte zwei miteinander zusammenhängende ökonomische Ursachen, das Eigentum und die Arbeitsteilung, dafür verantwortlich, dass der Mensch seiner ursprünglichen Freiheit verlustig gegangen sei.

In Deutschland erschien im selben Jahr wie Rousseaus zweite Preisschrift die epochemachende Abhandlung von Johann Joachim Winckelmann (1717–1768): »Gedancken über die Nachahmung der Griechischen Wercke in der Mahlerey und Bildhauerkunst«. Schon der Titel deutet auf die beiden Postulate, um die es in dieser Programmschrift geht: einmal um Nachahmung, also um Vorbildlichkeit, jedoch – zum anderen – nicht um die Vorbildlichkeit der Antike schlechthin, sondern um die der Griechen. Mit dem ersten Postulat ergreift Winckelmann gegen die Modernisten Partei; er verwirft den Kompromiss, zu dem die Querelle verebbt war: »Der einzige Weg für uns, groß, ja, wenn es möglich ist, unnachahmlich zu werden, ist die Nachahmung der Alten.«[21]

Das zweite Postulat, die These von der exemplarischen Bedeutung der Griechen, enthielt in dieser Schärfe und Unbedingtheit etwas Neues: »Eine Bildsäule von einer alten römischen Hand wird sich gegen ein griechisches Urbild allemal verhalten, wie Vergils Dido … sich gegen Homers Nausicaa verhält, welche jener nachzuahmen gesuchet hat.«[22] Während sich das erste Postulat im Sinne radikaler Anciens gegen die Zivilisation des Zeitalters, gegen Optimismus und Fortschrittsgläubigkeit wendete, nahm das zweite Stellung gegen Rom, gegen das nicht ur- und vorbildliche, sondern seinerseits schon abbildliche Rom, und es nahm außerdem Stellung gegen alles, was sich von Rom herleitete: gegen die romanische Kultur, gegen Frankreich, gegen Barock und Rokoko. Es hatte zur Folge, dass der Antike-Moderne-Vergleich nunmehr nicht selten ausdrücklich als Vergleich der Gegenwart mit den Griechen vorgeführt wurde und dass man auch, wenn man die traditionelle Formulierung beibehielt und weiterhin pauschal von den ›Alten‹ sprach, gewöhnlich zuallererst an die Griechen dachte. Winckelmann inaugurierte mit seinem zweiten Postulat das spezifisch deutsche, dezidiert an den Griechen sich orientierende Humanitätsideal.

Als Beispiel sei die Abhandlung genannt, die der Göttinger Philosoph Friedrich Bouterwek im Jahre 1790 veröffentlichte: »Fragment vom griechischen und modernen Genius«.[23] Während die Griechen echte Poeten gewesen seien, schrieb Bouterwek, habe sich der Mensch der Gegenwart dem Räsonnement und Raffinement, dem Witz, dem Frappanten und Interessanten ergeben. Herder hingegen suchte sich seiner geschichtsbewussten Betrachtungsweise gemäß von dem üblichen Entweder-Oder zu lösen: Seine »Siebente und achte Sammlung der Briefe zu Beförderung der Humanität« haben als eine Art Anti-Perrault das Beweisziel, dass sich die Literaturen der verschiedenen Völker und Zeiten nicht miteinander vergleichen lassen.[24] Goethe wiederum wollte in seinem Essay »Antik und Modern« (1818) die beiden Kategorien als überhistorische Archetypen, als zwei grundverschiedene Weisen künstlerischen Produzierens aufgefasst wissen – dort fällt das berühmte Wort:[25] »Jeder sei auf seine Art Grieche! Aber er sei's.«

Ging es in den bisher genannten Schriften primär um die Kunst und die Literatur, so fand Rousseaus anthropologische Sicht, seine umfassende Kulturkritik, vor allem bei Schiller Nachfolge. Rousseau hatte mit seiner These von der Arbeitsteilung, der fortschreitenden Spezialisierung, ein wichtiges Stichwort gegeben. Diese These eröffnete die Möglichkeit, die Modernisten mit ihren eigenen Waffen zu schlagen: Man konnte die mannigfaltigen Fortschritte, die in der Neuzeit erzielt worden waren, anerkennen und gleichwohl behaupten, dass der Mensch das Menschsein immer gründlicher verfehle. So Schiller in den »Briefen über die ästhetische Erziehung«; das sechste Stück ist der Locus classicus für das schon erwähnte Denkbild von der einstigen Totalität und jetzigen Partialität.[26] Der Grieche, verlautet dort, besaß Ganzheit; jedes Individuum vermochte den Reichtum seiner natürlichen Anlagen harmonisch zur Geltung zu bringen und repräsentierte somit die gesamte Menschheit. Der moderne Mensch hingegen, legt Schiller dar, führe eine fragmentarische Existenz; sein Wesen sei geteilt, zerrissen und zerrüttet, und dem Einzelnen eigne Beschränktheit und Einseitigkeit. »Ewig nur an ein einzelnes kleines Bruchstück des Ganzen gefesselt«, schreibt Schiller,[27] »bildet sich der Mensch selbst nur als Bruchstück aus; ewig nur das eintönige Geräusch des Rades, das er umtreibt, im Ohre, entwickelt er nie die Harmonie seines Wesens, und anstatt die Menschheit in seiner Natur auszuprägen, wird er bloß zu einem Abdruck seines Geschäfts, seiner Wissenschaft.«

Schiller ist indes bei dieser für die Moderne so ungünstigen Antithese nicht stehen geblieben; er hat – ein folgenreicher Schritt – das Zweiphasenschema der Querelle um eine dritte Phase, um die Dimension der Zukunft, erweitert. Seine Lehre, wie er sie am nachdrücklichsten in der Abhandlung »Über naive und sentimentalische Dichtung« dargestellt hat, fand über die rückwärts gewandte Sicht Rousseaus hinaus: der naturhaft-naive Zustand der Griechen sei unwiederbringlich verloren, der moderne, sentimentalische Mensch habe dagegen die Aufgabe, das Verlorene durch bewusste Wahl und bewusstes Ringen auf einer höheren, nicht mehr physischen, sondern moralischen Stufe wiederherzustellen. Diese Lehre enthielt bei aller Kritik eine deutliche Rehabilitierung der Gegenwart. Sie bestritt, dass die Gegenwart der Antike überlegen sei, und räumte ihr zugleich die Chance ein, sich über die Antike zu erheben.

Die Problematik der Querelle blieb sich bei allen bislang erwähnten Varianten im Wesentlichen gleich; sie behielt den Charakter einer Gegenüberstellung zweier Epochen. Es ging also stets darum, wie man die diachronen Unterschiede innerhalb der gesamten europäischen Kultur beurteilen solle; es ging jedoch – trotz der Einschränkung der Antike auf die Griechen – nicht um Besonderheiten einzelner Nationen. Die bisher Genannten, insbesondere Goethe und Schiller, griffen nämlich lediglich Winckelmanns erstes Postulat auf, die These von der Überlegenheit der Griechen über die eigene Zeit; sie ignorierten hingegen das zweite, die polemische Spitze gegen Rom und alles Romanische. Dieses Grundmotiv der Winckelmannschen Lehre brach sich bei anderen Bahn: bei Herder, Wilhelm von Humboldt und Friedrich Schlegel. Es verwandelte dort stufenweise die Struktur der Querelle in einen Vergleich zweier Völker, der Griechen und Deutschen, und brachte so das aus heutiger Sicht sonderbar erscheinende Denkbild von der griechisch-deutschen Wesensverwandtschaft hervor. Hiermit mutierte das Humanitätsideal der Klassiker in eine Art Auserwähltheitsglauben einer bestimmten Nation.

Die deutschen Literaten hatten im 18. Jahrhundert zunächst noch einen schweren Stand. Sie sahen sich überall, an den Höfen wie im Bürgertum, einer starken französischen Konkurrenz gegenüber: Man las, sprach und lebte französisch, und französische Intellektuelle gaben weithin den Ton an. So klagte man auf der deutschen Seite über die ungünstigen Wettbewerbsbedingungen und ließ seinem Ärger über die Franzosen und die landesübliche Französelei freien Lauf. Schon Winckelmann hielt die Franzosen für Tröpfe und Ignoranten, für unfähig, etwas Ernstliches zu treiben, und so verschiedene Naturen wie Lessing und Herder meinten übereinstimmend, die Franzosen, korrekt, höflich und auf einstudierte Umgangsformen versessen, trügen Eitelkeit zur Schau und kultivierten den Witz; sie vernachlässigten über dem Schein das Wesen; sie seien unnatürlich und wahrer Empfindungen nicht fähig. Und derselbe Herder projizierte dieses Klischee vom französischen Nationalcharakter in die Vergangenheit zurück: Seine Kritik an nahezu allem, was in der deutschen Geschichte von Frankreich, von den Romanen, von Rom ausgegangen war, lief darauf hinaus, dass die Deutschen durch diese Einflüsse sich selbst entfremdet worden seien.

Offensichtlich bedurften die damaligen deutschen Intellektuellen, um vor ihren westlichen und südlichen Nachbarn bestehen zu können, einer historischen Legitimation, einer Art geistigen Stammbaums. Hierin lag für sie ein wichtiger Antrieb, sich nicht nur von der römischen Antike ab- und der griechischen Antike zuzuwenden, sondern auch so etwas wie eine griechisch-deutsche Wesensähnlichkeit zu beanspruchen. Die Entwicklung begann recht harmlos: Man gewöhnte sich daran, bedeutende deutsche Schriftsteller als ›Griechen‹ zu bezeichnen – so zumal Winckelmann, ferner Goethe und manchen anderen.

In dieser Atmosphäre, während der produktivsten Phase der deutschen Klassik, vollzog Humboldt den letzten Schritt. Er begnügte sich nicht mehr damit, einzelne Deutsche als Griechen zu apostrophieren; er verkündete vielmehr die Verwandtschaft zweier Wesenheiten: des deutschen und griechischen Nationalcharakters. Das früheste Zeugnis scheint sich in einem Brief des Jahres 1795 zu finden; Humboldt äußert dort Schiller gegenüber die Absicht, seine »Grille von der Ähnlichkeit der Griechen und Deutschen ins Licht zu setzen«.[28] Er ist dieser »Grille«, wie Briefe an Goethe beweisen, auch weiterhin nachgegangen; die ausführlichsten Bemerkungen über sie enthält die »Geschichte des Verfalls und Untergangs der griechischen Freistaaten« (1807).[29]

In demselben Jahr 1795, als Schiller an seiner Abhandlung über »Naive und sentimentalische Dichtung« arbeitete und Humboldt sich zum ersten Male zu seiner »Grille« bekannte, verfasste Friedrich Schlegel die Schrift »Über das Studium der griechischen Poesie«, eine Schrift, die beides miteinander verknüpft: das Dreiphasenmodell Schillers und die »Grille« Humboldts. Schlegel geht von der traditionellen Problematik der Querelle aus. Er wolle versuchen, schreibt er, »den langen Streit der einseitigen Freunde der alten und der neuen Dichter zu schlichten«.[30] Er meint, dass sich die Bildung, welche die Griechen in zeitlichen Grenzen verwirklicht hätten, auf höherer Stufe und ohne zeitliche Grenzen nochmals verwirklichen lasse; er meint weiterhin, dass gerade die Deutschen berufen seien, die erwünschte dritte Phase, die der Rückkehr zum Objektiven und Schönen, einzuleiten:[31] »In Deutschland und nur in Deutschland hat die Ästhetik und das Studium der Griechen eine Höhe erreicht, welche die gänzliche Umbildung der

Dichtkunst und des Geschmacks notwendig zur Folge haben muss« – als Beweis dient die Griechennähe der Deutschen, zumal eines Goethe.

So brachte der Humanitätsglaube der deutschen Klassik einen Seitenstrang hervor, der ihn aus der Weite menschheitlicher, jedenfalls europäischer Reflexion in die Enge nationalen Wetteifers führte. Zwar nehmen sich Humboldts »Grille« und Verwandtes neben den kulturkritischen Betrachtungen der Weimarer recht unscheinbar aus, doch hat die Rezeption der Goethezeit die Unterschiede verwischt und gerade die national gefärbte Variante der Versuche, die eigenen Leistungen und Möglichkeiten am Gegenbild der Griechen abzuschätzen, herausgestellt und verbreitet.

c) Friedrich August Wolf, der Begründer der Altertumswissenschaft

»Möge Wolfs Andenken von historischer und Anekdotenbestimmtheit befreit, und er dann, nach dem Bild seiner Meisterwerke, als Heros und Eponymos für das Geschlecht deutscher Philologen, von der Nachwelt gefeiert werden.« So Niebuhr im 1. Band des »Rheinischen Museums für Philologie«,[32] kurz nach dem Tode Friedrich August Wolfs (1759–1824). Als Heros und Eponymos – der Historiker Niebuhr spielte mit diesem Bilde auf den Staat Athen an, dessen Verwaltungseinheiten nach Heroen »benannt« waren. Ganz ist sein Wunsch nicht in Erfüllung gegangen, denn die Philologen nannten sich nicht ›Wolfianer‹ und erwiesen dem Begründer ihres Berufs nicht immer die ihm gebührende Ehre.

Wolf, geboren zu Hainrode bei Nordhausen als Sohn des dortigen Schulmeisters und Organisten, studierte 1777–1779 bei Heyne in Göttingen, wobei er darauf bestanden hatte, dass er als Philologiae studiosus (mit einer damals noch nicht geläufigen Bezeichnung) immatrikuliert wurde. Sein Lehrer verschaffte ihm eine erste Anstellung beim Pädagogium in Ilfeld; auf ein kurzes Intermezzo in Osterode folgte 1783 die Übersiedlung nach Halle, wohin ihn Zedlitz auf Grund einer Ausgabe des platonischen »Symposion« berufen hatte. Er war dort Nachfolger des Philanthropinisten Trapp, und so wurde er zum Professor der Philosophie, in specie der Pädagogik, ernannt.[33] Er sollte erklärtermaßen (so Zedlitz in einem Brief an ihn) helfen, »den einen Vorwurf, der noch immer Halle traf, abwälzen, dass man dort keine Philologen bildet«.[34]

Diesem Auftrag hat Wolf während seines dreiundzwanzigjährigen Wirkens – bis Napoleon im Jahre 1806 die Schließung der Halleschen Universität befahl – in hervorragender Weise Genüge getan. *Docendo aliquanto plus quam scribendo delector*, »Das Lehren bereitet mir erheblich mehr Vergnügen als das Schreiben«, bemerkt er einmal einem Kollegen gegenüber.[35] Offenbar vermochte er sich am besten im mündlichen Vortrag, vor einer aufmerksam lauschenden Zuhörerschaft, zu entfalten, und zumal dort kamen sein Improvisationstalent, seine wissenschaftliche Phantasie, seine Kombinationsgabe und seine Meisterschaft in kritischen Untersuchungen zur Geltung. So pries man denn seine Fähigkeit, frei mit allen Zeugnissen und Hilfsmitteln der Gelehrsamkeit zu schalten; auch Goethe rühmte nach dem Besuch einiger Vorlesungsstunden die »aus der Fülle der Kenntnis hervortretende freie Überlieferung«, die »aus gründlichstem Wissen mit Freiheit, Geist und Geschmack sich über die Zuhörer verbreitende Mitteilung«.[36] Wolf hat also offenbar vor allem als Lehrer, durch das lebendige Wort, gewirkt und nicht so sehr als Autor von »Meisterwerken«, wie den berühmten »Prolegomena ad Homerum«.[37] Hiervon zeugt die stattliche Zahl seiner Schüler: Aus seinem Seminar gingen nahezu alle diejenigen hervor, die sich in den ersten Dezennien des 19. Jahrhunderts in führenden Positionen, auf den Universitäten wie im Gymnasialwesen, um Reformen im Sinne des Neuhumanismus bemühten.

Die Zeit der glänzenden Lehrerfolge brach allerdings jäh ab, als Napoleons Machtwort ihm gleichsam die Lebensluft entzog. Er ging nach Berlin; er gehörte der dortigen Akademie der Wissenschaften und auch der neu gegründeten Universität an – der Elan von ehedem stellte sich jedoch nicht wieder ein. Seine Lehrtätigkeit war nunmehr durch Unlust gekennzeichnet, und zu wichtigen wissenschaftlichen Unternehmungen fehlte es an innerer Sammlung. Der nie Zufriedene verstrickte sich in Misshelligkeiten, und sein unverträgliches Verhalten entfremdete ihm die meisten Freunde. Auf diese unglückliche Berliner Zeit spielt Niebuhr an, wenn er in negativem Sinne von »historischer und Anekdotenbestimmtheit« spricht.

Im Jahre 1807 erschien die »Darstellung der Alterthumswissenschaft«, gleichsam die Gründungsurkunde der darin beschriebenen Disziplin.[38] Die Schrift verdankte ihre Entstehung keinem anderen als Goethe. Denn nachdem die Ereignisse des Jahres 1806 zur Schließung der Universität Halle geführt hatten und Wolf seines bisherigen Wirkungskreises beraubt worden war, wandte dieser sich klagend nach Weimar; Goethes Antwort aber verwies ihn auf den Reichtum, den er in und bei sich selbst finde – er solle sich insbesondere seine Archäologie vornehmen und sie als kompendiarischen Entwurf herausgeben.[39] Wolf ließ sich aufrichten und widmete sich im Winter 1806/07 einer wohlstilisierten Zusammenfassung seines – von

Goethe mit ›Archäologie‹ gemeinten – oft vorgetragenen enzyklopädischen Kollegs.

Die Schrift ist Goethe, dem »Kenner und Darsteller des griechischen Geistes«, gewidmet. Die neu konstituierte Altertumswissenschaft unterstellt sich dem Patronate dessen, in dem »sich der das Leben verschönernde wohltätige Geist des Altertums eine zweite Wohnung« genommen habe. Diese Worte bekennen sich zu dem erwähnten Topos des Neuhumanismus.[40] Zuerst hatte Schiller die Persönlichkeit Goethes als Reinkarnation des griechischen Geistes zu deuten versucht,[41] und Goethe selbst wandte diese Vorstellung auf Winckelmann an, in dessen wirklich altertümlichem Geiste die antike Natur wiedererschienen sei.[42] Für Wolf verbürgt Goethe wie für Friedrich Schlegel,[43] dass sich das griechische Wesen nach manchen Verbildungen ganz und gar aufs Neue erschließe – wozu die Deutschen, sei es durch ihre Sprache, sei es durch Urverwandtschaft, mehr als andere befähigt seien.

Als Quintessenz der Wolfschen Lehre bekundet die »Darstellung« zweierlei: dass es eine »wohlgeordnete philosophisch-historische Wissenschaft« gebe, die alles, was zur Kenntnis des gelehrten Altertums gehört, als ein organisches Ganzes darbiete, und dass diese Wissenschaft eine selbstständige, nicht mehr als Hilfsdisziplin in die so genannten Brotstudien – in das Studium der Theologie oder Jurisprudenz – eingebundene Größe sei. Ihre Präsentation, wie die »Darstellung« sie vornimmt, enthält sowohl geschichtsphilosophische als auch positiv-wissenschaftliche Elemente. Die Geschichtsspekulation verleiht der Altertumswissenschaft ihre Würde und ihre Aufgabe. Sie soll die Größe und Schönheit des Altertums erforschen und hierdurch den Geist der Nation befruchten; sie soll also jene ersehnte Menschheitsform verwirklichen helfen, als deren Urbild sie Goethe verehrt. Wolf stellt mit diesen programmatischen Thesen die von ihm begründete Disziplin in den Dienst der Erziehung: als Mittlerin höchster Idealität, als eine neue Religion.

Die positiv-wissenschaftliche Seite kommt über derlei Glaubenssätzen des Neuhumanismus nicht zu kurz. Die in der »Darstellung« beschriebene lange Reihe formaler und materialer Fächer – von der Grammatik, Hermeneutik und Textkritik über die Geographie und Geschichte, die Mythologie und Literaturgeschichte bis zur Archäologie, zur Numismatik und Epigraphik – hat primär den Zweck darzutun, wie sich durch deren Zusammenwirken und wechselseitige Ergänzung all das erfassen und durchdringen lässt, was unter den Begriff des Altertums fällt. Hiermit beruft Wolf die neue Wissenschaft zu objektiver, von aprioristischen Intentionen unabhängiger Forschung. Er fordert sie daher zu einer Fülle notwendiger Vorarbeiten auf, insbesondere zu kritischen Sammlungen von Quellen, und gibt ihr zugleich eine reiche methodologische Axiomatik des historischen Verstehens auf den Weg.

Man begegnet somit in der »Darstellung« allenthalben der neuen Einstellung, die man damals, in der Werdezeit des Historismus, der Vergangenheit gegenüber zu gewinnen suchte, und den Prinzipien, die dieser Einstellung zugrunde lagen. So hielt es Wolf für eine der wichtigsten Aufgaben des Altertumsforschers, die antike Kultur und alle ihre Hervorbringungen in ihrer Eigenart zu verstehen und überall des Besonderen habhaft zu werden, des individuellen Charakters von Künstlern und Denkern, von Zeiten und Völkern.

Eindrucksvoll sind zumal die Betrachtungen, die Wolf ins Feld führt, um das Erlernen der alten Sprachen zu rechtfertigen; sie bekunden durch ihr Verständnis für die jeweilige Eigenart nach Völkern und Zeiten den Unterschied zu der flachen rationalistischen Auffassung des Amtsvorgängers Trapp.[44] »Die Sprachen, die ersten Kunstschöpfungen des menschlichen Geistes«, schreibt Wolf,[45] »enthalten den ganzen Vorrat von allgemeinen Ideen und Formen unseres Denkens ...; sie liefern daher in ihren Zeichen eine Menge einzelner Gemälde von nationalen Vorstellungen, wodurch der Gehalt teils sinnlicher, teils besonders intellektueller Ideen und das Charakteristische in Auffassung von beiden dargestellt wird. Demnach muss jede ihrer Absicht einigermaßen genügende Sprache gewisse Klassen von Ideen darbieten, die nach der physischen und sittlichen Individualität des Volkes, welches sie bildete, vorzüglich bearbeitet, vervollkommnet und mit angemessenen Ausdrücken bezeichnet sind.« Wolf meint nun, die durch die verschiedenen Sprachen gegebenen Modifikationen ähnlicher Hauptideen seien für uns ein Anlass, Vorstellungen, die uns schon unter anderen Denkformen bekannt waren, von neuen Seiten aufzufassen; wir erhielten so einen uns bereichernden Vorrat von Mitteln zur Auflösung und Zusammensetzung unserer Ideen. Da sich die antiken Völker von den modernen durch Denkart, Sitte und Lebensweise beträchtlich unterschieden, müssten uns ihre Sprachen desto ungewohntere Ansichten der Dinge, desto mehrere neue Ideen und neue Modifikationen derselben darbieten; während die jetzigen Kultursprachen durch einen gewissen Neo-Europäismus wie zu *einem* Idiom vereinigt würden, vermittelten uns die antiken eine der unsrigen fremde Welt von Ideen und Bezeichnungen.

Das Dogma von der Eigenart aller geschichtlichen Phänomene und das auf die Erkenntnis von Tatsachen gerichtete Bemühen, diese Eigenart in allen Bereichen der antiken Kultur zu verdeutlichen, waren bei Wolf von aprioristischen, der Gedankenwelt des Neuhumanismus verpflichteten Vorstellungen begleitet. Ihm bedeutete Eigenart so viel wie Originalität, und er war überzeugt, dass sich in dieser Hinsicht kein Volk mit dem griechischen messen könne. Die Griechen, meinte er,[46] »erscheinen gleich in ihren ersten Staatsvereinen und Verfassungen, in Sitten, in Sprache, in allem, was ein Volk charakteristisch unterscheidet, aus angestammter Natur so original, als jemals eines war; sie wussten auch dem von auswärts Entlehnten solch einen Stempel ihres Genius aufzudrücken und es so zu bereichern und zu befruchten, dass alles bald ihr Eigentum wurde«. An anderer Stelle erklärte er die klassische Antike für »eine in sich geschlossene Welt«. Im Gegensatz hierzu charakterisierte er die europäischen Nationalkulturen, indem er deutlich an die in den kritischen Schriften Schillers, Bouterweks oder sonst wo vorgebrachten Anklagen des Zeitgeistes anknüpfte, als bunte, »aus ungleichartigen Quellen mühselig zusammengetragene ... Gemenge von streitenden Stoffen und Formen«.[47] So konnte er behaupten, dass lediglich das Studium der Griechen »reine und gediegene Resultate« für die »höhere Kenntnis des Menschen« verspreche,[48] während sich unter allen Schätzen der modernen Kultur nur wenige Spuren eines vorherrschenden Geistes fänden, wodurch man eine Nation und den Menschen überhaupt erst zu erfassen vermöge.[49] Denn, so glaubte Wolf mit den Größten seiner Zeit, die geschichtliche Leistung der Griechen zeichnete sich nicht nur durch ihre Eigenart und Ursprünglichkeit aus, sondern auch durch ein Maximum von Idealität. Aus ihr leitete Wolf die zeitlose Gültigkeit der griechischen Kultur ab; weil die Griechen »in ihrer Natur die meisten solcher Eigenschaften besaßen, welche die Grundlage eines zu echter Menschlichkeit vollendeten Charakters ausmachen«,[50] sah er die Beschäftigung mit ihrer Geschichte, mit ihren künstlerischen und wissenschaftlichen Hervorbringungen als das edelste Mittel an, den Sinn für Wahrheit zu schärfen, das Urteil über das Schöne zu verfeinern und überhaupt alle Kräfte der Seele zu wecken und im Gleichgewicht zu bilden.[51]

Wolf, der Programmatiker des Neuhumanismus, der sich mit vielen führenden Geistern seiner Generation in seinem kritischen Urteil über die eigene Zeit einig wusste, teilte den dort verbreiteten Abscheu vor rationalistischem Zweckdenken, vor Nützlichkeitssinn und Merkantilismus, und so war er bestrebt, die Altertumswissenschaft von jedweder utilitaristischer

Rechtfertigung freizuhalten und ihr durch eine idealistische, aus dem Griechenglauben resultierende Zielsetzung ein hiervon unabhängiges Fundament zu verleihen. Seine diesbezügliche Polemik richtete sich vor allem gegen die Philanthropinisten, gegen die hausbackenen Argumente, die z. B. Salzmann für die Notwendigkeit von Lateinkenntnissen ins Feld geführt hatte.[52] Vom 15. bis zum 16. Jahrhundert, legte Wolf dar,[53] habe man das Altertum als ein großes, an Ideen und Sachen ergiebiges Ganzes ergriffen, jeden Teil davon zu unmittelbarer Anwendung betrieben und sich bemüht, sowohl materiellen und wissenschaftlichen als mancherlei formellen Nutzen daraus zu ziehen. Der Fortschritt der Wissenschaften habe diesen Gesichtspunkt großenteils illusorisch gemacht. Dann habe man sich auf die Hilfe berufen, die Kenntnisse des Altertums den Wissenschaften der Gegenwart leisteten; man habe sie daher zu besserer Betreibung der so genannten Hauptwissenschaften empfohlen. Wolf gibt nun zwar zu, dass in Wissenschaften, die von geschichtlicher Seite ganz auf dem Altertum ruhen, also in der Theologie und Jurisprudenz, ohne Kenntnis der alten Welt keine gründliche Einsicht zu erlangen sei. »Bei dem allen«, wendet er jedoch ein,[54] »ist dieser ganze historische Gesichtspunkt und der damit verbundene materielle Nutzen, so schätzbar er übrigens sein mag, dem Altertume und dessen Werken fremd und durchaus zufällig«.

Während sich Wolf und seine Anhänger zu ihrer Abkehr vom utilitaristischen Denken ihrer Zeit und zumal der Philanthropinisten offen bekannten, zogen sie aus einem anderen Gegensatz in aller Stille die Konsequenzen: aus ihrer ablehnenden Haltung gegenüber dem Christentum. Wolfs Kosmos der Antike, der mit Homer begann und mit der Zeit der Völkerwanderung endete, schloss alles Christliche aus, und dies bedeutete, dass nur noch vorchristliche griechische und lateinische Autoren Gegenstand des neuhumanistischen Gymnasiums waren. Wolf selbst hat sich strikt an dieses Prinzip gehalten; das Verzeichnis seiner Publikationen und handschriftlichen Aufzeichnungen reicht bei den Griechen von Homer bis Herodian, einem Historiker der Kaiserzeit, und bei den Römern von Terenz bis Sueton.[55] Dasselbe Bild ergibt sich aus seinen literaturgeschichtlichen Vorlesungen; bei einem Leitfaden zur Geschichte der griechischen Literatur blieb die ursprünglich noch vorgesehene sechste Periode, »von Konstantin dem Großen bis auf Konstantinopels Eroberung«, größtenteils unausgeführt.[56] Über Wolfs Verhältnis zum Christentum verlautet in einer zuverlässigen Quelle:[57] »Und da in spätern Jahren Wolf immer weniger von theologischen und christlichen Einflüssen sich berühren ließ, so trat er mehr und mehr in jene naturalistisch hellenisierende Richtung der goethe-schillerschen Periode über, deren Grundidee, die Idee der antiken Humanität, unter den Anregungen W. v. Humboldts er selbst zumeist in seinen wiederholten Vorlesungen herausgearbeitet hatte.«

Die Fixierung auf die Antike als ein isoliertes, von allen späteren Entwicklungen abgetrenntes Objekt zeitigte einschneidende Folgen zumal für den Lateinunterricht.[58] Die Humanisten der frühen Neuzeit hatten – hauptsächlich aus sprachlich-stilistischen Erwägungen – lediglich das Mittelalter verdrängt, wobei es ihnen keineswegs gelungen war, ihre Perspektive zur allein herrschenden zu machen. Sie hatten jedoch an der lateinischen Literatur der Spätantike einschließlich der Kirchenväter festgehalten und im Bereich des Griechischen in Analogie hierzu nicht nur heidnische, sondern auch christliche Autoren zum Gegenstand ihrer Forschungen gemacht. Wolf hingegen fügte zur Massa perditionis noch die späte, christliche Antike hinzu, desgleichen die gesamte neulateinische Literatur, die bis ins 18. Jahrhundert bekannt und beliebt war und viel gelesen wurde. Dass die Werke der älteren Humanisten aus dem Kanon verschwanden, war allerdings zum Teil durch deren Zweckbestimmung, den aktiven Gebrauch des Lateinischen zu fördern, bedingt. Es bleibt das Faktum, dass Wolf sich mit einem Bruchteil der antik-europäischen Latinität, mit den drei Jahrhunderten von Plautus bis Tacitus, begnügte und dass sowohl das humanistische Gymnasium als auch die Universitätsdisziplin ›Klassische Philologie‹ unbeirrt an dieser rigorosen Einschränkung festgehalten haben.

Wolf, der sich schon als Göttinger Student ›Philologe‹ genannt wissen wollte, war in Halle bestrebt, die rechtliche Verselbstständigung des Lehrerstandes, dessen endgültige Trennung von der Theologie voranzubringen. De facto nahm die Zahl derer, die das Schulamt als ihr Berufsziel und nicht mehr als Vorstufe für eine Pfarrstelle ansahen, ständig zu; de jure aber existierte noch kein aus der Theologie ausgegrenztes, von ihr unabhängiges Lehrerstudium und Lehrerexamen. Wolf suchte diesem Zustande abzuhelfen; sein philologisches Seminar nahm, wenn auch noch nicht ausschließlich, so doch vorzugsweise solche Studierende auf, die sich auf immer dem Schulfach zu widmen gedachten.

Für Wolfs pädagogische und didaktische Gedanken steht eine Quelle von besonderem Reiz zu Gebote: die mit »Erziehung-Schule-Universität: Consilia scholastica« betitelte Sammlung von Entwürfen, Gutachten und sonstigen Niederschriften, die der Schwiegersohn und Biograph Wilhelm Körte aus dem Nachlass veröffentlicht hat.[59] Dort präsentiert sich der enthusiastische Herold des Altertums als jemand, dem das Proselytenmachen durchaus fern liegt: wer nicht studieren wolle, der solle sich die alten Sprachen sparen; wer einen bürgerlichen Beruf zu ergreifen gedenke, möge die Realschule besuchen. Vom Griechischen könne man diejenigen ausschließen, bei denen sich keine besondere Neigung zu Sprachkenntnissen zeige; man solle das Griechische lieber als Belohnung für besonderen Fleiß bewilligen, nicht aufdrängen oder mühsam empfehlen. Wolfs Ratschläge klingen auch sonst ebenso maßvoll wie liberal. Man suche die Schüler nicht zu zwingen, sondern halte sie zur Selbsttätigkeit an; aller Unterricht, der nicht auf die individuellen Neigungen und Fähigkeiten eines jeden Bedacht nehme, sei vergeblich. Wie Wolf über Prüfungen urteilte, zeigt folgendes Exzerpt:[60] »Den fortschreitenden jungen Gelehrten alle Augenblicke, bei jeder Stufe zu examinieren, hat den meisten Nutzen für die trägen und mechanischen Köpfe, weniger für die wissenschaftlichen. Jeden Fähigen hat die Natur für eine Hauptwissenschaft bestimmt, in welche er unvermerkt die anderen Wissenschaften mit hineinzieht; da aber ein Examen nach der Schnur auf jedes Fach zu sehen hat, so quält sich mancher Lernende, bloß um des Examens willen, mit Dingen, die bei ihm doch nicht haften, und er verdirbt dadurch viel Zeit, die er auf seine Weise besser anwenden könnte.«

Auf die Schulpraxis vermochte Wolf dadurch einzuwirken, dass ihm die Aufsicht über das Joachimsthalsche Gymnasium, eine herausragende Berliner Anstalt, die von ihrem ursprünglichen Standort Joachimsthal bei Eberswalde ihren Namen hatte, übertragen worden war. Die »Consilia scholastica« enthalten den Stundenplan, den er für diese Schule entworfen hat.[61] In den drei oberen, den eigentlichen Gymnasialklassen (nur sie waren den künftigen Studierenden vorbehalten) entfielen auf Latein acht bis neun und auf Griechisch fünf Stunden wöchentlich, und in der Prima kamen noch zwei Stunden Antiquitates Romanae hinzu; das Altertum beanspruchte somit knapp die Hälfte der verfügbaren Unterrichtszeit. Die preußischen Lehrpläne der Folgezeit hatten in dieser Hinsicht kein wesentlich anderes Aussehen. Die acht oder neun Lateinstunden waren nicht nur für die Klassikerlektüre bestimmt; die Vergangenheit wirkte insofern noch nach, als auch der »lateinische Stil«, d. h. vor allem der schriftliche Umgang mit dem Lateinischen, geübt wurde. Den Rest der verfügbaren Unterrichtszeit verteilte der Wolfsche Plan auf Deutsch mit drei, auf Französisch, Mathematik, Geschichte und Geographie mit je zwei sowie auf Religion und die Naturwissenschaften mit je einer Stunde. Eine Besonderheit der beiden oberen Klassen war das Fach Bücherkunde, das offenbar im Raum der Schulbibliothek gelehrt wurde.

d) Die Reformen Wilhelm von Humboldts

Das Schulwesen Europas war vom Christentum, von der Kirche geschaffen, aufrechterhalten und entwickelt worden. Hieran hatte auch die Reformation nicht viel geändert. Zwar traten damals weithin die Städte und in einigen Gebieten auch die Territorialherren an die Stelle der Klöster und Bistümer; dieser Wandel beschränkte sich indes auf die administrative und finanzielle Trägerschaft – die Inhalte und Ziele des Unterrichts blieben hiervon unberührt. Wie an den Universitäten die Theologie nach wie vor die leitende Wissenschaft war und wie sich dort noch stets alle Lehre des Lateinischen bediente, entsprechend blieben auch nach der Kirchenspaltung bei den Katholiken wie bei den Protestanten der Katechismus und die lateinische Grammatik die wichtigsten Instrumente der höheren Schulbildung.

Erst aus der Aufklärung ergab sich die Notwendigkeit radikaler Änderungen. Die Religion verlor an prägender Kraft und musste weithin dem Anspruch auf Selbstbestimmung und irdische Wohlfahrt weichen; das Erlernen des Lateinischen als des allgemeinen akademischen Verständigungsmittels begann unnötig zu werden, da man auch im Universitätsbetrieb zum Gebrauch der modernen Nationalsprachen überging. Die Umstellung auf die neuen Gegebenheiten ging zunächst sehr langsam und punktuell vonstatten. Die Universitäten standen vor der Aufgabe, der autonomen Philosophie als Orientierung gebender Instanz und den aufstrebenden Naturwissenschaften Raum zu geben; die höheren Schulen mussten bestrebt sein, ihr bisheriges Curriculum, insbesondere den Lateindrill, durch ein inhaltlich wie formal taugliches Programm der Allgemeinbildung zu ersetzen. Die führenden Geister nahmen dies wahr, und so entstanden im Laufe des 18. Jahrhunderts erste Pflanzstätten des Neuen: die Universitäten von Halle und Göttingen, reformierte Gymnasien wie die Leipziger Thomasschule oder das Pädagogium zu Ilfeld.

Die Institutionen jedoch, an denen sich nichts regte, die in zäher Routine am Überkommenen festhielten, verloren notwendigerweise immer stärker den Anschluss an ihre Zeit; ihr Niveau sank und verkam zu steriler Repetition des nicht mehr Gefragten.[62] In diesem Zustand befand sich auch der größte Teil der Universitäten. Das alte Reich besaß deren schließlich nicht weniger als zweiundvierzig von meist geringen Ausmaßen; anderthalb Dutzend Professoren pflegten etwa dreihundert Studenten auf ihren Beruf vorzubereiten. Die Naturwissenschaften hatten dort im Allgemeinen noch nicht Eingang gefunden; den Landesfürsten war hauptsächlich an einer von ihnen beaufsichtigten Ausbildung ihrer künftigen Pfarrer und Beamten gelegen. So ist es nicht verwunderlich, dass die turbulenten äußeren Ereignisse des beginnenden 19. Jahrhunderts, der Untergang des alten Reiches, die Säkularisation und die napoleonischen Kriege ein großes Sterben unter den Universitäten verursachten. Um die Zeit des Wiener Kongresses hatte etwa die Hälfte von ihnen aufgehört zu existieren.

Die Reform der höheren Schulen ließ sich nicht durch die Reduktion ihrer Zahl erleichtern. Der Tatsache, dass nicht jede Anstalt auf das Universitätsstudium vorbereiten können musste, stand ein erheblicher Bedarf an Bürger- oder Realschulen gegenüber. Es galt daher, das bestehende Netz von Lateinschulen den veränderten Verhältnissen anzupassen, sie teils für den Zugang zum Universitätsstudium, zu den akademischen Berufen auszurüsten und teils in Realschulen zu verwandeln. Dass dieser Prozess längst eingesetzt hatte und insbesondere die Philanthropinisten ihm förderlich waren, wurde bereits dargestellt.[63] Von Staats wegen griff zunächst nur Preußen ein: Wie ebenfalls schon erwähnt,[64] trug das unter Zedlitz eingeführte Abitur dazu bei, dass sich die Gelehrtenschulen (mit Abiturberechtigung) von den Bürgerschulen abzusondern begannen. Zu Anfang des 19. Jahrhunderts waren wohl vor allem die Anstalten in den größeren Städten, die Gelehrtenschulen, auf dem Wege, sich im Sinne des Neuhumanismus umzustellen und sich hierdurch als Vorbereitungsstätten für das Studium zu qualifizieren. Das Gros der kleinen Lateinschulen hingegen hielt noch hartnäckig an der Form fest, die das Zeitalter der Reformation geschaffen hatte.

In diesem Zustand befanden sich, auf gröbste Formeln gebracht, die Bildungseinrichtungen, als Deutschland von den napoleonischen Kriegen heimgesucht wurde, wobei der Norden, zumal Preußen, auf dem Wege zu einem staatlichen, nach zeitgemäßen Prinzipien eingerichteten Schulwesen etwas weiter fortgeschritten war als der Süden. Von Preußen ist denn auch die weitere Entwicklung in der Hauptsache ausgegangen – als Reaktion auf die Niederlage von Jena und Auerstedt und deren Folgen, auf einen als Katastrophe erlebten schweren Unfall, für den man nicht nur militärische, sondern auch politisch-moralische Ursachen verantwortlich machte.

Der Reformeifer, der sich nunmehr, wie des Staates im Ganzen, so auch der Bildungseinrichtungen annahm, löste geradezu vehement eine etwa zwanzigjährige Periode der Stagnation ab. Der liberale Zedlitz war 1788 durch den bigotten von Wöllner und dieser ein Dezennium darauf durch den ineffizienten von Massow abgelöst worden. Während der Erstgenannte mit Hilfe seines Religionsediktes das Rad der Geschichte in die gegenaufklärerische Richtung zurückzudrehen suchte, kam der Plan des Letzteren, ein »Allgemeines Schul- und Erziehungsreglement« einzuführen, über erste Entwürfe nicht hinaus.

Es war die trübe Zeit, in der der fünfundzwanzigjährige Wilhelm von Humboldt seine »Ideen zu einem Versuch, die Gränzen der Wirksamkeit des Staates zu bestimmen« zu Papier brachte (1792) – ein Werk, das nicht nur längst bekannte liberale Positionen der westeuropäischen Aufklärung einschärfte, sondern auch mit der These, der Endzweck des Menschen sei »die höchste und proportionierlichste Bildung seiner Kräfte zu einem Ganzen«, die idealistisch-neuhumanistische Anthropologie bündig charakterisierte.[65] Es war auch die Zeit, in der das Preußische Allgemeine Landrecht in Kraft trat; in dieser noch von Friedrich dem Großen angeordneten Kodifikation nahezu aller Rechtsgebiete verlautet zu Beginn des Titels 2,12 lapidar: »Schulen und Universitäten sind Veranstaltungen des Staates, welche den Unterricht in nützlichen Kenntnissen und Wissenschaften zur Absicht haben.« Das persönliche Bekenntnis zur Freiheit des Individuums einerseits und der damals von der Wirklichkeit meilenweit entfernte Grundsatz andererseits, dass das Bildungswesen nicht der Kirche oder partikularen Instanzen, sondern einzig dem Staate zukomme: in diesem Rahmen oder besser zwischen diesen beiden Polen hat sich wenige Jahre später Humboldts Tätigkeit als Chef der Sektion für Kultus und Unterricht entfaltet.

König Friedrich Wilhelm III. verkündete nach dem Tilsiter Frieden, der Staat müsse durch geistige Kräfte ersetzen, was er an physischen verloren habe.[66] Preußens führende politische Köpfe machten sich diese Devise zu Eigen und gaben ihr einen radikalen Sinn: das ererbte ständische System habe sich überlebt; der hergebrachte Staat der Untertanen sei umzuwandeln in einen Staat der Bürger. Diese Metamorphose sollte durchaus nicht nur durch gesetzgeberische Maßnahmen bewerkstelligt werden. Man deutete die Verhältnisse, die die gegenwärtige Misere verursacht hatten, nicht nur als Folge einer erneuerungsbedürftigen Gesellschaftsstruktur, man führte sie vielmehr auch auf die sittliche Einstellung jedes Einzelnen zurück. Die viel gepriesenen Errungenschaften der Vulgär-Aufklärung, das Nützlichkeitsdenken und das Glücksstreben, wurden von vielen für Egoismus und Vergnügungssucht gehalten, insbesondere vom Freiherrn vom Stein, von der wichtigsten Triebkraft der preußischen Reformen. Man folgerte aus alledem, dass das verbreitete bisherige Bildungsziel der Brauchbarkeit in der Gesellschaft unzureichend sei; man verlangte nach einer Erziehung des Menschen schlechthin – zur Freiheit, zur Selbstbestimmung und nicht zu einer durch Stand und Besitz vorgezeichneten Position.

Eine über enges Zweckdenken erhabene, an absoluten Werten sich orientierende Gesinnung sollte die Menschen aus drückenden Bindungen und zuallererst von der napoleonischen Herrschaft befreien. So erklärt sich, dass die preußischen Reformen eine neue, diesen Zielen gemäße Bildung forderten. Stein schrieb dem Staat keinen geringeren Zweck zu als die »religiös-moralische, intellektuelle und politische Vollkommenheit«, und hierzu bedürfe es einer »gleichmäßigen Nationalbildung«.[67] Zwei weitere maßgebliche Politiker, von Hardenberg, ab 1810 Nachfolger Steins, sowie vom Altenstein maßen der Erziehung keinen geringeren Wert bei. Nicht Nützlichkeitsstreben, meinten sie, sondern die Entfaltung der sittlichen Kräfte ermögliche es dem Staat, seiner vornehmsten Aufgabe zu genügen. Für Altenstein fallen in einem auf ideellen Grundlagen ruhenden Gemeinwesen die erfüllte Existenz des Einzelnen und die des Ganzen zusammen:[68] »Im Innern des Staates, der die höhere Idee als Prinzip ergreift, wird eine neue Verfassung sich bilden. Der Individuen Kräfte werden für den Staat in höchsten Anspruch genommen werden, aber nicht als Werkzeug anderer Individuen, sondern um sich auch für sich die höchste Freiheit, den freiesten Gebrauch dieser Kräfte zur Erlangung der höchsten Güter zu verschaffen.«

Wie diese und ähnliche Äußerungen zeigen, rückten die politischen Reformer in die Nähe der idealistischen Philosophie und zugleich – was für die Geschicke des Gymnasiums von größerem Gewicht war – in die Nähe des Neuhumanismus. Sie knüpften offensichtlich an die Zeitkritik, an das generelle Unbehagen an, das sich hier wie dort vieler nachdenklicher Köpfe bemächtigt hatte. Die äußere Katastrophe und ihre Folge, die peinigende napoleonische Fremdherrschaft, verliehen dieser Stimmung einen höchst konkreten Grund. Der kurz angepflockte Egoismus, der in dem bisherigen ständischen System geradezu zum Programm erhoben worden war, hatte das Land ins Verderben geführt. Die Zeitkritik der Intellektuellen, zumal der Weimarer, erhielt durch die preußischen Reformer einen neuen Sinn, eine neue Stoßkraft. Was im Munde Schillers und vieler anderer individualistisch und ästhetizistisch geklungen hatte, das Plädoyer für die dem Fluch der Spezialisierung sich entgegenstemmende Persönlichkeit,[69] gewann bei ihnen eine politische Dimension hinzu und erschien nunmehr als Gebot der das Staatswohl im Ganzen bedenkenden Vernunft.

Man rechnete, da man den raschen Zusammenbruch des napoleonischen Systems nicht voraussehen konnte, mit großen Zeiträumen, und so erblickte man in der Erziehung eines der wichtigsten Mittel der Besserung. Hier aber musste man, um dieses Mittel verwenden zu können, zunächst das Schulwesen in die Hand bekommen, man musste auf Kosten der bisher maßgeblichen partikularen Instanzen eine Einheitlichkeit stiftende staatliche Unterrichtsverwaltung aufbauen. Was die Inhalte betraf, so kam für die höhere Bildung, da sich ja die standes- und berufsbezogenen Programme als engstirnig und den Egoismus fördernd erwiesen hatten, lediglich der Neuhumanismus in Betracht. Die dort maßgeblichen Pädagogen, von ähnlicher Gesinnung erfüllt wie die Reformer des Staates, schienen mit dem Studium des Altertums ein vorzügliches Mittel für die erwünschte intellektuelle und moralische Erneuerung bereit zu halten. So kam es in den Jahren nach Jena und Auerstedt in Preußen zu einem durchaus ungewöhnlichen Bündnis von Politikern und Altphilologen.

Dieses Bündnis, diese Gemeinsamkeit des Handelns war lange Zeit aufs Engste mit dem Namen Wilhelm von Humboldts verknüpft. Ihm zuallererst wurde die preußische Erneuerung aus dem Geiste zugeschrieben, die nicht nur dem Gymnasium, sondern auch der Universität in ganz Deutschland, ja in Europa zur Mustergültigkeit verholfen habe. Neuerdings ist hier eine gewisse Ernüchterung eingetreten. Man erkannte, dass vieles von dem, was andere geleistet hatten, dem Konto Humboldts gutgeschrieben worden war, und man begann, abschätzig von einem »Mythos Humboldt« zu sprechen.[70] Hiermit übertreibt man wohl nach der anderen Seite hin. Gewiss trifft es zu, dass ein gut Teil der Programmatik, die Humboldt in seinen Schriften niedergelegt und in seinem Handeln zu verwirklichen gesucht hat, bereits vor ihm entwickelt worden war, dass mancher Gleichgesinnte neben ihm stand und dass vieles von dem, was er nur auf den Weg bringen konnte, erst nach ihm ernstlich in die Tat umgesetzt wurde. Ebenso wenig aber lässt sich bezweifeln, dass er der souveräne Geist war, der die vielfältigen nebeneinander herlaufenden Fäden seiner Zeit zu einem Ganzen zu verknüpfen verstand: in der Weise, dass er im Einklang mit den Politikern, den Gelehrten und den Dichtern – zu allen diesen unterhielt er lebhafte Beziehungen wie kaum ein anderer – die grundlegenden Maßnahmen traf, die das deutsche Bildungswesen für nahezu ein Jahrhundert prägen sollten.

Wenn seine amtlichen Schriften, die Berichte, Gutachten und Entwürfe seiner kultusministeriellen Tätigkeit, erst viel später durch Drucke allgemein zugänglich gemacht wurden, sodass die darin enthaltenen Ideen und Pläne keine Wirkung in die Breite entfalten konnten, so wird dieser Umstand doch wohl weithin dadurch kompensiert, dass die kleine Gruppe der Maßgeblichen permanent in lebhaftem Gedankenaustausch gestanden hat. Als Beispiel sei Humboldts Korrespondenz mit Wolf genannt. Dieser zitiert daraus in seiner »Darstellung der Alterthumswissenschaft« – mit dem Bemerken, dass er viel aus den mündlichen und schriftlichen Unterredungen seines Freundes gelernt habe.[71] Dieses Bekenntnis widerlegt die These, dass die neuhumanistische Diskussion von Humboldt keine Impulse erhalten habe.[72] Er wird hier nicht zuletzt deshalb als die Schlüsselfigur der preußischen Bildungsreform gewürdigt, weil sich sein schriftlicher Nachlass wie kein anderer dazu eignet, die Gedankenwelt zu exemplifizieren, aus der diese Reform, zumal ihre wichtigste Schöpfung, das humanistische Gymnasium, hervorgegangen ist.

Wilhelm von Humboldt (1767–1835) hatte Campe zum Lehrer gehabt und bei Heyne in Göttingen studiert;[73] er war im Geiste der Aufklärung erzogen worden und entwickelte sich zu einem der überzeugtesten Anhänger der klassischen deutschen Bildungsidee. Die Leitsätze des sich konstituierenden Neuhumanismus übten auf ihn, den Freund Goethes, Schillers und Wolfs, eine starke Faszination aus; er wurde zu einem maßgeblichen Theoretiker der Reformen im Schul- und Universitätswesen, wie er und andere sie nach Maßgabe einer idealistischen Anthropologie und Pädagogik vollzogen.

Schon eine frühe Frucht seiner der staatsmännischen Tätigkeit vorausgehenden, der Selbstbildung geweihten Mußezeit, die Skizze »Über das Studium des Alterthums, und des griechischen insbesondere« vom Jahre 1793,[74] bekennt sich zu jenen klassizistischen Glaubenssätzen, auf denen das Bildungswesen des 19. Jahrhunderts beruhte: zu den Dogmen von der Originalität der griechischen Kultur, von der organischen Entfaltung der griechischen Volksindividualität und von der Idealität des griechischen Charakters. Sie folgert hieraus ganz im Sinne der neuhumanistischen Lehre, dass das Studium der Griechen das Studium aller übrigen Völker, ja der Menschheit schlechthin zu repräsentieren vermöge. Demgemäß »musste«, schreibt Friedrich Schaffstein in seiner Humboldt-Biographie,[75] »die Beschäftigung mit dem griechischen Altertum einem für die Probleme seiner Zeit aufgeschlossenen jungen Menschen nicht als abseitige Gelehrsamkeit, sondern als eines der dringendsten Anliegen des Tages erscheinen. Sie war Teil jenes Ringens um die Neuformung und Höherentwicklung der Menschheit, an deren Möglichkeit die Generationen von Rousseau bis Schiller mit dem ihnen eigenen Optimismus glaubten. Von hier empfing sie die verhaltene Leidenschaft, die nicht nur Winckelmanns und seiner Zeitgenossen, sondern auch noch Humboldts Humanismus kennzeichnet.«

Sosehr nun der vermögende Aristokrat Humboldt dazu neigte, an der Beobachtung der Menschenwelt und seiner selbst und am genießenden Aufnehmen mannigfaltigster Eindrücke Genüge zu finden, so wenig war er darauf aus, für immer in einer Existenzform nach Art der aristotelischen Vita contemplativa zu verharren. Sein Bemühen um Selbstbildung war weltbezogen; es sollte sich an der Welt bewähren und durch sie steigern, und so gierte er geradezu nach einer großen, seinen Fähigkeiten gemäßen Aufgabe. Er hatte zunächst gehofft, die ersehnten Leistungen auf literarischem Felde, durch ästhetisch-kritische oder philosophische Schriften oder gar durch Dichtungen erbringen zu können. Auf diesen für seine Begabung wenig geeigneten Weg hatte ihn vor allem die Zeit in Jena, die Nähe des produktiven Genies Schiller gelockt. Das ständige Scheitern, die immer wieder in den Anfängen stecken bleibenden Versuche nötigten ihm schließlich das Geständnis ab:[76] »Es ist mir oft, als hätte mir die Natur nur Auge, das Hohe zu sehen, und Sinn, das Tiefe zu fühlen, gegeben, aber Flügel und Sprache versagt. Ich möchte etwas gemacht haben, in dem ich mich selbst eigentlich achten könnte, eine Reihe von Ideen entwickelt haben, durch welche die innere Ansicht der Menschheit weiterrückte.«

Dass Humboldt zu bildungspolitischer Tätigkeit und danach zur Sprachphilosophie berufen war, stellte sich erst später heraus: Erst die Zeit ab 1809 (er war damals einundvierizig Jahre alt) hat ihn zu dem gemacht, als der er in die Geschichte eingegangen ist. Zur Reform des preußischen Unterrichtswesens aus idealistisch-neuhumanistischem Geist gaben die äußeren Umstände den Anstoß. Humboldt befand sich, als die Niederlage von Jena und Auerstedt dem alten preußischen Obrigkeitsstaat den Untergang bereitete, als preußischer Resident in Rom, auf einem ebenso behaglichen wie unbedeutenden Posten. Er wünschte seine Abberufung, da er in Rom nichts für das bedrängte Vaterland tun könne; doch als seiner Bitte endlich im Spätherbst 1808 entsprochen und ihm die Leitung der Sektion für Kultus und Unterricht angeboten wurde (es war dies die soeben eingerichtete Nachfolgebehörde des Oberschulkollegiums[77]), fand er sich erst nach langem Zaudern zur Annahme bereit – seine Ernennung erfolgte am 10. Februar 1809. Wem er es zu verdanken hatte, dass man ihn für diese Stellung ausersah, ist unbekannt.

Seine Amtszeit sollte nur knapp anderthalb Jahre dauern; er trat zurück, weil er sich mit der dem Innenminister unterstellten Position eines Sektionschefs nicht mehr zufrieden geben konnte. Umso erstaunlicher ist es, dass er in dieser kurzen Frist dem Schulwesen Impulse zu geben vermochte, die sich für das ganze 19. Jahrhundert und darüber hinaus als fruchtbar erweisen sollten. Seine Mitarbeiter, der Abteilungsdirektor Nicolovius und der Staatsrat Süvern, setzten nach seinem Abgang das Begonnene in seinem Sinne fort, und vor allem: Der Zeitgeist stimmte mit den seine Reformen leitenden Ideen überein. Sein Werk war Teil des hauptsächlich von Stein und Hardenberg geförderten inneren Umbaus Preußens – der Teil, der sich mit besonders triftigen Gründen auf die bereits erwähnte Devise König Friedrich Wilhelms III. berufen konnte, dass es gelte, durch geistige Kräfte zu ersetzen, was man an physischen eingebüßt habe.

Die Leitgedanken der Stein-Hardenbergschen Reformen – die vereinheitlichende und zentralisierende Reorganisation der Verwaltung, die Beseitigung ständischer Schranken sowie, in den Städten, die Beteiligung der Bürger am Staat – haben auch bei der Humboldtschen Erneuerung des Unterrichtswesens Pate gestanden; sie hatte das Ziel, in straffer Lenkung im Bereich der Bildung analoge Prinzipien durchzusetzen. Humboldt drang auf allgemein zugängliche Lehranstalten, klassifiziert nach den drei Stufen Elementarschule, Gymnasium und Universität. Hierbei musste er gegen eine Fülle von Patronatsrechten des alten Privilegienstaates vorgehen, gegen die Rechte von Grundherren, kirchlichen Instanzen und städtischen Behörden, Einfluss auf die Besetzung von Lehrer- und Direktorstellen zu nehmen; diesem Zwecke diente ein Edikt des Jahres 1810, das die Ausübung des Lehramts an höheren Schulen vom Bestehen eines staatlichen Examens abhängig machte.

Die Faustregel des dreigestuften allgemeinen Schulwesens, wie sie Humboldt in zwei Entwürfen vom Herbst 1809, im »Königsberger« und im »Litauischen Schulplan«, aufgestellt hat,[78] schloss ein, dass die überkommenen Standes- und Berufsschulen zurückgedrängt oder jedenfalls vernachlässigt wurden. Humboldt äußerte sich hierzu wie folgt:[79] »Alle Schulen …, deren sich nicht ein einzelner Stand, sondern die ganze Nation oder der Staat für diese annimmt, müssen nur allgemeine Menschenbildung bezwecken. Was das Bedürfnis des Lebens oder eines einzelnen seiner Gewerbe erheischt, muss abgesondert und nach vollendetem allgemeinen Unterricht erworben werden. Wird beides vermischt, so wird die Bildung unrein, und man erhält weder vollständige Menschen noch vollständige Bürger einzelner Klassen.« Humboldt meinte somit, dass denjenigen Schultypen kein Platz im öffentlichen Bildungswesen gebühre, die eine Absonderung innerhalb der Nation, sei sie von ständischer oder beruflicher Art, zu verschärfen geeignet waren. Dieses Verdikt traf einerseits die Ritterakademien und die der Erziehung des Offiziersnachwuchses dienenden Kadettenhäuser (hier war

Humboldt wenig erfolgreich) und andererseits die mancherorts existierenden, zwischen Volksschule und Gymnasium stehenden Real- oder Bürgerschulen. Nicht hingegen sollten hiervon reine Spezialschulen getroffen werden, deren Besuch auf den allgemeinbildenden Unterricht folgen konnte; Humboldt nennt als Beispiele Ackerbau-, Handels- und Steuermannsschulen.[80] Die Maxime, dass den staatlichen Schulen im Wesentlichen die Vermittlung des Grund- und Allgemeinwissens obliege, wendet sich also gegen Einrichtungen, die bestimmten Ständen vorbehalten waren, und gegen die ›bürgerlichen‹ Anstalten, weil man dort das Allgemeine mit Berufsspezifischem verquickt hatte.

Humboldts Idee eines dreigestuften allgemeinen Schulwesens zielte nicht auf gleiche Bildung für alle; nicht von ungefähr hat er in der zitierten Partie aus dem »Litauischen Schulplan« den zweiten Bildungszweck, »vollständige Bürger«, mit dem Zusatz versehen: »einzelner Klassen«. Hiermit waren zweifellos nicht die Stände der überlieferten Gesellschaftsordnung, sondern durch je verschiedene Leistungen ausgewiesene Gruppen gemeint. Die Stufen des Humboldtschen Systems waren so eingerichtet, dass sie jeweils zwei Zielen zugleich zu dienen vermochten. Sie sollten einerseits die für die nächsthöhere Stufe erforderlichen allgemeinen Kenntnisse und Fertigkeiten vermitteln und andererseits den Zugang zu verschiedenen Formen des praktischen, des Erwerbslebens eröffnen. Jeder, der eine Stufe mit Erfolg absolviert hatte, stand also nunmehr vor der Alternative, entweder in die nächsthöhere Stufe des allgemeinen Schulwesens einzutreten oder sich auf das Erwerbsleben vorzubereiten.

Wie überall, so war Humboldt auch bei der Elementarschule darauf bedacht, dem Besten, was seine Zeit anzubieten hatte, Eingang zu verschaffen: Er führte dort die Lehrmethoden des schweizerischen Pädagogen Johann Heinrich Pestalozzi (1746–1827) ein, da sie mit seinen eigenen Grundüberzeugungen von wahrer Wissensübermittlung übereinstimmten. Ein Prinzip der Pestalozzischen Erziehungslehre wurde von ihm auf die Formel gebracht,[81] dass aus dem Unterricht »alles nur irgend Mechanische entfernt werden« solle – »und es ist also der Hauptgrundsatz der ganzen Methode, dass das Kind immer das volle und deutliche Bewusstsein haben muss, was es in jedem Augenblick hört, sagt und tut, und warum so und nicht anders gehandelt wird«. Die wichtigsten Gegenstände des Elementarunterrichts waren wie eh und je Lesen, Schreiben und Rechnen. Diese Techniken sollten indes, wie Humboldt hervorhebt, ohne Rücksicht auf die »Art des Bezeichneten« vermittelt werden: mit Beschränkung auf die Muttersprache, dort aber allgemein und ohne Bevorzugung bestimmter, z. B. religiöser oder berufsspezifischer Verwendungsweisen. Wenn Humboldt darüber hinaus einige Beschäftigung mit dem »Bezeichneten«, mit Geographie, Geschichte und anderem, guthieß,[82] dann wollte er hiermit vor allem diejenigen gefördert wissen, die aus der Elementarschule unmittelbar in das Berufsleben übergehen würden.

Die nachhaltigsten Wirkungen hat Humboldt bei der nächsthöheren Stufe seiner Trias der Lehranstalten, beim Gymnasium hinterlassen. Er gilt geradezu als der Schöpfer von dessen klassischer, durch den Neuhumanismus geprägter Form. Dieses Urteil besteht insoweit zu Recht, als er auch hier die leitenden Ideen beigesteuert hat. Wenn man der von ihm auf den Weg gebrachten Schulform vorzuwerfen pflegt, dass sie sich allzu einseitig der alten Sprachen angenommen habe, dann argumentiert man an seinen Absichten vorbei. Es kam ihm wie bei der Elementarschule darauf an, dass nach Möglichkeit nur Allgemeines gelehrt wurde, d. h. das Gymnasium sollte zur Hochschulreife führen, ohne dass es die Studiengänge der Universität vorwegnahm. Diesem Zweck diente die Konzentration auf drei Bereiche: auf die Mathematik, die alten Sprachen und die Geschichte.[83] Der Schüler sollte sich mit diesen Gegenständen sowohl ein Grundwissen aneignen als auch das Lernen selbst erlernen, sodass er an der Universität imstande sei, sich aus eigenem Antrieb um den Erwerb der für seinen künftigen Beruf nötigen Kenntnisse zu bemühen. Humboldt gab in seiner fragmentarischen Denkschrift »Über die innere und äußere Organisation der höheren wissenschaftlichen Anstalten in Berlin«[84] zu den Aufgaben von Gymnasium und Universität die Direktive, der Staat müsse seine Schulen so einrichten, »dass sie den höheren wissenschaftlichen Anstalten gehörig in die Hände arbeiten. Dies beruht vorzüglich auf einer richtigen Einsicht ihres Verhältnisses zu denselben und der ... Überzeugung, dass sie nicht als Schulen berufen sind, schon den Unterricht der Universitäten zu antizipieren, noch die Universitäten ein bloßes, übrigens gleichartiges Komplement zu ihnen, nur eine höhere Schulklasse sind.«[85] Der Übertritt von der Schule zur Universität sei ein Abschnitt im jugendlichen Leben; der Zögling müsse darauf so vorbereitet sein, dass er physisch, sittlich und intellektuell der Freiheit und Selbsttätigkeit überlassen werden könne.

Humboldt war es also darum zu tun, dass der gymnasiale Unterricht in allen Fächern allgemeinbildend, nicht berufsspezifisch sei.[86] So sollte es im Mathematikunterricht nicht auf die Anwendungsmöglichkeiten, wie sie sich etwa durch eingekleidete Aufgaben zeigen lassen, sondern auf die mathematischen Operationen an sich ankommen. Den alten Sprachen wiederum wies Humboldt in seinen offiziellen Verlautbarungen die Rolle zu, den Schüler zu befähigen, »sich in jede gegebene Sprache, nach seiner allgemeinen Kenntnis vom Sprachbau überhaupt, leicht und schnell hineinzustudieren«.[87] Er hob also auch auf diesem Felde – durch das Postulat des Erwerbs von Grundbegriffen der Grammatik – die formale Seite des Stoffes hervor und schwieg über die inhaltliche. Es wäre aber wohl voreilig, hieraus zu schließen, dass er seine auf das Griechen-Ideal sich gründende Anthropologie für eine private Angelegenheit gehalten hätte, der es nicht zukam, Gegenstand der allgemeinbildenden öffentlichen Schulen zu sein. Eher wird er angenommen haben, dass sich die prägende Kraft der Inhalte von selbst einstellen müsse und dass es daher unnötig sei, sie zu einem behördlich angeordneten Ziel des Unterrichts zu erklären.

So viel zu den Grundsätzen und Zielvorstellungen, von denen Humboldt und seine Helfer sich bei ihrem Umbau des preußischen Bildungswesens leiten ließen. Die Maßnahmen, die sie trafen, galten vor allem zwei miteinander zusammenhängenden Bereichen: der Unterrichtsverwaltung und dem Prüfungswesen. In dem einen Falle ging es darum, nach einheitlichen Regeln verfahrende Behörden durchzusetzen, in dem anderen, auf dem Wege der Leistungskontrolle sowohl für gute Lehrer als auch für taugliche Studienanfänger zu sorgen. Diese Bereiche hingen insofern miteinander zusammen, als die Examensordnungen ein wichtiges Instrument der Unterrichtsverwaltung waren, auf die Qualität der Schulen einzuwirken.

Humboldt war bestrebt, die Zuständigkeit seiner Sektion nach zwei Seiten hin zu erweitern: gegenüber den städtischen und sonstigen Instanzen, die Sonderrechte beanspruchten, sowie innerhalb der Staatsverwaltung. Dass der Versuch, die den künftigen Offizieren vorbehaltenen Kadettenhäuser abzuschaffen, großenteils am Widerstand der konservativen Kräfte scheiterte, wurde bereits erwähnt.[88] Ein besserer Erfolg war dem Vorstoß in die städtischen Schulverhältnisse beschieden. Hier gelang es der Sektion, staatliche Einwirkungsmöglichkeiten auf die Stellenbesetzung in Gelehrtenschulen zu schaffen. Die Kommunen mussten sich von nun an in Fällen dieser Art und auch bei Beförderungen mit der zuständigen Schuldeputation der Regierung (der Provinzialverwaltung) verständigen. Außerdem nahm der Staat indirekt Einfluss auf die örtliche Schulaufsicht. Es wurden städtische Schuldeputationen oder Schulkollegien (heute würde man sagen: Schulausschüsse) eingerichtet, zu deren Mitgliedern stets auch der Direktor der betreffenden Gelehrtenschule zählte.

Eine neue Einrichtung von geringer Dauer war die so genannte wissenschaftliche Deputation, ein der Sektion beigeordneter Ausschuss. Sie sollte – so Steins Gedanke, der sie für alle oberen Verwaltungsbehörden vorsah – den in der Nation vorhandenen Sachverstand für die Regierung nutzbar machen. Humboldt wies der wissenschaftlichen Deputation seiner Sektion alle diejenigen Arbeiten zu, die viel Zeit und Mühe zu beanspruchen pflegen, die Begutachtung von Prüfungsordnungen, von Lehrplänen u.a. Er hätte gerne Wolf mit der Leitung der Deputation betraut; da dieser jedoch ablehnte, wurde Schleiermacher berufen. Die Einrichtung, die zwischen Staat und Nation, zwischen der Verwaltung und der Gesellschaft vermitteln und geradezu die Reform in Permanenz verbürgen sollte, vermochte in dem bald zur Restauration hin umschlagenden Klima nicht zu gedeihen; ihr blieb nach siebenjährigem Bestehen als einzige Aufgabe die Prüfung von Lehramtskandidaten.

Im Gegensatz zur wissenschaftlichen Deputation erlangte das Lehramtsexamen (Examen pro facultate docendi), das durch ein Edikt des Jahres 1810 eingeführt wurde, fundamentale Bedeutung für die weitere Entwicklung des Schulwesens. Es schuf – von Rechts wegen, denn faktisch war die Trennung von der Theologie seit längerem weithin vollzogen – den Stand des Gymnasiallehrers (nach späterer Terminologie: des Studienrats) und wirkte sich mittelbar auch auf die Konsolidierung des Schultyps ›Gymnasium‹ aus. Die Prüfung war ›allgemein‹ in dem Sinne, dass sich ihr jeder unterziehen musste, der an einer auf die Universität oder auf die Oberklassen des Gymnasiums vorbereitenden Schule lehren wollte, kurz, sie diente als obligatorische Schranke für das Lehramt an Gymnasien und gehobenen Mittelschulen. Die von der öffentlichen Hand unterhaltenen höheren Lehranstalten wurden durch dieses Reglement definitiv verweltlicht. Die Theologie zählte zunächst überhaupt nicht und später nur nebenbei zu den Prüfungsfächern. Die Kandidaten hatten sich vielmehr in den drei Bereichen als kundig zu erweisen, denen Humboldt in besonderem Maße allgemeinbildende Qualitäten zuschrieb, in den alten Sprachen, in Geschichte und in Mathematik.

Die Prüfungsordnung für das Abitur, die das Oberschulkollegium im Jahre 1788 erstellt hatte, wurde für unzulänglich befunden, da sie nicht streng genug die zum Studium nicht oder noch nicht Fähigen ausschloss. Daher gab noch Humboldt bei der wissenschaftlichen Deputation eine neue Fassung in Auftrag, die 1812 in Kraft trat. Auch sie machte die Zulassung zum Studium noch nicht von einem bestimmten Erfolg abhängig; immerhin wurde die Prüfung nunmehr für jeden, der die Universität zu besuchen gedachte, obligatorisch. Das Zeugnis bescheinigte dem Inhaber, dass er »unbedingt tüchtig« oder »bedingt tüchtig« oder »untüchtig« sei; man darf annehmen, dass die zuletzt genannte Note manchen davon abgehalten hat, das Risiko eines Studiums einzugehen. Gleichwohl erwies sich auch diese Regelung als nicht durchgreifend genug. Eine neue Ordnung des Jahres 1834 zog endlich die Konsequenzen, indem sie die Immatrikulation an das Bestehen der Prüfung band.[89] Hinsichtlich der Anforderungen war bereits das Reglement von 1812 recht anspruchsvoll: Es wurden schriftliche Arbeiten in Deutsch, Lateinisch, Französisch und Mathematik sowie eine Übersetzung aus dem Griechischen und ins Griechische verlangt; mündliche Leistungen hatte der Prüfling in allen Sprachen, die gelehrt wurden, sowie in Geschichte, Geographie, Mathematik und Naturlehre zu erbringen.

Eines zog das andere nach sich: Gleiche Anforderungen an das Abitur setzten voraus, dass die damit abschließenden Schulen im Kanon ihrer Fächer und in deren Proportionen weithin übereinstimmten und dass dort auch innerhalb der Fächer ähnliche Leistungen verlangt wurden. Es war somit eine einheitliche Unterrichtsverfassung mit hinlänglich genauen Lehrplänen vonnöten. Der Entwurf einer solchen Verfassung, von Humboldt bei der wissenschaftlichen Deputation in Auftrag gegeben und von der Sektion redigiert, erlangte zwar nicht die Rechtskraft einer Verordnung, doch immerhin wurde er im Jahre 1816 den Mittelinstanzen, den Schulbehörden der Provinzen, als Richtschnur für die Unterrichtsverfassung empfohlen. Es liegt auf der Hand, dass er auch in dieser milden Form der Verbindlichkeit stark vereinheitlichend gewirkt hat.

Der Entwurf, der auf einem Elementarschulbesuch von drei Jahren aufbaute, enthielt einen zehnjährigen Gymnasialkurs; dieser war in sechs von unten nach oben, von Sexta bis Prima gezählte Klassen gegliedert, wobei auf die drei unteren Klassen je ein Jahr, auf die Tertia und Secunda je zwei und auf die Prima drei Jahre entfielen. Angestrebt wurde, dass jeweils ein Jahrgang eine Klasse bildete; die Versetzung war allerdings nur den Schülern zuzubilligen, die ihr Pensum erfüllt hatten. Der Fächerkanon umfasste die »drei klassischen Stammsprachen Europas«, wovon das Hebräische freiwillig war, sowie Deutsch, Geschichte, Geographie, Mathematik, Naturwissenschaften, Religion und Zeichnen. Das Französische sowie andere moderne Sprachen waren eigenartigerweise nur als fakultativer Zusatz vorgesehen. An den beiden freien Nachmittagen, mittwochs und samstags, fand Singen und Turnen statt. Der Plan des Jahres 1816 verteilte die genannten Fächer mit folgenden Stundenzahlen auf die Klassen:[90]

	Sexta (1 Jahr)	Quinta (1Jahr)	Quarta (1 Jahr)	Tertia (2 Jahre)	Secunda (2 Jahre)	Prima (3 Jahre)
Latein	6	6	8	8	8	8
Griechisch	–	–	5	5	7	7
Hebräisch	–	–	–	–	(2)	(2)
Deutsch	6	6	4	4	4	4
Geschichte und Geographie	3	3	3	3	3	3
Mathematik	6	6	6	6	6	6
Naturwissen-schaften	2	2	2	2	2	2
Religion	2	2	2	2	2	2
Zeichnen	3	3	2	2	–	–
	28	28	32	32	32 (34)	32 (34)

Das Lateinische vermochte hiernach, wenn auch gegenüber früheren Zeiten reduziert, seine beherrschende Stellung zu behaupten, doch war ihm, der neuhumanistischen Programmatik gemäß, das Griechische während der zweiten Hälfte des Gymnasialkurses nahezu ebenbürtig. Als weitere Hauptfächer ragen Mathematik und Deutsch heraus. Wenn man diesen Befund mit den von Humboldt für besonders allgemeinbildend erklärten Bereichen vergleicht, dann könnte man sich allenfalls wundern, dass sich das Doppelfach Geschichte/Geographie durchweg mit drei Wochenstunden begnügen musste.

Die Anforderungen in den alten Sprachen waren, entsprechend der Prüfungsordnung für das Abitur, überaus hoch. Die Lektürelisten nannten nur antike Autoren, bis hin zu den schwierigsten, wie den Tragikern im Griechischen und Tacitus im Lateinischen. Der Primaner musste in der Lage sein, Cicero und selbst Horaz ohne Vorbereitung zu »lesen«, d.h. zu verstehen und zu übersetzen; im Griechischen war dieselbe Leistung für die attischen Prosaiker und für Homer zu erbringen. Auch Reste des Programms der alten Lateinschule suchte man noch zu bewahren: Zu den Unterrichtszielen gehörte auch die Fähigkeit, sich schriftlich oder mündlich über angemessene Gegenstände in lateinischer Sprache zu äußern – der Zusatz »über angemessene Gegenstände« deutet wohl an, dass nur noch antike Themen, nicht mehr Probleme der gegenwärtigen Lebenswirklichkeit auf Lateinisch zu bewältigen waren. Diesen Anforderungen scheinen indes schon unter den damaligen Verhältnissen die wenigsten Schüler gewachsen gewesen zu sein. Friedrich August Wolf jedenfalls, dem man sowohl den Entwurf für die Ordnung der Reifeprüfung als auch den für die Unterrichtsverfassung vorlegte, übte vernehmlich Kritik: »Sophokles, Euripides und Konsorten«, bemerkte er zum griechischen Lektürekanon,[91] »können schon der Zeit wegen in den allerwenigsten Gymnasien eigentlich gelesen werden ... Ein tragischer Chor! Das Ganze macht hier einen unbeschreiblichen Eindruck für jeden, der die Welt kennt, wie sie ist.« Und zum Erfordernis aktiver Lateinkenntnisse ließ er sich wie folgt vernehmen:[92] »Lateinreden auch? Das können ja auf den berühmtesten Universitäten nicht drei Gelehrte, oft nicht der Professor Eloquentiae, von Lehrern an Schulen kaum sechs unter hundert.«

Mit den Reglements der Jahre 1810, 1812 und 1816, den Prüfungsordnungen für das Lehramt und das Abitur sowie dem Plan der Unterrichtsverfassung, sind die drei großen allgemeinen Direktiven gewürdigt, die Humboldt dem Gymnasium des 19. Jahrhunderts auf den Weg gegeben hat. Schon die erstgenannte Verordnung wurde nicht mehr zur Amtszeit Humboldts, sondern zu der des Nachfolgers von Schuckmann, eines Verwaltungsmannes ohne eigene Ideen, erlassen. Gleichwohl sind sowohl sie als auch die beiden späteren Verlautbarungen der Sektion im Wesentlichen das Werk Humboldts. Dafür, dass die Kontinuität bewahrt blieb und die Reform in seinem Sinne fortgesetzt wurde, sorgten, wie erwähnt,[93] seine engsten Mitarbeiter, Georg Heinrich Ludwig Nicolovius und vor allem Johann Wilhelm Süvern, der von 1808 bis 1818 als Staatsrat dem Gymnasialwesen vorstand. Er hatte, 1775 in Lemgo geboren, in Jena und Halle bei Fichte und Wolf studiert. Er wurde nach einer Zeit der Mitgliedschaft in Gedikes Seminar Direktor in Thorn, dann in Elbing und erhielt 1801 eine Professur für Philologie in Königsberg. Er war ein überzeugter Neuhumanist; die Redaktion der Erlasse Humboldts befand sich bei ihm in den besten Händen. Er wurde im Jahre 1818 abgelöst, kurz nachdem eine Kabinettsordre die Sektion in ein selbstständiges Departement für Kultus und öffentlichen Unterricht umgewandelt hatte, dem Freiherr vom Altenstein als erster Kultusminister Preußens vorstand.

e) Der Neuhumanismus in Bayern

Preußen hatte durch die Reformen der neuhumanistischen Ära auf dem Felde der Gymnasialbildung eine hegemoniale Stellung erlangt. Dort war die Entwicklung, wenn man von der kurzen Unterbrechung der Wöllner-Zeit absieht, ziemlich geradlinig verlaufen, und die äußeren Geschehnisse, die napoleonischen Kriege, hatten die umgestaltenden Kräfte in dieselbe Richtung gedrängt wie die geistigen, von den Dichtern und Philosophen unterstützten Tendenzen. Auch war der organisatorische Umbau, die Verstaatlichung des Schulwesens, mit der Einübung des neuen, die klassische Antike in den Mittelpunkt rückenden Bildungsziels Hand in Hand gegangen.

Man sah sich daher in den außerpreußischen Territorien schon mit der Aufklärung und erst recht mit dem massiven Vordringen des Neuhumanismus vor die Aufgabe gestellt, den wachsenden Abstand, der sich nicht nur bei den Schulen, sondern vielleicht noch nachdrücklicher bei den Universitäten bemerkbar machte, zu überbrücken. Dies brachte man mit verschiedenem Elan und nicht überall mit demselben Erfolg in den ersten Dezennien des 19. Jahrhunderts zustande. Nirgends aber verlief diese Phase der Gymnasialgeschichte so wechselreich und bisweilen auch so stürmisch wie in Deutschlands zweitgrößtem Staat, in Bayern.

Die Gründe dafür liegen auf der Hand: Dem Kurfürstentum, aus dem im Jahre 1806 ein Königreich wurde, waren auch auf dem Felde der Politik allerlei Umschwünge und Veränderungen beschieden. In geringem zeitlichen Abstand fand ein zweifacher Wechsel zwar nicht der Dynastie, wohl aber der regierenden Linie statt, und der erste Übergang führte zu einer Situation, aus der sich beinahe ein Krieg ergeben hätte. Eine gedeihliche Entwicklung des Schulwesens wurde hierdurch bis zum Eintritt in das 19. Jahrhundert verhindert.

In den katholischen Regionen des nachmaligen Königreiches, also im Kerngebiet der Wittelsbacher und in den geistlichen Fürstentümern Würzburg, Bamberg u. a., beherrschte auch im 18. Jahrhundert noch der Jesuitenorden das höhere Schulwesen. Der Betrieb ging dort in der althergebrachten Weise weiter; höchstes Ziel des Unterrichts war nach wie vor die lateinische Beredsamkeit, und die rhetorische Schulung wurde durch die Produktion und Aufführung erbaulicher Dramen unterstützt. Die einst so moderne Gesellschaft Jesu hatte indes nicht nur, wie schon erwähnt,[94] den Anschluss an die wissenschaftlichen Entwicklungen verloren, und nicht nur waren auch dort die Quellen bedeutender lateinischer Poesie schließlich versiegt:[95] Die Macht und der Reichtum des Ordens erzeugten Konflikte mit den Regierungen der katholischen Länder, und so brachten sich die einst hochangesehenen Helfer und Retter auch um ihren politischen Kredit. Von Portugal ging die Entwicklung aus, die zu seinem Verbot in einzelnen Ländern und schließlich zur generellen Aufhebung durch Papst Klemens XIV. führte (1773). Hiermit gehörte auch in den deutsch-katholischen Ländern das jesuitische Schulregiment offiziell der Vergangenheit an. Nur der Preußenkönig ignorierte in realistischer Einschätzung der Lage den Befehl der Kurie: Er habe einstweilen keine besseren Lehrer zur Hand, und so durften die Jesuiten in Schlesien sogar ihren Besitz behalten.

In Bayern herrschte damals Kurfürst Maximilian III. Joseph (1745–1777); dieser unternahm die ersten Anstrengungen, sein Land aus der Rückständigkeit zu befreien. Er legte das Reformwerk zunächst in die Hände seines Lehrers von Ickstatt, eines Wolffianers, der seit 1746 an der Universität von Ingolstadt eine Professur für Naturrecht und zugleich das Amt des Direktors innehatte. Ickstatt, überzeugt, dass die Rückständigkeit der katholischen Schulen auf das Konto der Jesuiten gehe, entwarf schon 1770 einen Plan, der vier Arten von Schulen zu einem einheitlichen Stufengang vereinigte. Hiernach sollten auf die Elementarschule (7.–12. Jahr; ohne Fremdsprachen, aber mit mancherlei praktischen Fächern) zunächst eine aus vier Klassen bestehende Realschule, auch niederes Gymnasium genannt, und dann das fünfklassige höhere Gymnasium folgen; als Abschluss war ein zweijähriger philosophischer Kursus, das Lyceum, vorgesehen. Nicht nur der unteren, sondern auch der oberen, für künftige Studierende bestimmten Stufe oblagen neben den alten Sprachen in erheblichem Maße Realien; der obersten Klasse war u. a. Unterricht in Logik und Ontologie, in Physik und Naturgeschichte sowie in Numismatik und Diplomatik zugedacht. Verwirklicht wurde Ickstatts aufklärerischer, den Tendenzen der Philanthropinisten verwandter Entwurf lediglich in Ingolstadt; noch hatten allenthalben die Jesuiten das Heft in der Hand.

Im Jahre 1774, nach der Auflösung der Gesellschaft Jesu, trat Heinrich Braun, Professor für deutsche Sprach- und Redekunst an der Bayerischen Akademie der Wissenschaften in München, mit einem Schulorganisationsplan hervor, der den künftigen Studierenden ein großes Pensum an Lektüre antiker Autoren auferlegte – ganz in der Art der frühhumanistischen Programme Gesners und Ernestis. Doch auch diese Initiative hatte keinen erheblichen Erfolg, ebenso wenig wie eine kostengünstigere Schulverordnung Brauns, die drei Jahre später in Kraft trat. Denn im gleichen Jahr 1777 starb der Kurfürst Max Joseph, und mit ihm erlosch die bayerische Linie der Wittelsbacher. Zur Erbfolge berufen war nunmehr der Kurfürst Karl Theodor von der Pfalz aus der Linie Pfalz-Sulzbach (1777–1799). Dieser, ein herausragender Kunstmäzen, der sich lieber in Schwetzingen und Mannheim aufhielt als im rauen München, hatte andere Sorgen als die Schulreform in

Nieder- und Oberbayern. Er machte sich so wenig aus diesen Gebieten, dass er sich bereit fand, sie großenteils, kaum dass sie ihm zugefallen waren, an Kaiser Joseph II. abzutreten. Friedrich der Große wusste diese unerwünschte Machtverschiebung durch den schlachtenlosen »Bayerischen Erbfolgekrieg« (1778/79) zu verhindern. Karl Theodor aber gab den höheren Unterricht an die Jesuiten zurück (1781), allerdings ohne ihnen auch den einstigen Besitz wieder zu überlassen, den er für den standesgemäßen Unterhalt seiner illegitimen Kinder benötigte. Während seines Regiments war das Schulwesen zu völligem Stillstand verurteilt.

Erst unter seinem Nachfolger (von der Linie Pfalz-Zweibrücken, da auch er keinen rechtmäßigen Erben hinterließ) kam wieder Bewegung in die Sache: Maximilian IV. Joseph (1799–1825) und sein Minister Graf von Montgelas suchten aufzunehmen und fortzusetzen, was ein Vierteljahrhundert zuvor preisgegeben worden war. Ein erster Plan, bestimmt »für alle kurpfalzbayrischen Mittelschulen«, erschien im Jahre 1804. Er stammte aus der Feder des Studiendirektionsrats Joseph Wismayr. Er knüpfte an den Entwurf Ickstatts an und bewegte sich wie jener in den Gleisen des aufklärerischen Realismus. Dass Bayern hiermit noch nicht den Anschluss an die Zeit erreicht hatte, bekundete im selben Jahre Johann Heinrich Voss. Dieser sollte im soeben hinzugewonnenen Würzburg ein philologisches Seminar einrichten. Er lehnte ab und bemerkte dazu:[96] »Offenbar ist der Wismayrische Studienplan darauf angelegt, die freiere Ausbildung der menschlichen Natur, welche aus den freien Künsten und Wissenschaften der alten Klassiker hervorgeht, mit wohlwollender Miene zurückzuhalten. Seine Zöglinge, wo nicht eigene Kraft sich über die Schranken schwingt, sind noch verdorbener für die alte Humanität als die vormaligen Jesuitenschüler.«

Voss war nicht der Einzige, der damals von außerhalb nach Bayern gerufen wurde. Geradezu mit Selbstverleugnung holte die Regierung norddeutsche Protestanten an die Universitäten und Gymnasien, und diese pflegten – anders als Voss – zu kommen und zu bleiben. Besonders Jena, damals ein Mittelpunkt der Dichtung, der Philosophie und des Neuhumanismus, diente als Reservoir; von dort kamen Berühmtheiten wie die Philosophen Schelling und Hegel oder der Strafrechtler Feuerbach. Als Philologe verdient vor allem Georg Anton Friedrich Ast (1778–1841) Erwähnung. Er hielt im Jahre 1805 in der unlängst nach Landshut verlegten alten bayerischen Universität eine Eröffnungsrede mit dem Titel »Über den Geist des Altertums und dessen Bedeutung für unser Zeitalter«. Manches klingt dort für heutige Ohren allzu begeistert und überzeugt, etwa wenn es heißt:[97] »Jeder griechisch

Gebildete trägt ... das Gepräge der höchsten, reinsten Vollendung in sich und steht, wie von der ewigen unwandelbaren Natur selbst gebildet, in der bewundernswürdigsten Gediegenheit, in der selbständigsten Schönheit da.« Die hier angeschlagene Tonart war damals sehr verbreitet; im Falle Asts kam noch die offensichtliche Bezugnahme auf den Epochenkontrast Antik – Modern hinzu, wie ihn z. B. Bouterwek charakterisiert hatte und wie er der Schrift Friedrich Schlegels »Über das Studium der griechischen Poesie« zugrunde lag.[98] Ast hatte in Jena hinlänglich Gelegenheit, diese Schrift und ihren Autor kennen zu lernen. Jedenfalls verwendet er, indem er im Anschluss an den zitierten Passus sagt, in der griechischen Bildung sei nichts zufällig und individuell, nichts interessant und manieriert, die Kategorien, mit deren Hilfe der junge Schlegel die moderne, d. h. die neuzeitliche europäische Literatur beschrieben hatte.

Von Niethammer, ebenfalls einem Ankömmling aus Jena, und seiner Kampfschrift gegen den Philanthropinismus war bereits die Rede.[99] Er wurde, nachdem er zunächst als Theologe in Würzburg und als Schulverwaltungsbeamter in Bamberg gewirkt hatte, nach München gerufen (1808). Ob nun die Kritik, die Voss an dem Lehrplan von Wismayr geübt hatte, für berechtigt gehalten wurde oder nicht, jedenfalls glaubte man eines moderneren, eines neuhumanistischen Plans zu bedürfen, und den herzustellen schien Niethmanner der geeignete Mann zu sein. Er lieferte denn auch in kurzer Zeit das »Normativ der Einrichtung der öffentlichen Unterrichtsanstalten«. Dort wurde der von Ickstatt beabsichtigte und von Wismayr beibehaltene einheitliche Stufengang aufgegeben. Nach der gemeinsamen Elementarschule (8. bis 12. Lebensjahr) gabelte sich der Weg in einen Real- und einen Gymnasialkurs. Der Letztere bestand aus zwei Abteilungen von einerseits zwei und andererseits vier Klassen. Er war mit zwölf bis dreizehn Wochenstunden für die alten Sprachen, je zur Hälfte für Latein und Griechisch, neuhumanistisch in reinster Prägung und hatte außerdem noch die Besonderheit, dass der Philosophie bis hin zur zeitgenössischen viel Platz – stets vier Wochenstunden – zugestanden war. Hieraus aber erwuchsen Misshelligkeiten: Es fehlte an Lehrern, die in der Lage waren, Niethammers anspruchsvolles Programm durchzuführen. So wurde 1816 der Philosophieunterricht ersatzlos gestrichen und auch sonst manches vereinfacht. In die allgemeine Verwirrung platzte 1824 ein weiterer Lehrplan, und im Jahre darauf erfolgte der Thronwechsel – das bayerische Gymnasialwesen fand erst unter König Ludwig I. und seinem Beauftragten Thiersch aus den Turbulenzen heraus.[100]

2. Das 19. Jahrhundert

a) Festigung und Ausbau

Das 19. Jahrhundert war die Epoche der Alleinherrschaft des humanistischen Gymnasiums. Vielleicht spräche man besser von ›Alleinzuständigkeit‹; jedenfalls gab es keinen anderen Weg, der zum Abitur, zum Universitätsstudium, zu den akademischen Berufen geführt hätte. Hervorgegangen aus der alten Lateinschule, erfüllt vom Denken der Klassik und des Idealismus, gestärkt im geistigen Widerstand gegen die napoleonische Fremdherrschaft, vermochte sich das Gymnasium mitsamt seinen großenteils sonderbar anmutenden Inhalten trotz der enormen Veränderungen, die das Zeitalter der Industrialisierung in allen Lebensbereichen mit sich brachte, in seiner Monopolstellung zu behaupten, bis exakt zu Beginn des neuen Jahrhunderts auch anderen Formen des höheren Unterrichts ein den Zugang zu jeder Art von Studium ermöglichendes Reifezeugnis zugestanden wurde.

Die ersten Dezennien dienten der Festigung und dem Ausbau der jungen Institution; dieser Vorgang war in ganz Deutschland gegen Ende der dreißiger Jahre im Wesentlichen abgeschlossen. Von da an gab es zwar stets auch einige Veränderungen, vor allem in den Prüfungsordnungen oder im Lehrplan. Aufs Ganze gesehen aber verdienen nunmehr, da die Schulform fest etabliert war, andere Probleme mehr Aufmerksamkeit: Wie verhielt sich das Gymnasium zu seiner Umwelt, zum Staat und zur Gesellschaft, was hat es dort geleistet und wie behauptete es sich inmitten der politischen und geistigen Strömungen der Zeit? Was geschah mit der pädagogischen Substanz, der humanistischen Bildung: Blieb sie sich gleich oder hat sie sich geändert? Diesen Fragen soll im Folgenden nachgegangen werden; zunächst allerdings bedürfen noch die äußeren Maßnahmen, die das humanistische Gymnasium in flächendeckender Breite durchgesetzt haben, eines summarischen Berichts.

In der Zeit nach dem Wiener Kongress, in der Ära Metternichs und des Deutschen Bundes, lag das höhere Schulwesen sowohl in Preußen als auch in Bayern in den Händen herausragender Organisatoren, und zwar lange genug, dass der eine wie der andere Organisator seinem Ressort den Stempel seiner Persönlichkeit aufdrücken konnte und die beiden auch sonst in manchem divergierenden Staaten über zwei verschiedene Typen oder Variationen des humanistischen Gymnasiums verfügten.

In Preußen gebot, wie schon erwähnt,[101] Freiherr vom Altenstein seit

1817 über das neu geschaffene Ministerium für Kultus und Unterricht. Dieser aber machte im Jahre darauf Johannes Schulze (1786–1869), einen Schüler Friedrich August Wolfs und seit einiger Zeit Lehrer am Gymnasium zu Weimar, zum Nachfolger Süverns. Bei dieser Regelung blieb es bis zum Ausscheiden Altensteins (1840) und noch lange darüber hinaus. Schulze, nicht nur der Philologie, sondern auch der idealistischen Philosophie zugetan (er hörte als Student in Halle Schleiermacher und besuchte später in Berlin Abend für Abend die Vorlesungen Hegels), war liberal gesinnt, von weitem Horizont und überaus arbeitsam – er scheint nicht selten diese Eigenschaften, zumal die dritte, zum Maßstab für seine Forderungen an andere genommen zu haben.

Er neigte bei aller Liberalität stark zum Bürokraten, schätzte genaue Vorschriften und reglementierte gern. Hierin unterschied er sich indes kaum von seinem Amtskollegen in München, und vielleicht war nach den mannigfaltigen Veränderungen der vorangegangenen Epoche eine folgerichtige, straffe Verwaltung das Übelste nicht. Schulze nahm sich auch die von Humboldt geschaffene oder eingeleitete Trias der Direktiven nochmals vor; er setzte neue Prüfungsordnungen für Lehramtskandidaten und Abiturienten sowie einen neuen Unterrichtsplan durch. Die Bestimmungen für das Examen künftiger Lehrer (1831) legten lediglich präziser fest, was schon im Jahre 1810 angeordnet worden war. Die Neuregelung des Abiturs (1834) brachte die schon erwähnte wichtige Änderung, dass sie das Bestehen des Examens zur Conditio sine qua non des Studiums an einer Universität erhob;[102] für die Abnahme der Prüfung waren nur noch die Schulen zuständig. Schließlich der Normalstundenplan des Jahres 1837, das so genannte Blaue Buch: er beruhte, im Gegensatz zum zehn Jahre umfassenden Vorgänger des Jahres 1816, auf einem neunjährigen Kursus zu je 32 Wochenstunden. Er hat diese Verfügungsmasse auch deutlich anders verteilt: zu Lasten des Griechischen, des Deutschen und der Mathematik und zugunsten des Lateinischen, des Französischen, der Physik und des Singens. Der Befund ist eigenartig: Während sich die Stärkung des Lateinischen – das nunmehr mit seinen zehn Wochenstunden wieder zum alles andere weit überragenden Hauptfach wird – wohl nur als Rückfall in die Tradition der alten Lateinschule verstehen lässt, wirkt das Hinzukommen der drei anderen Fächer wie eine Konzession an das Bedürfnis nach mehr ›realistischem‹ Unterricht.

Der Regelstundenplan war Teil einer ministeriellen Verlautbarung, die den Schlussstrich unter die längere öffentliche Debatte zu ziehen suchte, ob die Schüler- und Lehrerschaft durch die behördlicherseits vorgeschriebenen Anforderungen überbürdet sei. Klagen dieser Art waren schon vor Jahren geäußert worden. In der Praxis hatten (da die Pläne mancherlei nicht einzubeziehen pflegten) die Gymnasiasten täglich etwa sieben Stunden Unterricht, und außerdem sollten sie ebenfalls täglich fünf Stunden lang Hausarbeiten verrichten: teils zur Lösung der ihnen gestellten Aufgaben, teils zur – regelmäßig kontrollierten – Privatlektüre griechischer, lateinischer und deutscher Schriftsteller. Hiergegen wandte sich neben anderen der Historiker Friedrich von Raumer.[103] Er rügte vor allem das Programm einer Allgemeinbildung, die jedermann in derselben Weise belaste; die mechanische Anwendung einer solchen Abstraktion ertöte Lust, Liebe, Geist und Individualität und verschaffe denen höchstes Lob, die sich zu allen Gegenständen des menschlichen Wissens gleichermaßen verhielten, den geborenen Philistern. Einiges Aufsehen erregte eine Abhandlung des Oppelner Arztes Karl Ignatius Lorinser (1836): das Zuviel der Lehrfächer, der Schulstunden und der häuslichen Arbeiten schädige die Gesundheit der Jugend. Diesmal schaltete sich der König ein, sodass Schulze die Beschwerde nicht einfach zurückweisen konnte; das Ergebnis seiner Rechtfertigungsbemühungen war, wie erwähnt, das Blaue Buch mit dem Stundenplan.

An der Überbürdungsdebatte hatte sich auch der Philologe und Schulorganisator Friedrich Wilhelm Thiersch aus Kirchscheidungen an der Unstrut (1784–1860) beteiligt, Schulzes bayerisches Pendant. Er hatte die berühmte Fürstenschule zu Pforta besucht und bei Gottfried Hermann in Leipzig, dem großen Textkritiker,[104] studiert. Er zählte zu den Mittel- und Norddeutschen, die in nicht geringer Zahl unter Bayerns erstem König zur Besserung des Bildungswesens herbeigerufen wurden. Er lehrte am Münchener Gymnasium (seit 1809) und bildete an dem von ihm eingerichteten Seminar Philologen aus (seit 1811). Seine Stunde schlug mit dem Regierungsantritt Ludwigs I. (1825–1848): Er wurde Professor der Eloquenz an der nunmehr nach München verlegten alten Landesuniversität und erhielt den Auftrag, dem bayerischen Gymnasialwesen, in dem seit Niethammers kühnen Plänen[105] einige Verwirrung herrschte, klare Konturen zu geben.

Thiersch war ein ebenso vielseitiger wie gewandter Schriftsteller, der auch an aktuellen Ereignissen, z. B. am griechischen Befreiungskrieg, literarisch Anteil nahm,[106] und so gab er seiner schulpolitischen Praxis mit dem dreibändigen Werk »Über gelehrte Schulen mit besonderer Rücksicht auf Bayern« ein gediegenes theoretisches Fundament.[107] Dort aber, im dritten Band, kritisierte auch er den preußischen Gymnasiallehrplan;[108] die Überladung mit sowohl klassischem als auch realistischem Unterricht, schrieb er, erdrücke die freie freudige Tätigkeit, die Grundbedingung aller wahren Bildung. Er ließ es in seiner Polemik an plastischen und drastischen Ausdrücken nicht fehlen:[109] die preußische Lehrweisheit sei ein »dampfmaschinenähnliches Getriebe unermüdet tätiger Allseitigkeitsbeförderer«; der »nie rastende Umschwung des Räderwerks« werde »durch Anspannung die Kraft der Schule vervielfältigen«, doch werde »in demselben Maß aus der allen gleich zugemessenen überspannenden Aufmerksamkeit die Gleichgültigkeit, ... die Übersättigung, ... der Vorbote des geistigen Todes hervorgehen«.

Thiersch selber hatte im Jahre 1829 einen Lehrplan von kühner Einseitigkeit vorgelegt. Latein und Griechisch erhielten dort etwa zwei Drittel der verfügbaren Wochenstunden, und den Rest mussten Deutsch, Geschichte, Religion und Mathematik sich teilen. Dieses Programm unterschied sich erheblich von dem Schulzes, und so wundert man sich nicht, dass die beiden Protagonisten sich wechselseitig Fehleinschätzungen vorwarfen. Thiersch tat dies in der zitierten Weise; Schulze aber hatte dessen Tiraden dadurch provoziert, dass er meinte, der bayerische Gymnasialplan betone allzu sehr die klassische Bildung und übergehe Unentbehrliches, während das preußische Gegenstück alle die Kenntnisse berücksichtige, die zu einer allseitigen und harmonischen Entfaltung der geistigen Kräfte notwendig seien.

Paulsen, ein gewichtiger Zeuge, hat erklärt,[110] Thierschs Lehrplan bringe vielleicht am reinsten die Idee des neuhumanistischen Unterrichts zur Darstellung. Dem lässt sich entgegenhalten, dass ein derartiger Rigorismus oder Doktrinarismus nicht die Billigung der Gründer, etwa Wolfs oder Humboldts,[111] gefunden hätte – man glaubt ja in Thierschs reduziertem Fächerkanon etwas von der asketischen Eingeschränktheit der mittelalterlichen Klosterschule zu spüren. Überbürdung auf der einen und Kahlheit auf der anderen Seite: der preußische Lehrplan war mit einem quantitativen Mangel behaftet, der bayerische mit einem qualitativen. Die weitere Entwicklung hat, was den Fächerkanon betrifft, den Intentionen Schulzes Recht gegeben, und entsprechend düster blickte Thiersch als Alternder in die Zukunft. Dennoch setzte er sich unermüdlich für die klassischen Studien ein – die Stiftung der alljährlichen Philologenversammlungen, begangen 1837 in Göttingen zur Hundertjahresfeier der Universität, war sein Werk.

In Sachsens Gymnasialwesen herrschte ein traditionsbewusster, konservativer Geist. Das Abitur wurde erst im Jahre 1829 eingeführt, und Lehramtsprüfungen gab es nicht vor 1843. Immerhin erhielten die drei Fürstenschulen (von denen Pforta 1815 an Preußen kam) bereits 1812 einen neuen Lehrplan, der, wie es der Neuhumanismus gebot, die Gewichte zugunsten des Griechischen verschob. Doch im Ganzen blieben die sächsischen höheren Anstalten einer etwas einseitigen sprachlichen Richtung verhaftet – wie sie Thiersch, der ja in Pforta seine Bildung erhalten hatte, in Bayern einzupflanzen suchte. Hierzu aber trug Gottfried Hermann in Leipzig, Textphilologe par excellence und ein Gelehrter von höchster Autorität (1772–1848), mit seiner Ablehnung der Realien und eines Gymnasiums à la Schulze nicht unerheblich bei. Ein Lehrer in Dresden, Hermann Köchly, begehrte gegen diesen Formalismus auf: Er verlangte in der Schrift »Über das Prinzip des Gymnasialunterrichts der Gegenwart«, dass man den Forderungen der Zeit genüge; das Prinzip des Gymnasiums müsse das historische sein, nicht das sprachlich-kritische; folglich komme es bei der Lektüre der Autoren auf die Inhalte an, und die Sprache diene nur als Mittel dazu.[112]

Württembergs Gymnasialwesen hatte durch die Kirchen- und Schulordnung des Jahres 1559[113] eine ungemein straffe Organisation erhalten, und hierbei blieb es im Wesentlichen bis tief ins 19. Jahrhundert. Das System der Latein- und Klosterschulen bestand fort, und ebenso hielt man am so genannten Landexamen fest, der Prüfung, die den Übergang von dem unteren zum oberen Schultyp kontrollierte. Gelegentliche Verordnungen des frühen 19. Jahrhunderts, dass sich der Unterricht intensiver mit der Antike zu befassen und dass dabei den lateinischen und griechischen Schriftstellern das Hauptaugenmerk zu gelten habe, zeitigten offenbar keine erkennbare Wirkung. Thiersch jedenfalls, der Württemberg im Jahre 1834 besuchte und den die Anfangsgründe vermittelnden Lateinschulen volles Lob spendete, fand für den Oberstufenunterricht nur herben Tadel: das in den Lateinschulen erworbene Kapital bleibe weithin ungenutzt und von der großen humanistischen Bewegung sei noch nichts zu spüren. Bestimmungen für ein Abiturientenexamen gab es während der ersten Hälfte des 19. Jahrhunderts nur in Ansätzen, und auch die Trennung von Theologen- und Philologenstand erfolgte in Württemberg überaus spät: Die erste Ordnung für die Prüfung von Lehramtskandidaten entstammt dem Jahre 1865.

b) Das Gymnasium im Spannungsfeld der politischen Strömungen

Das humanistische Gymnasium, im 19. Jahrhundert die einzige zum Universitätsstudium führende Schulform, war in seiner lebensfernen, das Altertum zum Hauptinhalt erhebenden Gestalt aus der Kulturkritik der deutschen Klassiker und aus der politisch-moralischen Kritik der preußischen

Reformer hervorgegangen. Sein Impetus richtete sich einerseits gegen das berufsständische Nützlichkeitsdenken weiter Kreise des Bürgertums und andererseits, den Prinzipien der Freiheit und Gleichheit gemäß, gegen die geburtsständischen Privilegien der überkommenen Staats- und Gesellschaftsordnung. Nachdem die christliche Religion als die das gesamte öffentliche und private Leben prägende Instanz hatte abdanken müssen, war nur noch die zweite Säule der europäischen Kultur, die griechisch-römische Antike mit ihrer Philosophie, Literatur, Kunst und Geschichte übrig geblieben; ein eigentümlicher, auf dem Prestige von Weimar beruhender Konsens bewirkte, dass sie sich ein Jahrhundert lang als pädagogischer Freiraum für die akademische Jugend zu behaupten vermochte. Dies war wohl nicht zuletzt dadurch bedingt, dass die neue, in Preußen und Bayern geschaffene und bald auch im übrigen Deutschland eingeführte Schulform drei Zwecken in gleichem Maße Genüge tat: Ihr Programm war geeignet, die jungen Leute als Individuen, als Staatsbürger und als Ausübende eines Berufes mit dem für ihr Leben erforderlichen Rüstzeug zu versehen. Der Entfaltung der Persönlichkeit konnte insbesondere die literarisch-ästhetische Komponente der humanistischen Bildung dienen. Als Propädeutikum für die politische Dimension und als Mittlerin von Staatsethos kam vor allem der Umgang mit der griechisch-römischen Geschichte und Staatsphilosophie in Betracht, und auf das Erlernen eines wissenschaftlich fundierten Berufes vermochte das humboldtsche Gymnasium deshalb vorzubereiten, weil seiner strengen Methodik ein gut Teil an formaler, ubiquitär verwendbarer Bildung inhärierte.

Der Wiener Kongress und sein Resultat, der Deutsche Bund, änderten das liberale, Reformen begünstigende politische Klima, das der Einrichtung des humanistischen Gymnasiums in hohem Maße zustatten gekommen war. Man glaubte sich vor allem in Deutschland durch diese auf Restauration zielende Wende, die von niemandem so konsequent durchgehalten wurde wie von dem österreichischen Minister Metternich, um die Früchte der Freiheitskriege gebracht. Man hatte erwartet, dass aus dem Sieg über das napoleonische Frankreich ein freiheitlicher, auf einer Verfassung beruhender deutscher Nationalstaat hervorgehen würde. Stattdessen sah man sich mit einem aus fünfunddreißig souveränen Fürsten und vier freien Städten bestehenden losen Zusammenschluss konfrontiert, dessen Geschicke von Österreich aus gelenkt wurden und dem auf Grund einer Personalunion mit deutschen Gebieten auch die Könige von England, von Dänemark und von den Niederlanden angehörten. Das wiederhergestellte Konzert der monarchisch regierten europäischen Mächte sollte zwar nicht alles restaurieren, was seit 1789 zusammengebrochen war, wohl aber sollte es so viel wie möglich von der altüberlieferten Gesellschaftsordnung bewahren und jedwedes Weiterwirken reformerischer Gedanken verhindern – auch das Streben nach nationaler Einheit und einer durch eine geschriebene Verfassung verbürgten Staatsform. Einige süddeutsche Fürsten fanden sich immerhin bereit, Verfassungen zuzugestehen; in Preußen aber liefen entsprechende Bemühungen sich tot, und im Jahre 1819 taten die so genannten Karlsbader Beschlüsse zur Unterdrückung »demagogischer Umtriebe« ein Übriges, den liberalen und nationalen Bestrebungen ein vorläufiges Ende zu setzen.

Diese vom Frankfurter Bundestag bestätigten Reglements beruhten auf der zutreffenden Voraussetzung, dass freiheitliches Denken nirgends so im Schwange sei wie an den Universitäten, und so schrieben sie neben einer obligatorischen Zensur für Zeitungen und Druckschriften bis zu einem bestimmten Umfange vor, dass sämtliche Universitäten von »außerordentlichen landesherrlichen Bevollmächtigten« überwacht werden sollten. Die Gymnasien waren von den repressiven Maßnahmen des Metternichschen Systems weniger betroffen. Immerhin wurden auch sie sorgfältig beaufsichtigt, und die Lehrer, die gehalten waren, »in den Zöglingen Gesinnungen der Anhänglichkeit, Treue und des Gehorsams am Landesherrn und Staate zu erwecken und zu befestigen«,[114] hatten zumal bei ihrer Anstellung strenge Kontrollen hinsichtlich ihrer politischen Haltung zu gewärtigen.

Der Impetus der Freiheitskriege, der Gedanke der politisch-moralischen Erneuerung durch die humanistische Bildung, war offensichtlich nicht stark genug, sich gegenüber dem Druck der restaurativen Ordnungsmächte zu behaupten. Der staatsbürgerliche Zweck der Ursprungsidee verblasste wohl auch einfach infolge der wachsenden zeitlichen Distanz und war allenfalls noch latent wirksam, auf Grund der Beschäftigung mit der attischen Demokratie und der römischen Republik, wie im Falle von Bismarck, der seine Schule, das berühmte Berliner Gymnasium zum Grauen Kloster, als Pantheist und Republikaner verlassen zu haben behauptete.[115] Andererseits reichte die Demagogenfurcht der Regierungen nicht so weit, dass man sich zu einer radikalen politischen Gleichschaltung veranlasst gesehen hätte; man ließ Johannes Schulze und andere liberal gesinnte Beamte gewähren, wenn sie es verstanden, die schulischen Belange, wie sie in der Reformzeit konzipiert worden waren, ohne Kollision mit der konservativen Obrigkeit zu verteidigen.

Das Gymnasium stand im Zeitalter der Restauration, in der Periode vom Wiener Kongress bis zur 48er Revolution, im Spannungsfeld der damaligen Haupttendenzen, des Liberalismus, des Nationalismus und des Konservativismus, und man darf ihm wohl das Zeugnis ausstellen, dass es sich im Ganzen als zweckmäßige, auch in politischer Hinsicht gegen Einseitigkeiten gefeite Einrichtung bewährt hat.

Zu deutlichen Konzessionen fanden sich die Repräsentanten des Neuhumanismus auf Kosten des Liberalismus bereit, worin sie offensichtlich mit der überwiegenden Mehrheit des Bürgertums übereinstimmten. Während schon Winckelmann, wenn auch vage, auf die Freiheit als das Movens der griechischen Kunst verwiesen und während Wolf und Humboldt die griechische Kultur aus einer bestimmten Regierungsform, die sie ›republikanisch‹ nannten, abgeleitet hatten, bequemten sich die Neuhumanisten des Vormärz den politischen Gegebenheiten insoweit an, als sie Freiheit und Staatsverfassung nicht mehr in zwingender Weise aufeinander bezogen wissen wollten. Sie schwärmten nicht für die attische Demokratie oder die römische Republik; sie hielten die Monarchie für die der modernen Staatlichkeit angemessene Form des Regiments. Der Adel war es ja vornehmlich gewesen und war es noch, gegen dessen Privilegien man kämpfte, und ihm gegenüber glaubte man das Prinzip der Rechtsgleichheit durch einen Monarchen am besten verbürgt. Auf der Grundlage eines monarchischen Regiments sollte sich das demokratische Prinzip entfalten – durch Meinungsfreiheit und durch eine Verfassung, die allen Bürgern dieselben privaten und politischen Rechte zubilligte.

Die humanistisch Gebildeten konnten sich für ihre loyale Einstellung auf ein viel zitiertes Wort der »Ilias« berufen:[116]

Ungutes bringt die Herrschaft von vielen, einer sei Herrscher,
Einer nur König,

und kein anderer als der Historiker Johann Gustav Droysen, später prominentes Mitglied der Paulskirchen-Versammlung, lieferte hierzu das Modell. Seine »Geschichte Alexanders des Großen«, erschienen im Jahre 1833,[117] pries die Monarchie des Makedonen als Fortschritt, als höhere Stufe der Entwicklung im Verhältnis zu den Exzessen sowohl der griechischen Demokratien als auch der orientalischen Despotien. Als zweiter Zeuge für die zahme Haltung der damaligen Altertumsgelehrten sei der Wolf-Schüler August Boeckh genannt. Er verstand sich noch im Jahre 1847 zu einem uneingeschränkten Lob der Herrschaft König Friedrich Wilhelms IV. von Preußen: dieser habe, wie er mit dem Hinweis auf die antike Theorie von der Mischverfassung als einem Idealzustand ausführte, sein monarchisches Regiment mit demokratischen und aristokratischen Elementen verbunden und auf diese Weise die denkbar beste Staatsform geschaffen.[118] Derartige Verlautbarungen hielten sich wohl noch im Rahmen dessen, was auch die communis opinio der Humanisten zu billigen vermochte. Demgegenüber zeigte der Philologe Gottfried Hermann sicherlich ein Übermaß an Opportunismus, wenn er, selbst als Zensor in sächsischen Diensten tätig, in einer Rede des Jahres 1840 die Zensur als unvermeidliches Mittel rechtfertigte, dem zügellosen Journalismus in den Weg zu treten.[119]

Die bisher genannten Zeugnisse entstammen durchweg dem wissenschaftlichen, universitären Bereich. Man darf jedoch annehmen, dass die gymnasiale Lehrerschaft noch weniger zu oppositionellen Regungen aufgelegt war als die für sie richtunggebenden Professoren. So mag Oskar Jäger, in der zweiten Hälfte des Jahrhunderts ein maßgeblicher Didaktiker des humanistischen Gymnasiums (1830–1910), für viele sprechen, wenn er den Unterricht, den er in Schöntal (Württemberg) genossen hatte, wie folgt charakterisiert:[120]

> »In meiner Jugendzeit war von einer Beziehung des Gymnasiums zum Staate überhaupt kaum jemals die Rede. Wir Schüler hatten vor der großen Krisis des Jahrhunderts, 1848, das Gefühl, dass Politisieren ungefähr ebenso sündhaft sei, wie ins Wirtshaus gehen. Man hörte wohl von Vaterlandsliebe im allgemeinen und vernahm oder sprach wohl selbst dann und wann einige echauffierte Phrasen darüber: dass man aber dereinst in einem solchen wirklichen Vaterlande Wahlrechte oder Wahlpflichten im Tumulte aufgeregten Parteilebens werde auszuüben haben, politische Rede hören oder gar selbst werde halten müssen – davon war keine Ahnung.«

Die uneingeschränkt liberale Position, die die Gründer dem Neuhumanismus auf den Weg gegeben hatten, musste also im Horizont der Restauration zurückgenommen werden, und dies geschah ohne viel Aufhebens, indem man sich bemühte, die Maxime der Freiheit als der modernen Monarchie inhärent auszugeben. Bei der anderen, der verwandten und doch wieder verschiedenen Hauptströmung der ersten Jahrhunderthälfte, beim Nationalismus, war hingegen die typisch neuhumanistische Einstellung weniger prekär: Sie stimmte sowohl mit dem politischen System des Vormärz als auch mit großen Teilen der öffentlichen Meinung darin überein, dass es auf die politische Einheit des deutschen Volkes, auf den Nationalstaat nicht sonderlich ankomme. Der Kampf gegen Napoleon hatte zwar für viele zweierlei bedeutet: die Befreiung von der Fremdherrschaft und die Überwindung des Partikularismus im Inneren – doch nach 1815 wurde die deutsche Einheit zunächst wieder zur Sache einer Minderheit, eines Ernst Moritz Arndt oder der Burschenschaften. Die meisten fanden am Gedanken der Kulturnation Genüge, an einer Form des Nationalgefühls, die sowohl durch die zeitgenössische Blüte der Literatur und der Philosophie als auch durch die dem Mittelalter zugewandten Studien der Romantik starken Auftrieb erhielt, und diese Haltung stand in keinerlei Widerspruch zu den Grundsätzen, auf denen der Deutsche Bund beruhte.

Die Repräsentanten des Neuhumanismus hatten also wenig oder nichts für das Streben nach der staatlichen Einheit Deutschlands übrig. Ihr Programm zielte der Idee nach auf eine bestimmte Verfassung der Gattung Mensch und erst sekundär, gewissermaßen als Konzession an die Praxis, auf Nationalbildung. Dafür aber, dass sich dieses Ziel auch im Rahmen des überkommenen, vom Wiener Kongress bestätigten Zustandes verwirklichen lasse, beriefen sie sich auf ihr anthropologisches Modell, auf die alten Griechen: Auch diese hatten ihre größten kulturellen Leistungen im Neben- und Gegeneinander vieler kleiner Staaten und in politischer Zersplitterung vollbracht. Nach dem Vorbild Humboldts[121] konnten die Neuhumanisten über diese angebliche oder wirkliche historische Analogie hinausgehen und den Deutschen eine Art Wesensverwandtschaft und hiermit eine besondere Sendung im Reich des Geistes zuschreiben – ihre Einstellung zum Nationalstaat brauchten sie deshalb nicht zu ändern. Altphilologen wie Friedrich Gottlieb Welcker (1784–1868), dem die Forderung eines nationalen Parlaments Verfolgungen von staatlicher Seite einbrachte, waren zufällige, nicht durch neuhumanistische Postulate bedingte Ausnahmen. Das Gymnasium der Restaurationszeit hat wohl eher jene eigentümliche Mischung von Griechenland-Bewunderung und kulturellem Nationalstolz hervorgebracht, die der Kulturhistoriker Wilhelm Heinrich von Riehl (1823–1897) als Resultat des Unterrichts am Gymnasium in Weilburg festgehalten hat:[122]

> »Wir sahen Griechenland als unsere zweite Heimat an; denn es war der Stammsitz der Kalokagathie – es war die Heimat des harmonischen Menschentums. Ja wir glaubten sogar, dass das alte Griechenland eigentlich zu Deutschland gehöre, weil die Deutschen unter allen neueren Völkern das tiefste Verständnis für den hellenischen Geist, für hellenische Kunst und Lebensharmonie gewonnen hätten. Wir glaubten dies nicht im Gefühl nationaler Schwäche, sondern im Überschäumen eines nationalen Übermutes, kraft dessen wir die

Deutschen überall für das erste Kulturvolk der modernen Welt, für die modernen Hellenen erklärten ... Wir begeisterten uns für unser Vaterland, indem wir uns für Griechenland begeisterten.«

Die Reformen der napoleonischen Zeit hatten die Einsichten einer inneren Umkehr institutionalisiert. Wahrscheinlich wäre der Impuls des Anfangs auch ohne den dämpfenden Einfluss der Restauration mit größer werdendem zeitlichen Abstand schwächer geworden. Er verblasste vollends, nachdem die Revolution von 1848/49 gescheitert war. Das humanistische Gymnasium hat in den Dezennien von 1850 bis 1890 eine Bildung vermittelt, die, im Wesentlichen formalen Charakters, den Zöglingen ein gediegenes Allgemeinwissen und eine hinlängliche Zurüstung für die Universität auf den Weg gab; die politische Dimension aber trat in dieser Periode noch stärker zurück als während des Vormärz. Die Ideen des Liberalismus wurden bedeutungslos, und das wenige, das man an ihre Stelle zu setzen vermochte, Analogien nicht aus dem republikanischen, sondern aus dem monarchischen Bereich der alten Geschichte, war okkasionell und meist von geringer Überzeugungskraft. Was aber die andere Hauptströmung der Zeit, die angesichts der politischen und wirtschaftlichen Erfolge Deutschands immer mächtiger anschwellende nationale Gesinnung betraf, so war man auch für deren vornehmstes Ziel, die Einigung und Reichsgründung, um antike Parallelen nicht verlegen. Doch im Ganzen ließ sich für diese Bewegung aus der humanistischen Tradition kein Kapital schlagen – die Deutschtümelei wurde von außen an das Gymnasium herangetragen, ja wurde ihm geradezu aufgenötigt.

Die allgemeine Unruhe der Revolutionsjahre 1848/49 scheuchte auch die Lehrerschaft auf, und überall kam es zu teils von oben einberufenen, teils spontanen Versammlungen. Dauerhafte Ergebnisse gingen aus den eiligen Resolutionen, die dort verabschiedet wurden, nicht hervor; wohl aber ließ sich daran ablesen, in welchen Hinsichten Reformen für wünschenswert und durchsetzbar erachtet wurden. Hierbei machte man sich vor allem die Ansichten des bereits erwähnten Dresdener Lehrers Köchly[123] zu Eigen. Dieser verlangte, wobei er auf die zunehmende Industrialisierung verwies, dass neben dem Gymnasium die mathematisch-naturwissenschaftlich ausgerichtete Realschule als gleichberechtigte höhere Lehranstalt zuzulassen sei; hiermit deutete er nachdrücklich in die Richtung, welche die Schulkämpfe gegen Ende des Jahrhunderts nehmen sollten. Im Bereich der gymnasialen Bildung wollte er wie viele andere das übergroße Deputat des Lateinischen beschnitten wissen. Ihm waren zu Recht die obsoleten Bemühungen um den aktiven Umgang mit Latein ein Dorn im Auge; er forderte in Übereinstimmung mit seiner Schrift vom Jahre 1845, dass man sich mehr den Inhalten der Hinterlassenschaft der Antike zuwende.

So dynamisch die äußere Entwicklung nach der Unterdrückung der Revolution verlief – vom wiederhergestellten Deutschen Bund über die Einigungskriege zum neuen Deutschen Reich –, so konstant blieben die maßgeblichen politischen Kräfte in der Frage der Staatsform: Man bekannte sich zur nunmehr auch in Preußen verwirklichten konstitutionellen Monarchie. »Ein starkes Königtum, das über den sozialen Gegensätzen steht, ist uns unentbehrlich, um den Frieden in der Gesellschaft zu wahren und zu festigen«, lautete ein viel zitiertes Diktum Heinrich von Treitschkes, des preußischen Historikers.[124] Im Monarchen sah das gebildete Bürgertum das sicherste Bollwerk für Freiheit und Recht; durch ihn glaubte es sich am besten gegen Exzesse demokratischer und sozialistischer Bewegungen geschützt.

Die damaligen Altertumsgelehrten zögerten nicht, diesen Überzeugungen adäquaten Ausdruck zu geben. Die Demokratie stand jetzt auch bei ihnen noch niedriger im Kurs als in der Restaurationszeit, und mit dem berühmtesten Anschauungsfall ihres Faches, mit der klassischen Blüte Athens, wussten sie sich in der Weise zu arrangieren, dass sie deren erste Phase, das Zeitalter des Perikles, als verschleierte Monarchie ausgaben – die Tyrannei des Pöbels, die nicht mehr durch einen Monarchen gezügelte Demokratie habe sich erst während des Peloponnesischen Krieges durchgesetzt. Die antiken Formen der Alleinherrschaft rangierten demgegenüber in der Werteskala der Experten obenan. Mommsen z. B. gab in der Einleitung zum nachgelieferten, die römischen Provinzen behandelnden 5. Band seiner »Römischen Geschichte« das folgende Urteil über die Kaiserzeit ab:[125]

> »Noch heute gibt es manche Landschaft des Orients wie des Okzidents, für welche die Kaiserzeit den an sich sehr bescheidenen, aber doch vorher wie nachher nie erreichten Höhepunkt des guten Regiments bezeichnet, und wenn einmal ein Engel des Herrn die Bilanz aufmachen sollte, ob das von Severus Antoninus beherrschte Gebiet damals oder heute mit größerem Verstande und mit größerer Humanität regiert worden ist, … so ist es sehr zweifelhaft, ob der Spruch zugunsten der Gegenwart ausfallen würde.«

Bei dieser Einschätzung der Dinge konnte Kaiser Wilhelm II. es wagen, auf dem Sockel eines Standbildes, das den Eingang des von ihm in den Jahren 1898–1907 rekonstruierten Saalburgkastells bei Bad Homburg ziert, dem römischen Kollegen den folgenden Gruß zu entbieten:[126]

»Imperatori Romanorum Tito Aelio Hadriano Antonino Augusto Pio

Guilelmus II Imperator Germanorum« – »Dem Kaiser der Römer Titus Aelius Hadrianus Antoninus Augustus Pius Wilhelm II. der Kaiser der Deutschen.«

Vom Gymnasium darf angenommen werden, dass es wie seine Klientel, das gehobene Bürgertum, und wie die dazugehörige politische Partei, die der Nationalliberalen, keinen Grund sah, an dem bestehenden Staat und der ihn tragenden Idee Kritik zu üben – es sei denn, dass dies durch das den antiken Stoffen inhärierende Protestpotential indirekt geschah. Die Lehrerschaft aber wird die Monarchie und die Monarchen ebenso vorbehaltlos bejaht haben wie die Universitätsprofessoren. Sie scheint sich jedoch andererseits nicht allzu oft veranlasst gesehen zu haben, antike Gegebenheiten für aktuelle Fragen zu instrumentalisieren. Dies lässt sich wohl aus einer kaiserlichen Kabinettsordre vom Jahre 1889 schließen, wonach die Schulen nutzbar gemacht werden sollen, »um der Ausbreitung sozialistischer und kommunistischer Ideen entgegenzuwirken«;[127] sie hätten darin, wie Wilhelm II. auf der Schulkonferenz des folgenden Jahres feststellte, bislang versagt. Hiermit kehrte die politische Dimension, die im Laufe des Jahrhunderts stufenweise zurückgedrängt worden war, kompakt in den Unterricht zurück – dies aber nicht in der Form liberaler Zurüstung für staatspolitisches Wirken überhaupt, sondern als Tendenz, als Indoktrination in einer genau fixierten Richtung.

Der Sozialhistoriker Robert von Pöhlmann (1852–1914) wusste der kaiserlichen Kritik, soweit sie auf den Bildungswert der Antike zielte, sofort zu begegnen. Er ließ sich in dem Aufsatz »Das klassische Altertum in seiner Bedeutung für die politische Erziehung des modernen Staatsbürgers« wie folgt vernehmen:[128] »Wenn … die Jugend belehrt werden soll über die sozialpolitische Bedeutung der Monarchie als der Verkörperung der ausgleichenden Gerechtigkeit und als einer festen Schutzwehr für Freiheit, Recht und Wohlstand aller Bürger, so möge es uns doch allezeit bewusst bleiben, dass die Idee dieses sozialen Königtums zuerst den Hellenen aufgegangen ist.« Mit dieser Replik erwies Pöhlmann der humanistischen Bildung einen zweifelhaften Dienst: Sie wurde, indem sie nunmehr auch Waffen gegen den Staatsfeind Nummer eins, die Sozialdemokratie, liefern sollte, allzu eng mit dem monarchisch regierten Staat verbunden, als sei das Kaisertum für alle Zeiten die einzig richtige Herrschaftsform.

Man hat behauptet,[129] das Feindbild, das man sich im Kaiserreich von der Sozialdemokratie machte, sei die Ursache für die Politisierung der humanistischen Bildung (im oben angedeuteten Sinne einer bestimmten Indoktrination) gewesen. Jedenfalls blieb in den letzten Jahrzehnten vor dem Ersten Weltkrieg die Freiheit des Staatsbürgers auf der Strecke, und der gehorsame Untertan war an die Stelle dieses einst für so wichtig erachteten pädagogischen Ziels getreten. Als Vehikel diente dabei nicht selten das mehr und mehr in Routine ausartende Vergleichen von Antikem und Modernem, der auch von Pöhlmann verwendete Topos »Schon die Griechen und Römer …« Die Parallelen, mit deren Hilfe man die in einer fernen Vergangenheit beheimateten Gegenstände des altsprachlichen Unterrichts zu aktualisieren suchte, waren jedoch aus geschichtswissenschaftlicher Sicht nicht unbedenklich; dass alle historischen Phänomene einmalig und unwiederholbar seien, gehörte zum eisernen Bestand jener seit den Tagen Wolfs auch von der Altertumswissenschaft anerkannten Methodik, durch die die Gültigkeit der zuvor oft bemühten Maxime *Historia magistra vitae* zumindest stark eingeschränkt worden war.

Hatte die humanistische Bildung, soweit sie auch tüchtige Staatsbürger heranziehen wollte, schon bei der allmählichen Verwandlung ihrer von Hause aus liberalen Grundsätze in die Bewunderung für die Monarchie keinen leichten Stand, so musste sie erst recht angesichts der nach der Revolution unaufhaltsam steigenden Flut des Nationalismus ihr Erbe, ihre historische Substanz verleugnen – dies sowohl zunächst, als die staatliche Einigung noch Ziel war, als auch hernach, im geeinigten, zunehmend auf Macht erpichten Wilhelminischen Reich.

Das Streben nach dem Nationalstaat, nach dessen ›kleindeutscher‹, Österreich ausschließender Variante, machte ein für den Neuhumanismus humboldtscher Prägung fundamentales Denkbild unbrauchbar: die Vorstellung, dass die Deutschen als die Griechen der Neuzeit wie jene berufen seien, in einem Ensemble miteinander wetteifernder Kleinstaaten herausragende kulturelle Leistungen zu vollbringen. Die deutsche ›Kleinstaaterei‹ fiel der Verachtung anheim, und das Pendant des antiken Griechenland erschien als Versager. Die Neuhumanisten sahen sich genötigt, nach neuen Vorbildern zu suchen. Was sie fanden, war kümmerlich: Wenn die Antike schon wenig dazu taugte, die Monarchie gegen die Republik und die Demokratie auszuspielen, dann taugte sie erst recht nicht dazu, die Besonderheiten des deutschen Einigungsprozesses zu illustrieren.

Die von Boeckh ins Feld geführte Analogie des Delisch-Attischen Seebundes[130] hinkte, weil dieser Zusammenschluss gar nicht zu einem Staat gleichberechtigter Bürger geführt hatte, sondern bald zu einem Herrschaftsinstrument Athens von entsprechend kurzer Lebensdauer verkommen war.

Die von Mommsen behauptete Einigung Italiens durch Rom[131] unterschied sich dadurch von dem deutschen Vorgang, dass die Italiker zunächst von Rom bezwungen und dann erst nach einem langen, Jahrhunderte währenden Assimilationsprozess in Rom integriert wurden. Am ehesten ließ sich noch mit Droysens Hinweis auf die Makedonen etwas anfangen: Die zweite Auflage der »Geschichte Alexanders des Großen«, erschienen im Jahre 1877, hob hervor, dass Philipp II. Griechenland geeinigt habe, um den Krieg gegen den Erzfeind Persien wagen zu können.[132] Ein nationaler Krieg und die nationale Einigung als zusammenhängender Vorgang: dieser bestechenden Parallele zu den Ereignissen der Jahre 1870/71 haftete allerdings das Manko an, dass statt Athens, des weitaus wichtigsten Subjekts der griechischen Kultur, das Randvolk der Makedonen zum Vorbild für Preußen und somit zu einem wichtigen Thema des altertumskundlichen Unterrichts avancierte. Die mitreißende Beredsamkeit des Demosthenes, des unterlegenen Kämpfers für die Freiheit Athens, wurde hierbei zur Produktion eines seine Zeit verfehlenden Winkelpolitikers degradiert, während der weitschweifige Rhetor Isokrates zum Wegbereiter des nationalen Gedankens aufstieg.

Die humanistische Bildung beruhte vor allem auf der Beschäftigung mit der griechischen, an zweiter Stelle auch auf der mit der römischen Kultur. Die jungen Leute, die das Gymnasium besuchten, machten sich also im altsprachlichen Unterricht mit fremden Vergangenheiten vertraut, nicht aber mit der eigenen, der deutschen. Dies war der erste und wichtigste Grund, weshalb sich die humanistische Bildung umso weiter von der Gegenwart entfernte, je mehr sich der nationale Eifer der Allgemeinheit bemächtigte. Es kam hinzu, dass die Antike ein Konzert der Nationen und einen dementsprechenden nationalen Ehrgeiz, wie er im neuzeitlichen Europa herrschte, nicht gekannt hatte. Die Griechen fühlten sich allen Nicht-Griechen, die sie summarisch ›Barbaren‹ nannten, überlegen, und die Römer allen Nicht-Römern; nur ein paar römische Schriftsteller blickten bewundernd zu den Leistungen der Griechen auf und suchten mit ihnen zu wetteifern. ›Nation‹ und ›Nationalgefühl‹ setzen eben eine Vielheit anderer, vergleichbarer Nationen voraus, und dies hat es vor dem Mittelalter im europäischen Kulturkreis nicht gegeben.

Vermochte demnach die historische Substanz der humanistischen Bildung dem Bedürfnis nach Bestätigung der nationalen Identität wenig oder gar nicht zu genügen, so blieben einige Randzonen, deren sich vornehmlich der Lateinunterricht annahm: der Blick in die Vorgeschichte des eigenen Volkes (oder in das, was dafür galt), wie ihn einige römische Quellen, insbesondere die »Germania« des Tacitus, freigaben, und die Beschäftigung mit Militärischem, wozu vor allem das zur Anfangslektüre par excellence aufgestiegene »Bellum Gallicum« Caesars Anlass bot. Dass beides mit wachsender Intensität traktiert wurde, lassen die Übungssätze und -stücke der Elementarwerke vermuten:[133] Vor allem im letzten Drittel des Jahrhunderts, nach dem gewonnenen deutsch-französischen Krieg, beanspruchen dort die Germanen sowie Kampf- und Schlachtgetümmel zunehmend Raum. Dazu, dass sich die altsprachliche Historikerlektüre in Strategieunterricht verwandeln konnte, hat gewiss ein Spezialist auf diesem Felde, der Historiker Hans Delbrück (1848–1929)[134], nicht wenig beigetragen; seine Publikationen, darunter der erste, dem Altertum gewidmete Band seiner monumentalen »Geschichte der Kriegskunst«,[135] fanden insbesondere in Lehrerkreisen viel Beachtung.

Doch alle diese Bemühungen vermochten das Staatsoberhaupt nicht zufrieden zu stellen. Wie er im Jahre 1889 mehr Engagement im Kampf gegen innere Feinde gefordert hatte, so trug er im Jahre darauf in einer vom Kultusministerium einberufenen Schulkonferenz zur Frage der nationalen Bildung durch das Gymnasium Folgendes vor:[136]

> »Wer selber auf dem Gymnasium gewesen ist und hinter die Kulissen gesehen hat, der weiß, wo es da fehlt. Und da fehlt es vor allem an der nationalen Basis. Wir müssen als Grundlage für das Gymnasium das Deutsche nehmen; wir sollen nationale junge Deutsche erziehen, und nicht junge Griechen und Römer. Wir müssen von der Basis abgehen, die jahrhundertelang bestanden hat, von der alten klösterlichen Erziehung des Mittelalters, wo das Lateinische maßgebend war und ein bißchen Griechisch dazu. Das ist nicht mehr maßgebend. Wir müssen das Deutsche zur Basis machen. Der deutsche Aufsatz muß der Mittelpunkt sein, um den sich alles dreht.«

Der Kaiser war überzeugt, dass die beiden Rügen, die er der humanistischen Bildung erteilte, eng miteinander zusammenhingen. Das Gymnasium hatte, wie er meinte, im Kampf gegen die Sozialdemokratie versagt, weil es sich zu wenig an der Literatur und Geschichte der eigenen Nation orientierte.

Die Beschlüsse, die auf die kaiserlichen Voten hin von der Schulkonferenz gefasst wurden, waren ein Markstein im so genannten Schulkrieg, d. h. in dem langen Streit um das Verhältnis von Gymnasium und Realschule; sie kommen in dem hiervon handelnden Abschnitt ausführlich zur Sprache.[137] Sie liefen auf einen neuen, bereits 1892 in Kraft tretenden Lehrplan hinaus, der die Gewichte erheblich im Sinne Wilhelms II. verschob. Das Kontingent der alten Sprachen wurde ebenso wie das der alten Geschichte eingeschränkt, und zwar zugunsten des Deutschen und der neueren, der ›vaterländischen‹ Geschichte. Die Folge hiervon war nicht, dass man davon abließ, junge Griechen und Römer zu erziehen (mit dieser Charakteristik des bisherigen Zustandes hatte Wilhelm II. fehlgegriffen), sondern dass man eine überwiegend formale Bildung durch eine inhaltlich bestimmte, deutsch-nationale Indoktrination ersetzte.

Die Gymnasialreform des Jahres 1892 suchte Forderungen zu genügen, die aus zwei Richtungen kamen, die einmal von wirtschaftlich engagierten Kreisen und zum anderen von einer dem Militär angehörigen Hofkamerilla erhoben wurden. Die Erstgenannten verlangten von der Bildung mehr Praxisbezug, mehr ›Realismus‹, im Sinne des Programms der Realschulen; die Repräsentanten des Kriegsministeriums wünschten eine intensivere Erziehung zum Patriotismus, wie sie auf den Kadettenschulen schon seit einiger Zeit praktiziert wurde. Dass diesen Postulaten jetzt Erfolge beschieden waren, mag mit dem allgemeinen Krisenbewusstsein und Unsicherheitsgefühl zusammenhängen, das sich in jenen Jahren weiter Kreise des Bürgertums bemächtigte und das allenthalben auf entgegengesetzte Weise Ausdruck fand: in lauten Bekenntnissen zu Kraft und Stärke sowie in der Fin-de-Siècle-Strömung des Nihilismus und der Dekadenz. Es häuften sich damals Ereignisse, die eine geschichtliche Zäsur anzuzeigen schienen. Auf den Regierungsantritt Wilhelms II. (1888) folgte bald, im Frühjahr 1890, Bismarcks Entlassung. Um dieselbe Zeit erschien anonym das Buch Julius Langbehns, »Rembrandt als Erzieher«, ein Werk, das sofort vierzig Auflagen erzielte: Es war ein Aufruf zur Verwirklichung des ›deutschen Wesens‹ durch Abkehr von technischem Rationalismus und gelehrtem Spezialistentum. Und im Jahre 1891 wurde der »Alldeutsche Verband« ins Leben gerufen, ein angeblich überparteilicher Zusammenschluss von Patrioten, dessen Ziele im Sinne von Machtpolitik und dem Anspruch auf Weltgeltung über die Pflege des deutschen Nationalbewusstseins weit hinausgingen. Andererseits war Nietzsche, mehr als alle anderen Exponent der paradoxen Verbindung von Vitalität und Verfall, 1889 zusammengebrochen, und um dieselbe Zeit begann die Geschichte seines einzigartigen Ruhmes.[138]

Es wäre anachronistisch, den Verfechtern der humanistischen Bildung vorzuwerfen, dass sie sich der nationalistischen Woge nicht in radikaler Ablehnung entgegengestellt hätten. Sie konnten schwerlich umhin, sich von ihr mittragen zu lassen; immerhin versuchten einige von ihnen, nach Maßgabe des Erbes, das sie verwalteten, dämpfend auf die Deutschtümelei einzuwirken. Kein anderer als der Militärhistoriker Delbrück warnte vor nationalem Fanatismus und erinnerte daran, dass das deutsche Volkstum ein Glied der allgemeinen Menschheitsbildung sei.[139] Und selbst ein Germanist, der durchaus national gesinnte Gustav Roethe, trat den Übertreibungen der Wilhelminischen Zeit entgegen, indem er die Beschäftigung mit Griechenland und Rom als Conditio sine qua non für die eigene Existenz als Kulturnation zu erweisen suchte. »Und römische Geisteszucht, hellenische Freiheit«, schrieb er,[140] »sie sind uns eingedrungen bis ins innerste Herz, sie leben in jedem Atemzug unsers nationalen Denkens: sie haben uns zu dem gemacht, was wir sind … Ihr feiert Schiller als nationalen Dichter, und die Brücke wollt Ihr niederreißen, die zu ihm führt.«

c) Der Lehrplan des Gymnasiums: die alten Sprachen und Deutsch

Für das Urteil engagierter Zeitgenossen mögen die Unterschiede, welche die Lehrpläne des 19. Jahrhunderts in den Stundentafeln aufweisen, von einigem Gewicht gewesen sein; für heutige Betrachter sind sie belanglos. Was Preußen betrifft, so müssen die Änderungen, die das Blaue Buch des Jahres 1837 gegenüber dem Plan von 1816 einführte (Kürzung des gymnasialen Kurses auf neun Jahre; Umverteilung der verfügbaren Stunden zugunsten des Lateinischen und zu Lasten des Griechischen und Deutschen[141]), hiervon ausgenommen werden. Im Übrigen aber herrschte auch dort Gleichförmigkeit: Die Lehrpläne der Jahre 1837, 1856 und 1882 sind einander derart ähnlich, dass man sich fragt, warum die beiden späteren überhaupt erlassen wurden. Erst im Jahre 1892 fand mit der Kürzung des Lateinischen um ein Viertel des bisherigen Stundendeputats ein erheblicher Kurswechsel statt.

Das preußische Gymnasialwesen lag von 1850 bis 1875 in den Händen von Ludwig Wiese aus Herford (1806–1900), eines besonnenen Schulmannes, dem die englischen Verhältnisse gezeigt hatten, dass auch eine ganz andere Art von Bildung möglich sei. Dem Lehrplan, den er im Jahre 1856 herausbrachte, waren Debatten über den bestehenden Zustand vorausgegangen: Klagen, dass die Schüler sowohl wegen der Vielzahl der Fächer als auch wegen der Verschiedenartigkeit der Aufgaben überfordert seien. Da ist es desto verwunderlicher, dass die neue Regelung im Wesentlichen an der bisherigen festhielt, dass man sich insbesondere nicht hatte entschließen können, die Zahl der Unterrichtsgegenstände herabzusetzen und den heftig umstrittenen lateinischen Aufsatz abzuschaffen.

Der konservative Plan von 1856 brachte es auf eine noch längere Lebensdauer als sein Vorgänger; er wurde erst im Jahre 1882 abgelöst. Damals hatte bereits Hermann Bonitz aus Langensalza (1818–1888) die Nachfolge Wieses angetreten. Er war gleichermaßen Gelehrter und Schulpolitiker. In seiner erstgenannten Eigenschaft befasste er sich vor allem mit Platon und Aristoteles; sein »Index Aristotelicus« vom Jahre 1870[142] ist ein bis heute nicht ersetztes Arbeitsinstrument der Wissenschaft. Als Schulpolitiker hat er sich vor allem in Wien hervorgetan (er hatte dort von 1849–1867 eine Professur inne): Am österreichischen Unterrichtswesen waren die Veränderungen, die seit der napoleonischen Zeit in Deutschland stattgefunden hatten, wirkungslos vorübergegangen, sodass dort noch stets die alte Lateinschule von sechsjähriger Dauer sowie ein zwei- bis dreijähriger so genannter philosophischer Kursus das Feld behaupteten. Bonitz gelang es, das neuhumanistische Gymnasium in Österreich einzuführen und durchzusetzen, wobei er mit Hilfe des von ihm gegründeten philologischen Seminars für einen wissenschaftlich geschulten Lehrerstand sorgte.

In Berlin, wo er mit beachtlicher Resonanz Vorlesungen über die griechische Philosophie hielt, konnte er so große organisatorische Erfolge nicht mehr erringen. Er war überzeugt, dass ein einheitliches, humanistische und realistische Elemente gleichermaßen berücksichtigendes Gymnasium die beste Vorbereitung für alle künftigen Studierenden sei. Nichtsdestoweniger musste er in Preußen Lehrpläne (nebst zugehörigen Reglements der Abschlussprüfung) sowohl für das Gymnasium als auch für die verschiedenen existierenden, allerdings noch nicht gleichberechtigten Formen der Realschule aushandeln.[143] Hierbei konnte er nicht umhin, sich auf Kompromisse einzulassen, und das Verordnungswerk des Jahres 1882, das zum ersten Male das gesamte höhere Schulwesen in einem Akt regelte, erwies sich gegen die Absicht seines Urhebers bald darauf als Markstein auf dem Wege zur Pluralität vollgültiger auf das Studium vorbereitender Typen von Lehranstalten.

Der Bonitzsche Plan, der letzte, der beanspruchen kann, die für das humanistische Gymnasium des 19. Jahrhunderts charakteristische Verteilung der Stundendeputate zu enthalten, hatte folgendes Aussehen:

	VI	V	IV	U.III	O.III	U.II	O.II	U.I	O.I	Summe
Religion	3	2	2	2	2	2	2	2	2	19
Deutsch	3	2	2	2	2	2	2	3	3	21
Latein	9	9	9	9	9	8	8	8	8	77
Griechisch	–	–	–	7	7	7	7	6	6	40
Französisch	–	4	5	2	2	2	2	2	2	21
Geschichte/ Geographie	3	3	4	3	3	3	3	3	3	28
Mathematik	4	4	4	3	3	4	4	4	4	34
Naturkunde/ Physik	2	2	2	2	2	2	2	2	2	18
Schreiben	2	2	–	–	–	–	–	–	–	4
Zeichnen	2	2	2	–	–	–	–	–	–	6
	28	30	30	30	30	30	30	30	30	

Latein, das älteste der in diesem Plan aufgeführten acht wissenschaftlichen Fächer – das Fach, das wie ein roter Faden die Geschichte der höheren Schule Europas durchzieht –, hat zwar im Verhältnis zu den Plänen von 1837 und 1856 ein um neun Stunden vermindertes Deputat, hiermit wurde aber lediglich der Zuwachs widerrufen, der in der Ära Schulze gegenüber der Stundentafel von 1816 durchgesetzt worden war. Latein thronte mit den acht oder neun Wochenstunden, die ihm während der ganzen Schulzeit zu Gebote standen, hoch über allen anderen Lehrgegenständen. Griechisch, das allerdings erst in der Untertertia einsetzte, folgte ihm mit geringem Abstand; in der Mittel- und Oberstufe beanspruchten die beiden alten Sprachen mit insgesamt neunzig Stunden genau die Hälfte der verfügbaren Masse.

Als das älteste Schulfach verfügte Latein über die längsten Unterrichtserfahrungen und demzufolge über eine immense didaktische Literatur. Man erprobte die vielfältigsten Methoden und schlug für die Lektüre die verschiedensten Texte vor, und das Pro und Contra von allem und jedem wurde immer wieder gründlich erörtert. Der Diskussionsstand des ausgehenden 19. Jahrhunderts lässt sich mit wünschenswerter Deutlichkeit aus dem postum erschienenen Werk des konservativen Didaktikers Friedrich August Eckstein, »Lateinischer und griechischer Unterricht«, Leipzig 1887, ersehen. Dort gehen nicht nur besondere historische Teile den systematischen voraus;[144] auch innerhalb der Systematik ist bei jedem Problem dessen bisherige Behandlung bis zurück zum Beginn der Neuzeit eingeflochten. Die folgende Darstellung resümiert die Bestandsaufnahme Ecksteins.

Das Fach Latein hat, hierin der Mathematik nicht unähnlich, die Eigentümlichkeit, dass jedenfalls zunächst, beim Elementarunterricht, nichts weggelassen oder vertauscht werden kann, dass ein Pensum auf dem anderen aufbaut. Die Didaktiker wiederum stellen den entsprechenden Stoff nicht als zeitenthobenes System dar, sondern bilden hierbei den Gang des Unterrichts in seinen Hauptphasen ab. So auch der methodische Teil im Werk Ecksteins: beim Elementarunterricht ist der Aufbau der Grammatik maßgeblich; die für die Lektüre bestimmten Autoren sind weithin nach dem Schwierigkeitsgrad angeordnet, und lediglich beim dritten, »Schreibübungen, Komposition, Stil« betitelten Abschnitt handelt es sich nicht um eine zeitlich abgesonderte Phase, sondern um ein die Lektüre-Jahre begleitendes Verfahren.

Die beiden ersten Abschnitte, »Grammatischer Unterricht« und »Lektüre«, enthalten den Stoff, der – nach Eckstein – um seiner selbst willen erlernt werden soll. Die lateinische Grammatik vermittelt die Grundlagen der grammatischen Bildung überhaupt und ermöglicht ein reflektiertes Verhältnis zu sprachlichen Phänomenen; die Lektüre römischer Autoren erschließt die Literatur eines Volkes, das die Entwicklung der europäischen Kultur maßgebend geprägt hat. Der dritte Abschnitt hingegen stellt dar, was nur noch Mittel zum Zweck sein soll: Das schriftliche Übersetzen vom Deutschen ins Lateinische dient der Sicherung und Festigung dessen, was um seiner selbst willen betrieben wird.

Der einführende, auf die Lektüre vorbereitende Elementarunterricht pflegte zwei bis drei Jahre zu beanspruchen; man verwendete dabei eine Grammatik sowie ein oft mehrbändiges Lese- oder Übungsbuch.[145] Ein althergebrachtes grammatisches System war maßgeblich für die Reihenfolge der Pensen. Zunächst ging es hauptsächlich darum, die Formenlehre, d. h. die Flexion der Nomina und Verba, einzuüben (wobei man nicht umhin konnte, einfache syntaktische Phänomene einzubeziehen); danach wurde nach einem festen Schema die Syntax durchgenommen: erst die Kasus, darunter der vieldeutige und deshalb gefürchtete Ablativ, und dann die Tempora und Modi.

Im frühen 19. Jahrhundert beherrschte oft noch das Grammatikbuch den Unterricht, wonach die Flexionsbeispiele wie *lupus*, *lupi*, *lupo* usw. sowie die Regeln auswendig gelernt wurden, und der Lesebuchteil hatte mehr den Charakter eines Anhangs. Später verschoben sich die Gewichte zugunsten des Übungsbuches, das den grammatischen Stoff anhand von Einzelsätzen und kleinen Geschichten Pensum für Pensum in einzelnen Lektionen darbot, und das Grammatikwerk wurde zu einem die Durchnahme der Lektionen begleitenden Hilfsmittel. Hierbei ging es nach wie vor um das Einüben von Formenlehre und Syntax; das Material der Übungsbücher, sowohl lateinische als auch deutsche Texte zum Übersetzen, war lediglich dazu bestimmt, diesen Vorgang durch Beispiele zu erleichtern. Als Inhalte dienten dabei zunächst noch naturkundliche Realien, wie in den Zeiten der alten Lateinschule. Später verwendete man gern Gegenstände, die über Altertumskundliches – über Mythologie, Philosophie, Geschichte usw. der Griechen und Römer – belehrten, und gegen Ende des 19. Jahrhunderts nahmen die Lesestücke, wie schon erwähnt,[146] nicht selten eine patriotische oder militärische Färbung an. Die Texte der Übungsbücher dienten nicht nur der Illustration der grammatischen Regeln, sondern auch der Vermittlung eines für die künftige Lektüre ausreichenden Wortschatzes. Hierbei wurde das Alltagsvokabular, das man einst bei der mündlichen oder schriftlichen Verwendung des Lateinischen benötigt hatte, im Laufe der Zeit durch die für die Lektüre römischer Autoren erforderlichen Wörter und Wendungen ersetzt.

Im dritten Jahr, in der Quarta, begann die neue, bis zum Abitur sich erstreckende Phase des Lateinunterrichts, die zusammenhängende Lektüre originaler Texte. Für den Übergang benutzte man oft Chrestomathien, Sammlungen kürzerer Stücke aus den Werken verschiedener Autoren, oder vereinfachende Bearbeitungen, insbesondere des Livius. Als Fundus, aus dem die Lektüre bestritten wurde, kam nur eine kurze Spanne der lateinischen Literatur in Betracht: die Klassiker im weiteren Sinne, d. h. die römischen Autoren dreier Jahrhunderte, von Plautus und Terenz bis Tacitus. Die Reduktion auf die heidnische Antike, gültig gleichermaßen für die griechische und die lateinische Literatur, war ein Grunddogma des Neuhumanismus. Bereits Friedrich August Wolf hatte alles Christliche rigoros aus seiner Altertumswissenschaft verbannt[147] – von den Kirchenvätern der Spätantike bis zu den Jesuiten des Barock, und auch die Schriften der Neulateiner, mochten sie in didaktischer Hinsicht noch so geeignet sein, zählten nicht mehr zum Kanon der für die Lektüre in Betracht kommenden Texte.

Ecksteins Darstellung lässt die für die Schule geeigneten römischen Autoren nach Gattungen geordnet auftreten. Er behandelt zunächst, in der Abteilung Prosa, die Geschichtsschreibung, dann die Beredsamkeit, die Philosophie, die Rhetorik und die Briefe; in der Abteilung Dichtung, in der die Rücksicht auf Schwierigkeitsgrade durchschimmert, folgen auf die Tierfabel das Epos und die Lyrik – die Elegie und die Komödie werden im Vorübergehen genannt. Gänzlich ausgeschlossen von diesem Repertoire ist ein für die praxisorientierten Römer besonders wichtiger Literaturzweig, die Fachschriftstellerei mitsamt dem ihr verwandten Lehrgedicht, ferner, zweifellos wegen des ›barocken‹ Stils, die allein durch Seneca repräsentierte Gattung Tragödie.

Bei der ersten Gattung, der Geschichtsschreibung, war offensichtlich auch gegen Ende des 19. Jahrhunderts noch viel ›Unklassisches‹ in Gebrauch, sodass Eckstein sich veranlasst sah, zunächst strenge Auslese zu halten. Ihr fielen nicht nur Kompendienverfasser der Spätantike wie Eutropius zum Opfer, sondern auch die Alexanderhistorie des Curtius Rufus (»wegen des märchenhaften Tones der Erzählung«[148]) oder die berühmten Kaiserbiographien Suetons. Als Rest bleiben, nach den Klassen von Quarta bis Prima geordnet, Cornelius Nepos, Caesar, Livius und Tacitus; eigenartigerweise wird Sallust nicht ohne Vorbehalte empfohlen, ja geradezu abgelehnt – wohl gegen die damals vorherrschende communis opinio. Bei der taciteischen »Germania« zollt Eckstein der Zeitströmung unter Wilhelm II. einen unüberhörbaren Tribut:[149] »Das vaterländische Interesse macht es wünschenswert, dass kein deutscher Jüngling das Gymnasium verlasse, ohne die Bekanntschaft mit dieser Schrift gemacht zu haben.«

Bei den übrigen Prosagattungen triumphiert der Ciceronianismus, obwohl es heißt, dass Cicero nicht mehr als Muster für Briefe, Reden und Abhandlungen gelesen werde, sondern damit man den Schriftsteller kennen lerne, der die lateinische Sprache zur höchsten Vollendung geführt habe. Eckstein befehdet zunächst mit Nachdruck das zu seiner Zeit verbreitete negative Urteil über den ›Advokaten‹ Cicero; es scheint auf Rousseau zurückzugehen, gewann zumal in Deutschland viel Widerhall und gipfelte in Mommsens vernichtender Kritik.[150] Dann werden die Reden behandelt: Hier hatte der Klassizismus der Überlieferung dem Ecksteins vorgearbeitet; da außer dem ciceronischen Corpus so gut wie nichts erhalten ist, war allein daraus eine für den Unterricht geeignete Auswahl zu treffen. Die philosophischen und rhetorischen Schriften hingegen sowie die Briefe Ciceros hatten Konkurrenz durch Autoren der frühen Kaiserzeit; Eckstein will weder die Prosawerke Senecas noch den »Dialogus« des Tacitus noch die Plinius-Briefe gelten lassen.

Die Dichtung unterlag einer ebenso strengen, wenn nicht strengeren Zensur. Hier scheint sich ein stereotyper Kanon durchgesetzt zu haben. Man begann in der Quarta mit einer Chrestomathie oder mit Phädrus-Fabeln und stieg dann über Ovids »Metamorphosen« und Vergils »Äneis« zur horazischen Lyrik, dem poetischen Pensum der Prima, auf. Was die Prosa nach

Maßgabe stilistischer Kriterien an Einbußen erlitt, das büßte infolge der allgemeinen Prüderie die Poesie ein: Catulls Lesbia-Gedichte fanden keine Gnade, ebenso wenig die Liebesklagen der Elegiker. Dass nunmehr auch die Komödien des Plautus und Terenz auf den Index kamen, vermochte selbst Eckstein nicht zu billigen. »Zu den komischen Dichtern«, schreibt er,[151] »stellt sich die neuere Zeit ganz anders als die frühere; sie hat die sittliche Unbefangenheit verloren und will darum die leichtfertige Jugend Griechenlands und ihren Verkehr mit meretrices (Dirnen) von der Schule fernhalten.«

Der dritte Teil der Ecksteinschen Didaktik behandelt ein damals bereits heftig umstrittenes Gebiet: die Schreibübungen, d. h. das Übersetzen deutscher Texte ins Lateinische sowie die freie Komposition, den gefürchteten lateinischen Aufsatz. Der Verfasser will diese Reservate der alten Lateinschule und sogar einige Übung im mündlichen Gebrauch erhalten wissen:[152] »Wer die lateinische Sprache spricht und schreibt, hat eine genauere Kenntnis derselben nötig, als wer das darin Gesprochene und Geschriebene nur liest und versteht.« Derlei Anforderungen waren indes nicht frei von Heuchelei: Die meisten Lehrer benutzten aus Unsicherheit oder Bequemlichkeit gedruckte Hilfsmittel, vorgefertigte Übungssätze mitsamt den Lösungen. Vor allem das von dem Holzmindener Lehrer Hermann Menge (1841–1939) in Frage- und-Antwort-Form verfasste »Repetitorium der lateinischen Syntax und Stilistik« wurde viel benutzt; es leistet jetzt bei der Ausbildung künftiger Lateinlehrer nützliche Dienste.[153] Der lateinische Aufsatz, der wirkliche und wahrhaftige Vampir des Gymnasiums, ein Gespenst der Abiturientenprüfung, das den römischen Klassikern und der unberufenen Mehrzahl der deutschen Jünglinge das Blut aussauge (so eine zeitgenössische Stimme[154]), wurde im Lehrplan von 1892 abgeschafft.

Das Griechische wurde im Gymnasium des 19. Jahrhunderts von Quarta an gelehrt; erst der Plan von 1882 verlegte den Beginn auf die Untertertia. Dies war wohl vornehmlich durch die Intensivierung des Französischunterrichts bedingt: Laut Blauem Buch erst ab Untertertia erteilt und insgesamt, d. h. in allen Jahren bis zum Abitur, lediglich mit zwölf Stunden bedacht, rückte das Fach 1856 auf die Quinta vor, mit einer Aufstockung der Stundenzahl auf siebzehn, und 1882 wurde hieran, mit einer abermaligen Erhöhung auf 21 Unterrichtseinheiten, festgehalten.

Wie Latein ein reines Bildungsfach, wurde das Griechische in genauer Analogie dazu gelehrt. Auf den zwei- bis dreijährigen Elementarunterricht mit Grammatik und Übungsbuch folgte das nach Schwierigkeitsgraden angeordnete Programm der Lektüre. Die Schreibübungen allerdings, die dritte

Kategorie des altsprachlichen Unterrichts, spielten nur eine geringe Rolle: Hier verlangte kein Zopf aus Lateinschulzeiten nach Pflege, und die Übersetzungen, mehr aus dem Griechischen als ins Griechische, dienten wirklich nur dem Zweck, das Verständnis der klassischen Originale zu sichern und zu fördern.

Der spätere Beginn hat nicht bedeutet, dass das Griechische die unansehnlichere Schwester des Lateinischen gewesen wäre; es hat eher als das noblere Fach gegolten, als der Kern der humanistischen Bildung. In der Grammatik hatte der Lateinunterricht, wenn das Griechische auf dem Stundenplan erschien, bereits grobe Arbeit für beide Sprachen geleistet: Die Terminologie war identisch, die Strukturen waren ähnlich, und die bereits reiferen Schüler vermochten sich das grammatische Rüstzeug trotz der komplizierteren Formenlehre und des reicheren Vokabulars des Griechischen bis gegen Ende der Obertertia anzueignen.

Die Liste der Prosawerke enthielt weder rhetorische Traktate noch Briefe (zu Recht, da sich weder die aristotelische Rhetorik noch die wenigen echten Platon-Briefe für die Schule eignen); sie bestand aus historischen und philosophischen Werken sowie aus Reden. Als Anfangslektüre diente die »Anabasis« Xenophons, ein schlichter Augenzeugenbericht von einer Episode aus der persischen Geschichte: Sie schildert, wie sich zehntausend griechische Söldner nach dem Scheitern einer Rebellion aus Mesopotamien in die Heimat durchschlagen. Andere Werke desselben Autors sowie die »Anabasis« des kaiserzeitlichen Schriftstellers Arrian, eine Darstellung der Feldzüge Alexanders des Großen, fanden bei Eckstein wenig Gefallen; von der zweiten »Anabasis« heißt es pointiert:[155] »Warum sollen wir … den Nachahmer« (nämlich Xenophons) »lesen, da wir das treffliche Original haben?« Für die nächste Stufe pflegte Herodot verwendet zu werden, während Plutarchs Biographien hauptsächlich aus stilistischen Gründen einen schweren Stand hatten. Der »Peloponnesische Krieg« des Thukydides endlich, die Krone der griechischen Historiographie, war wegen seiner Schwierigkeit umstritten.

Die Philosophie wurde im Wesentlichen durch Platon repräsentiert, wobei man mit Recht die Werke bevorzugte, die die Gestalt des Sokrates vor Augen führten, insbesondere die »Apologie« und den »Kriton«. Aus dem Fundus der griechischen Beredsamkeit kamen die Prunkstücke des Isokrates, die Gerichtsplädoyers des Lysias und die politischen Ansprachen des Demosthenes in Betracht; hiermit leistete das Gymnasium einen heutzutage verschwundenen Beitrag zur Kenntnis der Rhetorik und des Kräftemessens in der Demokratie.

Die Dichterlektüre war nahezu gleichbedeutend mit der Homers; für heutige Ohren klingt es geradezu fabelhaft, dass die »Odyssee« ganz und die »Ilias« großenteils gelesen zu werden pflegte. Nicht daß der Lehrer im Unterricht alles hätte übersetzen lassen: die Schüler mussten sich den Text privatim erarbeiten, und zwar jede Woche ein Buch; in der Schule wurden die Inhalte referiert und nur schwierigere Stellen genauer betrachtet. Neben den homerischen Epen standen ein bis zwei Stücke eines der drei Tragiker auf dem Programm. An Aischylos und Euripides hat man sich allerdings wohl nicht allzu oft herangewagt; als Favoriten galten die beiden Tragödien des Sophokles, die auch heute noch die bekanntesten sind: »Antigone« und »König Ödipus«. Aristophanes war vom Kanon der Schule ausgeschlossen; bedauerlicherweise erschienen auch die »Wolken« »wegen der oberflächlichen Auffassung des Sokrates« als »höchst bedenklich« (so Eckstein[156]). Die trümmerhaft überlieferte Lyrik fand selten Beachtung; die Siegeslieder Pindars wurden mit Recht als zu schwierig befunden. Hellenistische Dichtung lag gänzlich außerhalb des dem 19. Jahrhundert vertrauten Horizonts.

Das humanistische Gymnasium enthielt in seinem Lehrplan ein Fach, das zugleich Abbild und Kontrafaktur des altsprachlichen Unterrichts war: das Fach Deutsch. Abbild der älteren Schwesterdisziplin war Deutsch insofern, als es von ihr die Aufgabenfelder Grammatik, Schreibübungen und Lektüre im Ganzen und in vielerlei Details übernahm; deren Kontrafaktur war es oder richtiger wurde es im Laufe des 19. Jahrhunderts, weil es die alten Sprachen aus der Position, die sie durch den Neuhumanismus erhalten hatten, verdrängte und als die Vermittlerin des höchsten Zieles an deren Stelle aufrückte, wobei sich dieses Ziel aus einem menschheitlichen in ein nationales verwandelte.

Die ersten erheblichen Anstrengungen, dem Fach auch im gymnasialen Unterricht einen Platz zu verschaffen, wurden unternommen, als sich die deutsche Sprache nicht nur in der schönen Literatur, sondern auch in den Wissenschaften mehr und mehr durchsetzte – gegen Ende des 17. Jahrhunderts. Die Tendenzen, die den Ritterakademien und den ersten Realschulen innewohnten, verhalfen auch dem Deutschunterricht zu einiger Anerkennung: Nützlichkeitserwägungen, insbesondere das Streben, mehr Rücksicht auf die Erfordernisse der Berufspraxis zu nehmen. Hauptziel war hierbei die Steigerung des Ausdrucksvermögens, die Stilbildung, die Beherrschung rhetorischer Techniken auch in der Muttersprache; der Rolle, die der »Politische Redner« Christian Weises damals gespielt hat, wurde bereits gedacht.[157]

Im 18. Jahrhundert hat sich niemand der deutschen Eloquenz mit so breiter Wirkung angenommen wie Gottsched, der Wegbereiter der Klassik. Er veröffentlichte 1728 einen »Grundriss zu einer vernunftmäßigen Redekunst«, ein Lehrbuch, dessen umgearbeitetem Nachfolger vom Jahre 1754 er den Titel »Vorübungen der Beredsamkeit zum Gebrauch der Gymnasien und höheren Schulen« gab. Dort fanden sich bereits Regeln und Empfehlungen für den ›gebundenen‹, den an vorgegebenen Mustern sich orientierenden Aufsatz. Gottsched versah auch die deutsche Grammatik mit einem soliden Fundament: Seine »Grundlegung einer deutschen Sprachkunst« erschien 1748; ihr folgte fünf Jahre darauf ein Auszug, der »Kern der deutschen Sprachkunst«, ein Elementarwerk für Schüler. Gottsched fand einige Jahrzehnte darauf in Johann Christoph Adelung einen eigenständigen Nachfolger. Dieser verfasste im Auftrage des preußischen Ministers von Zedlitz eine »Deutsche Sprachlehre«, die ihren Gegenstand nicht mehr nach dem Vorbild der Lateingrammatiken als starres, abgeschlossenes, sondern als offenes, der Entwicklung fähiges Gefüge von Regeln betrachtet wissen wollte.[158]

Die Aufklärung versah den Deutschunterricht nicht nur auf den Feldern der Aufsatz- und Stilkunde sowie dem der Sprachlehre mit geeigneten Hilfsmitteln; sie brachte auch das deutsche Lesebuch auf den Weg: mit beispielhaften Geschichten von lehrhafter Tendenz. Als Archeget dieser Gattung gilt Friedrich Eberhard von Rochow (1734–1805), brandenburgischer Gutsbesitzer und Pädagoge. Er verfasste für die Jugend seiner Dörfer ein Lesebuch weltlichen Inhalts, zum Gebrauch »zwischen Fibel und Bibel«: »Der Kinderfreund«, in zwei Teilen (1776/77) – das Werk war überaus erfolgreich und rief alsbald zahlreiche Nachahmungen hervor.[159] Es wurde, ebenso wie Campes »Kleine Kinderbibliothek«[160] und anderes dieser Art, auch in den unteren Klassen der Gymnasien benutzt. Eigens für höhere Lehranstalten verfasste Lesebücher vermochten sich erst im Laufe des 19. Jahrhunderts allgemein durchzusetzen.

Die Reformen der Goethezeit, der Epoche, in der das humanistische Gymnasium feste Konturen annahm, waren ganz und gar dem Altertum und zumal den Griechen zugewandt; der Deutschunterricht lief mit, ohne dass seiner Gestaltung besondere Aufmerksamkeit zuteil geworden wäre. Zugleich aber gingen außerhalb des Schulwesens die Entwicklungen vonstatten, die später, von der Mitte des 19. Jahrhunderts an, dem Fach Deutsch wachsende Bedeutung verliehen. Zum einen bewirkte die Rezeption der Antike nun auch in Deutschland eine literarische Blüte, für die sich bald der

Ehrentitel ›Klassik‹ einbürgerte, und der Kanon bedeutender Werke, der sich aus deren Hinterlassenschaft gewinnen ließ, erschien als nationales Monument von zeitloser Gültigkeit. Zum anderen aber trug zur steigenden Bedeutung des Faches Deutsch jene von den Brüdern Grimm begründete Wissenschaft erheblich bei, die den Namen ›Germanistik‹ erhielt und sich anheischig machte, über die Sprache und Literatur der Deutschen zu deren ›Geist‹ und ›Wesen‹ vorzudringen. Eingeleitet hatte diese Identifikationsbemühungen bereits Herder; Jacob Grimm aber erblickte das Ziel seines gewaltigen Lebenswerks darin, die geistige Einheit der Deutschen in Sprache, Mythos, Recht und Sitte zu erweisen. Hierauf war er deshalb so sehr erpicht, weil den Deutschen die politische Einheit fehlte. Zum Glauben an die Wesenseinheit gehörte auch die Annahme, dass zumal die Dichter berufen seien, von diesem Wesen zu künden. So wurden die Werke der deutschen Klassik zum vornehmsten Objekt der neuen germanistischen Wissenschaft; dort, wenn irgendwo, hatte sich in unverfälschter Reinheit das Kostbarste entfaltet, das allen Deutschen gemeinsam war: ihre durch ihre Sprache verbürgte Wesensart.

Die zunehmende Schubkraft des nationalen Gedankens führte dazu, dass die humanistische Tradition des Gymnasiums geschwächt und schließlich auf den zweiten Platz verwiesen wurde, kurz, dass das Fach Deutsch in der Lehrplanhierarchie die Spitze einnahm. Dieser stetige, von der Mitte des 19. Jahrhunderts an deutlich hervortretende Prozess wirkte sich zwar auch auf die übrigen Bereiche der Didaktik, auf die Sprachlehre und die Theorie des Aufsatzes, aus; er empfing jedoch seine stärksten Impulse durch den Lektüreunterricht, durch die Tendenzen der Lesebücher und den Kanon der zu erarbeitenden größeren Literaturwerke.

Das erste Lesebuch, das die Weimarer Klassik als ein herausragendes Bildungsgut in den Mittelpunkt rückte, stammt von Robert Heinrich Hiecke: »Handbuch deutscher Prosa für obere Gymnasialclassen«, aus dem Jahr 1835, das danach als »Deutsches Lesebuch« oft wiederaufgelegt wurde. Der Autor blieb die Theorie dazu nicht schuldig; in seinem Werk »Der deutsche Unterricht auf deutschen Gymnasien« erklärte er, es sei besonders wichtig, »dass die Schüler … durch die Bekanntschaft mit der vaterländischen Literatur, welche als der klar herausgearbeitete Ausdruck des nationalen Geistes die wahre ideale Heimat ihres Gemütes ist, in ein bewussteres geistiges Verhältnis zu ihrer Nation sich hineinleben und mit dieser inniger und fester zusammenwachsen«.[161] In Hieckes Lesebuch hielten Griechenkult und Deutschgesinntheit einander noch die Waage; es beruhte auf der humboldtschen Lehre von der zwischen dem antiken und dem modernen Volk bestehenden Verwandtschaft.

Hiecke fand in kurzer Zeit vielerlei Nachfolge, darunter durch eine »Auswahl deutscher Gedichte« von Theodor Echtermeyer (1836). Das Werk, von Hause aus national-liberal getönt wie Hieckes Lesebuch und anderes aus den Jahren des Vormärz, spiegelt in der dichten Folge der Neuauflagen die Entwicklung, die der nationale Gedanke in der zweiten Hälfte des 19. Jahrhunderts genommen hat: zum Irrationalen, Primitiven und Grobschlächtigen.[162] »Überhaupt fand ich«, bemerkt der Herausgeber der 32. Auflage (1897), »dass dem patriotischen Empfinden des heranwachsenden Geschlechts in den bisherigen Auflagen nicht hinreichend Genüge geschehen ... Kommen wir doch diesem Verlangen entgegen, machen wir der Jugend das Auge groß und die Brust weit für das, was vaterländische Größe und nationale Ehre ist.«[163] Offensichtlich haben der deutsch-französische Krieg 1870/71 und die Reichsgründung zu diesem Gang der Dinge erheblich beigetragen, wie u. a. die vielbenutzte Didaktik von Ernst Laas, »Der deutsche Unterricht auf höheren Lehranstalten« (1872), bezeugt: »Unsere Schulen ... sollten national sein.«[164]

Die über das Lesebuch hinausgehende Lektüre größerer Werke wurde erst im Lehrplan vom Jahre 1892 durch die Nennung bestimmter Titel genauer festgelegt. Bis dahin hatte es amtlicherseits nur allgemeine Direktiven gegeben, wie die vom Jahre 1882:[165] »Besonders Wertvolles aus der klassischen Dichtung des eigenen Volkes als einen unverlierbaren Schatz im Gedächtnis zu bewahren, ist eine nationale Pflicht jedes Gebildeten.« Für die Praxis war vor allem der Grundsatz bedeutsam, dass der Schüler die herausragenden Literaturwerke der Nation in geschichtlicher Folge kennen lernen solle; der Literaturunterricht zeigte demzufolge starke Neigung, zum Literaturgeschichtsunterricht zu werden – zweifellos bekundete sich hierin der große Respekt, den man der jungen Germanistik schuldig zu sein glaubte.[166] Als literarhistorisches Handbuch war vor allem der »Grundriss der Geschichte der deutschen Nationalliteratur« (1827), ein Werk des Schulpforta-Lehrers Karl August Koberstein, in Gebrauch.

Noch Gottsched hatte in seiner »Kritischen Dichtkunst« die Autoren um der Nachahmung willen, als Muster für die eigene Produktion, genannt – lauter Namen, die heutzutage vergessen sind.[167] Herder vollzog die Umstellung: die Lektüre sei Selbstzweck und solle nicht dem eigenen Hervorbringen, sondern der Bildung dienen. Die erste Andeutung eines Kanons deutscher Klassiker, der unter diesem Zeichen stand, ging auf den Pädagogen Niethammer zurück (1808): Klopstocks »Messias«, Goethes »Hermann und Dorothea« sowie Vossens »Luise« wurden dort gesondert aufgeführt, ferner die Dramen Lessings, Goethes und Schillers ohne nähere Spezifikation. In den darauf folgenden Jahrzehnten bildeten sich offensichtlich Usancen heraus, und die Vorschläge – darunter der in der Didaktik Hieckes – zeigten einige Konstanz. Klopstock, Herder, Lessing, Goethe und Schiller bildeten den Kern der gymnasialen Lektüre, wobei die dramatische Gattung deutlich bevorzugt wurde. Auch kamen des Öfteren Shakespeare und gelegentlich Calderon vor; andererseits neigte man dazu, die zeitgenössische Literatur zu vernachlässigen. Der klassische Kern wurde dann allmählich sowohl in die frühere als auch in die spätere Zeit hinein erweitert; das Mittelalter und die Reformation, die Romantik und der Realismus umgaben die Weimarer Klassik.

Im Jahre 1892 traten die offiziellen preußischen Lektürepläne in Kraft, mit genauen Bestimmungen für alle Klassen. Auf Märchen, Sagen und griechische Mythen folgten in der Untertertia germanische und nordische Stoffe in Anlehnung an Grimm. Für die Obertertia war als erstes Drama Schillers »Wilhelm Tell« vorgesehen; außerdem musste das »Lied von der Glocke« auswendig gelernt werden. Das Pensum des nächsten Jahres enthielt die »Jungfrau von Orléans«, »Minna von Barnhelm« sowie »Hermann und Dorothea«. Der Obersekunda wurde unter anderem die mittelalterliche Dichtung, insbesondere das Nibelungenlied zugewiesen, und in der Prima stand nochmals die Klassik im Mittelpunkt: mit Lessings »Laokoon« und »Hamburgischer Dramaturgie«, mit Lyrik von Schiller und Goethe und dessen »Iphigenie«.

Während sich in den Lesebüchern Gedichte fanden, die schon durch ihren Inhalt eine nationale oder patriotische Tendenz zu erkennen gaben (wie Schneckenburgers »Wacht am Rhein« oder Arndts »Leipziger Schlacht«), lässt sich aus dem Kanon der größeren Werke keine derartige Orientierung ableiten; es wäre ja auch unmöglich gewesen, aus Lessing und den Weimarern ein hierfür passendes Programm zu gewinnen. So kam es denn sehr darauf an, wie der Lehrer mit den Texten umging. Doch auch bei sachgerechtem Umgang konnte inmitten des geistigen Klimas, das den deutschen Lektürekanon hervorgebracht hatte, nationaler Dünkel daraus erwachsen im Sinne von Zuckmayers »Hauptmann von Köpenick«: »... das macht uns keiner nach! Das (nämlich das Exerzierreglement) und die Klassiker, damit hammer's geschafft in der Welt!«

Der Lehrplan des Jahres 1892 tat ein Übriges, dem Zeitgeist zu genügen und den Vorrang des nationalen Gedankens zu bestätigen, ganz im Sinne der zitierten Forderung Kaiser Wilhelms II.:[168] »Wir müssen als Grundlage das Deutsche nehmen.« Der Lehrplan schrieb nämlich vor, dass bei ungenügenden Leistungen im Deutschen kein Reifezeugnis erteilt werden dürfe – im Unterschied zu allen anderen Fächern (auch zum Lateinischen), bei denen die Möglichkeit bestand, ungenügende Leistungen durch gute in einem anderen Fach auszugleichen. So war der Deutschunterricht zur wichtigsten Angelegenheit der gymnasialen Bildung geworden.

d) Das Gymnasium und die bürgerliche Allgemeinbildung

Das humanistische Gymnasium des 19. Jahrhunderts war Teil bestimmter sozialer und kultureller Verhältnisse. Es beruhte auf Leistung; es zielte auf Bildung; es stand allen offen, die sich diese Ideale des gehobenen Bürgertums zu Eigen zu machen vermochten – sowohl ökonomisch als auch intellektuell. Es kostete Schulgeld und war insoweit an die soziale Schichtung gebunden; es verlangte andererseits eine Einstellung, die auch Wohlhabenden nicht allgemein einleuchtete – das so genannte Wirtschaftsbürgertum, die Unternehmer und Großkaufleute, hielten sich dem Gymnasium oft fern.

Man hat gesagt, dass das Gymnasium Barriere und Schleuse zugleich war:[169] Es hinderte und förderte den sozialen Aufstieg – ein Befund, den die Öffentlichkeit des 19. Jahrhunderts weithin hat gelten lassen. Die Hürde wurde im Allgemeinen auch von denen bejaht, denen es große Mühe bereitete, sie zu überwinden. Das Spektrum derer, die ins Gymnasium eintraten, war breit; Kinder von Handwerkern befanden sich darunter, und die aus der Oberschicht machten nur einen Bruchteil aus. Man hat ermittelt, dass knapp die Hälfte der Schüler aus bildungsfernen Milieus stammte. Dies war unter anderem dadurch bedingt, dass keinerlei Scheu bestand, Kinder die höhere Schule nicht bis zum Abitur, sondern nur bis zur Quarta oder Untersekunda durchlaufen zu lassen. Das Gymnasium war eine Anstalt, die den Bürgern im weitesten Sinne des Wortes offen stand. Das Griechische musste hierbei nicht hinderlich sein; von der altüberkommenen Möglichkeit des Dispenses wurde trotz entgegenstehender Bestimmungen weithin Gebrauch gemacht.

Schon die ›mittlere Reife‹, der Abgang nach der Untersekunda, verlieh allerlei Berechtigungen, d. h. den Zugang zur mittleren Beamtenlaufbahn, zum Apothekerberuf usw.; erst recht war dies beim Abitur der Fall. Wer den hohen hiermit verbundenen Anforderungen genügt hatte, gehörte der verhältnismäßig kleinen Elite an, aus der sich die obere Beamtenschaft und die akademischen Berufe rekrutierten. Diese Elite pflegte – ganz im Sinne Wilhelm von Humboldts – praxisfern geschult zu sein: zu formaler Strenge und intellektueller Sorgfalt. Die Philologiestudenten und künftigen Lehrer waren nahezu die Einzigen, die bereits einen erheblichen Fundus von Kenntnissen für ihren späteren Beruf mitbrachten; alle anderen mussten gleichsam ›von vorn‹ beginnen, wenn sie die Universität bezogen. Die deutsche Wissenschaft gedieh unter diesen Verhältnissen ausgezeichnet; sie vollbrachte im Zeitalter des humanistischen Gymnasiums Leistungen wie nie zuvor, und zwar auf allen Gebieten, im Bereich der Geistes- und Naturwissenschaften ebenso wie in dem der Technik.

Das Gymnasium vermittelte jedoch nicht nur die Voraussetzungen für das Spezielle, für verschiedene anspruchsvolle Berufe. Es gab seinen Adepten auch das Generelle mit auf den Weg, das alle Angehörigen des gehobenen Bürgertums miteinander verband: die allgemeine Bildung, einen Inbegriff außerberuflicher Kenntnisse und Fähigkeiten. Vielleicht war diese Bildung nicht so ›allgemein‹, wie die Bezeichnung vermuten lässt. Sie hatte ihren Schwerpunkt im Bereich des Philologisch-Historischen, dem Berufsstand entsprechend, der sie vermittelte, und die Naturwissenschaften mussten sich bei ihr mit einer Randposition begnügen. Sie war jedoch insofern ›allgemein‹, als sie einen allgemeinen Horizont aller derer verbürgte, die an ihr partizipierten. Sie diente ernsten und heiteren Zwecken; sie bereitete auf den Beruf, die Arbeit vor und sorgte zugleich für die Fähigkeit des Freizeitgenusses auf hohem Niveau. Durch das Medium der Allgemeinbildung pflegten sich die Angehörigen des Bürgertums miteinander zu verständigen: über Politik, Philosophie, Literatur und Kunst – in den Salons und Kaffeehäusern, in den Foyers der Theater und den Vorhallen der Museen.[170]

Der Fächerkanon des humanistischen Gymnasiums war kein maßstabgetreuer Grundriss der bürgerlichen Allgemeinbildung. Es gab erhebliche Inkongruenzen: Das Erlernen der alten Sprachen, wie es auf der Schule betrieben wurde, mit allen Feinheiten der Grammatik und des Vokabulars, trug großenteils nur mittelbar zu dem Ensemble von Kenntnissen bei, das den Gebildeten ausmachte; andererseits pflegten die musischen Fächer, wenn überhaupt, dann nur mit ein oder zwei Stunden je Woche bedacht zu werden, sodass sich der Heranwachsende im Wesentlichen selbst, aus eigener Initiative, um das kunst- und musikgeschichtliche Wissen bemühen musste, dessen er bedurfte, um als gebildet zu gelten.

Das Gymnasium war nicht die einzige Institution, die für den Fortbestand der Allgemeinbildung über die Generationen hinweg sorgte; hierzu leistete zugleich das bürgerliche Elternhaus einen großen, vielleicht den größten Beitrag. Einig waren sich die beiden Instanzen offensichtlich darin, dass den Heranwachsenden zuallererst ein hoher Standard der Sprachbeherrschung in Wort und Schrift und hiermit zugleich der Zugang zur Literatur, zur Philosophie und zur Geschichte zu vermitteln sei. Dabei fiel dem Gymnasium vornehmlich die Sachkompetenz der Stofferschließung und dem Elternhaus die erzieherische Kompetenz der Einübung zu. Und das Elternhaus pflegte überdies die jungen Leute in die Bereiche einzuführen, die im strengen Gymnasium zu kurz kamen, da sie vor allem dem Genuss dienten (und außerdem der Selbstdarstellung der bürgerlichen Kreise): in Schauspiel, Oper und Konzert; vom Elternhaus gingen gewöhnlich auch die ersten Impulse für den Besuch von Museen und für Bildungsreisen aus.

Das humanistische Gymnasium humboldtscher Prägung war eine Errungenschaft der Aufklärung, des Idealismus und des Philhellenismus; es hatte sich konsequent von der bisher das Schulwesen beherrschenden Instanz, von der Kirche, losgesagt – im Wesentlichen stillschweigend und ohne Ressentiments.[171] Es spiegelte hierin den Kanon der bürgerlichen Allgemeinbildung, der sich ebenfalls von den religiösen Bindungen der bisherigen Tradition emanzipiert hatte. Dieser Kanon schloss im Wesentlichen aus, was in der christlichen Ära, in einem mehr als zwölfhundertjährigen Zeitraum von der Spätantike bis zum Barock, entstanden war. Vor allem litt darunter die Literatur, die mit einem Schlage zwei wichtige Gattungen, das Bibelepos und die Heiligenlegende, einbüßte; Klopstocks »Messias« war hiervon ein letzter, schon verspäteter Reflex. Die Teile der christlichen Hinterlassenschaft, die man nicht einfach ignorieren konnte oder wollte, die Dome, die Oratorien, die Gemälde alter Meister, wurden der bürgerlichen Kunstreligion einverleibt; die Kirchen nahmen für den Gebildeten den Charakter von Museen an, und der Wert der sakralen Malerei und Plastik bemaß sich nach deren künstlerischer Vollkommenheit. Immerhin gelangten auf diesem Umwege noch mancherlei biblische Texte und Stoffe und überhaupt christliche Inhalte in den bürgerlichen Kanon.

Der Übereinstimmung im Negativen, im Ausschluss oder in der Umdeutung alles Christlichen, entspricht die positive Kehrseite: Gymnasium und Allgemeinbildung erweisen sich auch darin als Errungenschaften derselben Epoche, dass sie beide auf dem modernen naturwissenschaftlichen Weltbild und den Maximen der philosophischen Ethik beruhen. Dies besagt nicht, dass Schule oder Elternhaus alles vermittelt hätten, was die zeitgenössische Physik jeweils entdeckte oder die zeitgenössische Philosophie jeweils erörterte; es besagt lediglich, dass hier wie dort, in der Schule wie im

Kanon der bürgerlichen Bildung, ein rationales Weltbild und eine rationale, einzig auf die Vernunft rekurrierende Ethik vorausgesetzt wurden, dass man beiderseits für darauf basierende Erkenntnisse und Einsichten offen war und es keine geistigen Barrieren mehr gab, die verhindert hätten, sich auf den jeweils neuesten Stand der Dinge einzulassen. Der philosophische und der naturwissenschaftliche Unterricht des Gymnasiums mochten lückenhaft sein, da man sich in der Philosophie im Wesentlichen auf die Antike und in den naturwissenschaftlichen Fächern auf das Elementare beschränkte, aber die Rückwendung zu den Griechen bedeutete immerhin, dass man sich implizit zu einem wenn auch unvollkommenen, so doch rationalen, mathematisch-physikalisch fundierten Weltbild zurückwandte – im Grundsätzlichen fand das Gymnasium mit dem Rekurs auf die alten Griechen den Anschluss an die eigene Zeit.

Es war bereits von Freizeitgenuss auf hohem Niveau, von Schauspiel, Oper, Konzert und Museum sowie von der bürgerlichen Kunstreligion die Rede: Alle diese Andeutungen weisen darauf hin, dass die Bildung, die vom 18. bis zum beginnenden 20. Jahrhundert als Idee und Weltanschauung des gehobenen Mittelstands in ganz Europa regierte, nicht allein auf der Schule und dem Elternhaus beruhte.[172] Wie sich der Adel in sozialer Hinsicht, durch seinen Lebensstil und nicht zuletzt dadurch, dass er seine Kinder in die öffentlichen Lehranstalten schickte, an die obere Bourgeoisie anpasste, öffneten in Analogie hierzu auch die von ihm, die von den Fürsten und Landesherren geschaffenen kulturellen Einrichtungen dem Bürgertum ihre Pforten, sodass sie zu Bestandteilen der ›allgemeinen Bildung‹ werden konnten.

Man hat allerdings bislang erstaunlich wenig beachtet, dass ein großer Teil der kulturellen Einrichtungen des modernen Europa überhaupt erst mit dem bürgerlichen Zeitalter allgemein zugänglich geworden ist und dass somit diese Zugänglichkeit erst seit zwei bis drei Jahrhunderten besteht: beim Theater, beim Konzert, beim Museum. Was heute zum Alltag gehört, der Besuch eines Schauspiels oder einer Oper, einer musikalischen Darbietung oder einer Kunstsammlung, pflegte noch um das Jahr 1800 dem gewöhnlichen Sterblichen versagt zu sein – es sei denn, er lebte in einer Residenz und verfügte über gute Beziehungen zum Hofe, oder es zog gerade eine italienische oder englische Schauspielertruppe durch.

Die Wurzeln der genannten Institutionen reichen tiefer als bis ins 17. oder 18. Jahrhundert: Sie gehen zurück auf die europäischen Höfe der frühen Neuzeit. Die Veränderung, die die bürgerliche Epoche an ihnen vornahm, bestand vor allem darin, dass sie öffentlich und gegen Zahlung eines Eintrittsgeldes für jedermann erreichbar machte, was bis dahin der Hofgesellschaft sowie geladenen Gästen vorbehalten gewesen war.

Der europäische Fürstenhof der Neuzeit steuerte also zum Kosmos der bürgerlichen Bildung hauptsächlich die Schauseite, die Darstellung, das gehobene Vergnügen bei: eine Schauseite, die, wie die bürgerliche Bildung insgesamt, ›säkular‹, weltzugewandt, nicht mehr in die christliche Religion eingebunden war. Ihre Instrumente stammten entweder aus einer Zeit, die ihrerseits bereits ›weltlichen‹ Charakter hatte – so das gesamte Bühnenwesen. Oder sie waren älteren Ursprungs, hatten zunächst überwiegend im Dienste des christlichen Kults gestanden und wurden erst später mehr und mehr als Schmuck adliger und schließlich auch bürgerlicher Existenz aufgefasst – so die Musik und die bildenden Künste.

Beim Bühnenwesen, für die Schauspiel- und Opernkunst sowie für das Ballett, bildeten die Hoftheater das stabile Rückgrat.[173] Hier folgte auf eine Zeit, in der es noch kein zahlendes Publikum gab (vom ausgehenden 17. bis etwa zum zweiten Drittel des 18. Jahrhunderts), die Phase, in der die fürstlichen Bühnen von dieser strengen Exklusivität abrückten (vom letzten Drittel des 18. bis zur Mitte des 19. Jahrhunderts). In der dritten Phase (von der Mitte des 19. Jahrhunderts an) begannen städtische, von den Kommunen finanzierte Theater denen der Höfe Konkurrenz zu machen, bis schließlich mit dem Ende des Ersten Weltkriegs die Höfe selbst in großer Zahl verschwanden.

Die Musikkultur des bürgerlichen Zeitalters ging zwar auch aus spontanen Zusammenschlüssen von Laien, aus den Collegia Musica und ähnlichen Einrichtungen hervor, doch den wichtigsten Beitrag leistete hier nicht anders als bei der Bühnenkunst der Hof.[174] An der Bedeutungsentwicklung des Wortes Kapelle – vom sakralen Raum bis zum durchaus weltlichen Instrumentalensemble – lassen sich die Phasen, die die hiermit bezeichnete Einrichtung durchlaufen hat, überaus deutlich ablesen. An den Höfen existierten seit dem Mittelalter neben Kapellen im lokalen Sinne auch solche personalen Sinnes, d.h. Gruppen von Dienstleuten, denen die Durchführung der Kulthandlungen oblag. Der Begriff verengte sich allmählich auf die dazugehörigen Musiker, die auch mehr und mehr zu profanen Zwecken, insbesondere zur Aufwartung bei der fürstlichen Tafel, herangezogen wurden, und bezeichnete schließlich, im Zusammenhang mit dem Aufstieg der instrumentalen Musik zu Zeiten Bachs und Vivaldis, nur noch die Instrumentalisten, und aus ihnen, aus den Streichern und Bläsern der fürstlichen

Kapellen, rekrutierte sich dann ein gut Teil derer, die die allgemein zugänglichen Konzerte darboten. Ein Londoner Kohlenhändler namens Thomas Britton zählte zu den ersten, die – seit dem Jahre 1678 – Künstler einluden, um sie gegen die Entrichtung eines Eintrittsgeldes öffentlich musizieren zu lassen.

Das Museum endlich, die Nachfolgeinstitution der fürstlichen Sammlungen von Kunstwerken und Kuriositäten aller Art, ist gleichsam ein Kind der Französischen Revolution:[175] Die Ereignisse des Jahres 1789 setzten – nach schüchternen Versuchen in den vorangehenden Dezennien – mit einem Schlage durch, dass die Schätze, die Adel und Kirche in Jahrhunderten aufgehäuft hatten, von jedem, der wollte, besichtigt werden konnten, und zwar auf Grund der Maxime, dass das öffentliche Museum der einzig legitime Aufbewahrungsort von Kunst- und sonstigen Sammlungen sei.

Zum Kanon der bürgerlichen Bildung gehört schließlich noch jener Typus von Aufenthalten in der Fremde, der üblicherweise als ›Bildungsreise‹ bezeichnet wird.[176] Diese ist die Fortsetzung und Variante der Kavalierstour, eines Erziehungsmittels, das die jungen Adligen auf ihre Karriere vorbereiten half. Kavalierstour und Bildungsreise haben gemeinsam, dass Individuen ein genau ausgearbeitetes Programm absolvierten, oft (wenn sich die Reise an den Schul- oder Universitätsbesuch anschloss) in Begleitung eines Mentors. Bei der Bildungsreise verflüchtigte sich der praktische, einem bestimmten Berufsziel dienende Zweck; immerhin ging es nicht nur um die Betrachtung landschaftlicher und kultureller Sehenswürdigkeiten wie beim heutigen Massentourismus, sondern auch um Übung im Umgang mit fremden Menschen, und ganz besonders war man darauf aus, von Berühmtheiten empfangen zu werden und mit ihnen ein Gespräch zu führen. Die Verehrung, die man der Antike entgegenbrachte, lockte viele über die Alpen; in der Goethezeit avancierte der Besuch Italiens bei allen West- und Mitteleuropäern zur Bildungsreise par excellence.

Das humanistische Gymnasium stand nicht beziehungslos neben den Kunstinstitutionen der höfischen Kultur. Dies war durch das gemeinsame Fundament bedingt, die Hinterlassenschaft der Antike, die seit der Renaissance bei der Oper, beim Schauspiel und bei den bildenden Künsten einen ebenso wichtigen Part innehatte wie im Lehrplan des Gymnasiums. Dieses Fundament versagte lediglich bei der rein instrumentalen, der absoluten Musik: Deren Mittel, Formen und Klangwirkungen beruhten fast gänzlich auf nachantiken Entwicklungen.

Im Übrigen aber gehörten Texte mit sei es mythischen, sei es historischen Inhalten zum täglichen Brot des Gymnasiums – mit denselben Inhalten, die auch einem erheblichen Teil der Dramen oder der Gemälde zugrunde lagen. Schon die Übungsstücke der lateinischen und griechischen Unterrichtswerke waren voll davon: Sie brachten Tierfabeln und Göttergeschichten, geistvolle Aussprüche weiser Männer und Episoden aus der alten Geschichte. Die Lektürepläne enthielten die genannten Gattungen und Werke, von Homer und Sophokles bis Platon und Demosthenes, von Cicero und Caesar bis Vergil und Horaz.[177] Überall ergaben sich Querverbindungen, liefen Fäden vom Gymnasium zum Theater und vice versa; laut Elisabeth Frenzels Standardwerk »Stoffe der Weltliteratur«[178] entstammen etwa sechzig Prozent der dort versammelten mythischen oder historischen Sujets der Antike – den Rest müssen Mittelalter, Neuzeit und Außereuropäisches sich teilen. In den Museen aber war der Gymnasiast nicht nur auf die Abteilungen mit antiken Werken vorbereitet, da ihm die Götter- und Heroengestalten nicht unbekannt zu sein pflegten; er fand auch in den Renaissance- und Barocksälen manchen Gegenstand wieder, der ihm durch seine Ovid- oder Livius-Lektüre vertraut war.

Im Zentrum des Gymnasiums stand der altsprachliche Unterricht, im Zentrum des Kanons der bürgerlichen Bildung die Rezeption der Antike. Der Umstand, dass jeweils eine ganze Kultur, die griechisch-römische, als Gegenbild und Modell diente, erklärt die Übereinstimmungen. Von der Antike hatte man die Idee eines rationalen Weltbildes, die philosophischen und politischen Grundbegriffe, die literarischen Gattungen und die künstlerischen Maßstäbe entlehnt, im Gymnasium wie in der bürgerlichen Gesellschaft – diese Gemeinsamkeit bewirkte, dass sich die bürgerliche Kultur des 18. und 19. Jahrhunderts bei aller Dynamik und aller Verschiedenheit der Richtungen und Stile als etwas im Prinzipiellen Einheitliches, als ein Ganzes, als ein Kosmos darstellt, dessen Teile auf mannigfaltige Weise miteinander verschränkt und verknüpft waren.

e) Die Lehrerschaft des Gymnasiums

Der Gymnasiallehrer, wie ihn Humboldt sich gewünscht hatte, war Universalist, nicht Spezialist: Er sollte alles wissen und in allem unterrichten können, was der Lehrplan des Gymnasiums enthielt. Die vom Gründer selbst auf den Weg gebrachte Prüfungsordnung des Jahres 1810 hatte dieses Erfordernis mehr vorausgesetzt als vorgeschrieben:[179] »Die Kenntnisse«, hieß es dort schlicht, »welche im allgemeinen von den angehenden Schulmännern werden gefordert werden, sind philologische, historische, mathematische.«[180] Erst das Examensreglement vom Jahre 1831, ein Werk Johannes Schulzes, traf genauere Bestimmungen. Hiernach erstreckte sich die Prüfung auf drei Hauptfächer (man würde heute sagen: Hauptgebiete):

1. auf die alten Sprachen und das Deutsche,
2. auf die Mathematik und die Naturwissenschaften,
3. auf die Geschichte und die Geographie.

Gründliche Kenntnisse wurden nur in einem dieser drei Bereiche verlangt; für die beiden anderen genügte Überblickswissen. Andererseits wurden alle Kandidaten auch in Philosophie, Pädagogik und Theologie (die gegen Humboldts Absicht wieder hinzugekommen war) geprüft.

Diese Examensordnungen kleideten in die dürre Sprache der Verwaltung, was den Neuhumanisten als Ideal der Bildung vorschwebte: die Entfaltung aller Anlagen und Kräfte jedes Einzelnen zu einem harmonischen Ganzen. Die Lehrer waren dazu berufen, ihren Zöglingen dieses Ideal dadurch vorzuleben, dass sie sich selber mit all den Bereichen menschlicher Geistestätigkeit vertraut zeigten, in die sie andere einführen sollten. Das Gymnasium Humboldts verweist durch seine Prüfungsordnungen nicht anders als durch seine Lehrpläne auf die Weimarer Klassik: Es galt, eine Totalität zurückzugewinnen, die einst, bei den Griechen, Wirklichkeit gewesen war, und zwar in der Person eines jeden – da musste es als innerer Widerspruch erscheinen, der Jugend diese Totalität durch Spezialisten, durch ein Konglomerat von Fachlehrern, einpflanzen zu wollen.

Im 18. Jahrhundert, in der Zeit vor dem großen Umbau des Bildungswesens, pflegten die künftigen Lehrer zunächst einigen Aufenthalt in der Artistenfakultät zu nehmen und sich dann ausgiebig der Theologie zu widmen – sie strebten ja eigentlich nach einer Pfarrstelle und sahen in einem Schulamt nur eine vorläufige Notlösung. Dies änderte sich mit den Reformen zu Beginn der neuen Epoche; die einst propädeutischen Gegenstände wurden zum Selbstzweck, zur Hauptsache, und die Artisten-, jetzt Philosophischen Fakultäten avancierten zur einzigen Stätte des Lehrerstudiums.[181] Und diese, jedenfalls die ›modernen‹ unter ihnen – wie Göttingen und Halle, Jena und ab 1810 auch Berlin –, hatten ja selber den neuen Inbegriff einer sei es mehr philologisch-altertumskundlich, sei es mehr philosophisch fundierten Bildung hervorgebracht; sie waren somit für die Ansprüche, die jetzt an sie gestellt wurden, hinlänglich gerüstet. Die Universitäten verfügten um 1800 neben anderem über Lehrstühle für Philosophie, Klassische Philologie (oft noch unter der Bezeichnung ›Eloquenz‹), Geschichte und Mathematik, und deren Inhaber bemühten sich, ihren Studenten den gesamten Stoff ihrer noch ungeteilten Fächer in angemessenen Proportionen vorzuführen. Was die Examensordnungen von 1810 und 1831 verlangten, war somit – so unglaublich dies nach heutigen Begriffen scheinen mag – durchaus erreichbar, und zwar innerhalb weniger Jahre. Die Lehrangebote der Universität stimmten noch weithin mit den Pensen des gymnasialen Fächersystems überein, sodass der Übergang vom Studium in die berufliche Praxis keine erheblichen Schwierigkeiten bereitete. Man brauchte z. B. zu den umfassenden altertumskundlichen Vorlesungen Heynes, stellt Paulsen fest,[182] nur Philosophie, Mathematik, Erdkunde und Weltgeschichte hinzuzunehmen, und schon besaß man eine Art humanistischer Enzyklopädie.

Bei dieser Ausgewogenheit ist es nicht geblieben. Die beiden für die humanistische Pädagogik verantwortlichen Institutionen haben sich einander im Laufe des 19. Jahrhunderts, zumal in der zweiten Hälfte, mehr und mehr entfremdet. Der Zwiespalt war von Anfang an gegeben; derselbe Humboldt, der das Gymnasium beauftragt hatte, ein umfassendes, im Wesentlichen konstantes Grundwissen zu vermitteln, forderte von der Universität, sie solle »die Wissenschaft als etwas noch nicht ganz Gefundenes und nie ganz Aufzufindendes … betrachten und unablässig sie als solche suchen«.[183] Nach seiner Auffassung durfte die Universität nicht darin ihr Genüge finden, überkommenes Wissen weiterzureichen; sie hatte vielmehr zu forschen und durch Forschung von Erkenntnis zu Erkenntnis vorzudringen, und dies war auch, ja gerade die Bestimmung der Philosophischen Fakultät. Da Humboldts Forderung in Erfüllung ging, da sich die Universität mehr und mehr dem Fortschritt der Wissenschaft anheim gab, mit der Folge, dass zunehmende Spezialisierung die Sorge um das Allgemeine, um die großen Zusammenhänge zurücktreten ließ, begannen sich Gymnasium und Universität voneinander zu entfernen, oder richtiger: Während das Gymnasium an seinem humanistischen Bildungsauftrag festzuhalten suchte, erlahmte an der Universität die integrierende Kraft der beiden leitenden Disziplinen, der Altertumswissenschaft und der idealistischen Philosophie, und eine mehr und mehr detailversessene Forschung wurde zum unbefragten Selbstzweck.

Es wäre wohl auch zu viel verlangt gewesen, der Entwicklung, die die Universität in der zweiten Hälfte des Jahrhunderts nahm, dem Ausbau zum »Großbetrieb der Wissenschaft« (so der Theologe Adolf von Harnack im Jahre 1905[184]) Einhalt zu gebieten. Sowohl immanente, von der Universität selbst ausgehende als auch äußere, durch die allgemeinen Verhältnisse bedingte Ursachen bewirkten, dass die Zeichen in einer bislang unerhörten Weise auf Wachstum und Ausdehnung standen. Hieran hatten die Philosophischen Fakultäten, denen bis gegen Ende des Jahrhunderts noch die Naturwissenschaften anzugehören pflegten, in weit überproportionalem Ausmaß Anteil: Gerade dort sah man sich veranlasst, in Fülle neue Disziplinen anzuerkennen und mit Lehrstühlen auszustatten. Hauptsächlich in der Friedenszeit zwischen den Kriegen 1870/71 und 1914–1918 wurden die Geisteswissenschaften an nahezu allen deutschsprachigen Universitäten um folgende Fächer vermehrt: um Germanistik, Romanistik und Anglistik, um Sanskrit und Vergleichende indogermanische Sprachwissenschaft, um Alte Geschichte, Klassische Archäologie und Kunstgeschichte; schließlich erhielt noch die Geschichtswissenschaft je besondere Lehrstühle für das Mittelalter und die Neuzeit. Da auch die Naturwissenschaften und die übrigen Fakultäten nicht ohne Zuwachs blieben, hat sich die Zahl der Ordinariate in der Spanne von 1850 bis 1900 ungefähr verdoppelt (sie belief sich nunmehr in ganz Deutschland auf etwa 1125); der Anteil der Philosophischen Fakultät steigerte sich hierbei auf mehr als die Hälfte.

Zugleich hatte die Philosophische Fakultät nach wie vor die geistige Führung inne: Sie vor allem wirkte auch nach außen; in ihr waren die meisten berühmten Namen versammelt. Unter den Disziplinen, die sie enthielt, ragten, wie erwähnt,[185] zunächst noch die Philosophie und die Klassische Philologie als allgemeine Orientierungsmarken hervor. In der Philosophie wurde das System Kants von den Spekulationen Fichtes und zumal Hegels abgelöst; dem Tode des Letzteren folgte ein rascher Niedergang, und die kühnen Konstruktionen des Idealismus fielen weithin der Geringschätzung anheim. Etwas besser vermochte die Altertumswissenschaft ihre hegemoniale Stellung zu behaupten. Zwar war es auch dort um das spekulative Element, um das ideale Bild von den Griechen, bald geschehen; immerhin blieb die Tatsachenforschung, und auf diesem Felde fanden die eindrucksvollen Leistungen der Koryphäen Theodor Mommsen und Ulrich von Wilamowitz-Moellendorff sowie vieler anderer weit über ihr Fach hinaus Anerkennung. Gleichwohl verblasste auch hier die Aureole, je weiter man sich von dem ursprünglichen Auftrag, der Rekonstruktion einer idealen Welt, entfernte; es blieb die abstrakte Überzeugung, dass jede Art von Forschung ein Dienst an der Menschheit sei.

Auf die Pionierarbeit der Gründer und Wegbereiter folgte in der zweiten Hälfte des Jahrhunderts der Positivismus, das Vielerlei der auf ihre Exaktheit stolzen Tatsachenforschung: ein Wachstum in die Breite, das stattliche Stäbe von Mitarbeitern erforderlich machte und eine Fülle gediegener Einzelergebnisse hervorbrachte. Die Altertumswissenschaft tat sich vor allem durch Editionen und lexikalische oder systematische Sammelwerke hervor. Im Verlag Teubner, Leipzig, erschienen nach und nach kritische Ausgaben nahezu sämtlicher griechischer und lateinischer Autoren. Die Berliner Akademie beaufsichtigte zwei Unternehmen, die sich um die Publikation der schier unerschöpflichen epigraphischen Hinterlassenschaft der Antike bemühten und noch stets bemühen: die Inscriptiones Graecae (seit 1815) und das Corpus Inscriptionum Latinarum (seit 1853, gegründet von Mommsen). Das »Handbuch der Altertumswissenschaft« suchte nach Gebieten geordnete Überblicke über den je erreichten Forschungsstand zu geben, unter möglichst vollständiger Berücksichtigung der gesamten Spezialliteratur (seit 1886), und die monumentale »Real-Encyclopädie der classischen Altertumswissenschaft« (ab 1893) leistet als Tatsachenspeicher noch stets für jede Art von Recherchen unentbehrliche Dienste.[186]

Der Forschungsbetrieb, der sich während des Wilhelminischen Zeitalters der deutschen Universitäten bemächtigte, wurde, wie schon angedeutet,[187] durch äußere Umstände begünstigt und angespornt. Die Expansion der Wissenschaften fiel in eine Zeit großer wirtschaftlicher Prosperität, die ihrerseits durch die Reichsgründung mitsamt der vereinheitlichten Währung und durch die Industrialisierung bedingt war. Die Staatsfinanzen, deren Aktiva zu mehr als der Hälfte aus staatseigenen Wirtschaftsbetrieben (wie der Post und der Bahn) flossen, befanden sich in bestem Zustand, und auch das Einkommen der Bevölkerung stieg derart, dass sich in den letzten Jahrzehnten vor dem Ersten Weltkrieg die Zahl derer, die das steuerpflichtige Mindesteinkommen erzielten, von dreißig auf sechzig Prozent erhöhte und der Gesamtbetrag der Sparkasseneinlagen auf das Zehnfache stieg. Die staatlichen Instanzen brauchten also bei den zahlreichen Universitätsneubauten, bei der Schaffung zusätzlicher Lehrstühle und bei der Einrichtung von Instituten nicht zu geizen, und vor der Öffentlichkeit ließ sich dies umso eher rechtfertigen, als die Zahl der Studierenden ständig zunahm: Sie stieg von 1871 bis 1914 auf das Fünffache, von 15 000 auf 75 000.

Hinzu kam, dass sich die deutschen Universitäten damals in der ganzen Welt großen Ansehens erfreuten. Im Bereich der Naturwissenschaften beeindruckt die stattliche Zahl von Nobelpreisen, die deutschen Forschern zuerkannt wurden; der englische Zoologe Thomas Huxley hatte schon im Jahre 1880 erklärt, die Kenntnis der deutschen Sprache sei für jedermann unentbehrlich, der gründlich über irgendein Gebiet der Wissenschaft Bescheid wissen wolle.[188] Und Paulsen konnte im Jahre 1902 mit verhaltenem Stolz versichern:[189] »Und wirklich ist die alte Internationalität zurückgekehrt: wie im Mittelalter die Studenten aus allen Ländern auf die italienischen und französischen Generalstudien zogen, so kommen gegenwärtig die Fremden vom fernen Westen und vom fernsten Osten nach Deutschland, um auf unseren Universitäten in die wissenschaftliche Arbeit sich einführen zu lassen.« Die Zahl der ausländischen Studierenden belief sich damals auf etwa neun Prozent; sie hatte sich innerhalb von dreißig Jahren ungefähr verdoppelt.[190] Unter den geisteswissenschaftlichen Disziplinen übte vor allem die Klassische Philologie große Anziehungskraft aus. Basil L. Gildersleeve, der erste Gräzist der Vereinigten Staaten (ab 1876 an der soeben gegründeten Johns-Hopkins-Universität in Baltimore), hatte in Göttingen den Doktorhut empfangen. Russland berief während des ganzen 19. Jahrhunderts in stattlicher Zahl deutsche Altphilologen, nicht nur an die Universitäten und die Petersburger Akademie, sondern auch an die Gymnasien; in Leipzig wurde im Jahre 1873 ein besonderes Seminar eingerichtet, das des Russischen kundige Lehrer der alten Sprachen ausbildete.[191]

Angesichts all dieser Erfolge, so wurde bereits vermutet, wäre es zu viel verlangt gewesen, die Universität daran zu hindern, dass sie sich immer einseitiger der Forschung, der Spezialisierung verschrieb und dass sie immer weniger darauf bedacht war, den künftigen Schulmeistern das für ihren Beruf nötige Rüstzeug auf den Weg zu geben. So sah sich Wiese, der im preußischen Ministerium für das Gymnasialwesen verantwortliche Referent,[192] im Jahre 1871 zu folgender Klage veranlasst:[193]

> »Der einst sehr enge Zusammenhang der Universität mit der Schule hat sich immer mehr gelöst. Infolge der Arbeitsteilung[194] erhalten einzelne Spezialfächer eine ungemein hohe Ausbildung. Dass die Universität auch für das Lehramt der Schule vorbereiten soll, kommt dabei jetzt viel weniger als sonst in Betracht. In der Mathematik z. B. werden dahin gehörige Disziplinen kaum noch in den Kreis der Vorlesungen gezogen, und diese selbst gehen von vornherein nicht selten in eine Höhe, wofür dem von der Schule Kommenden die Anknüpfung fehlt. Ebensowenig nimmt in der Regel die Philologie der Universitäten jetzt in Wahl und Behandlung der Schriftsteller auf das Bedürfnis der Schule Rücksicht.«

Die Pensen des Gymnasiums lagen fest, sowohl in der Mathematik als auch in den alten Sprachen, für die ein nach Schwierigkeitsgraden geordneter Kanon klassischer Autoren vorgesehen war. Die Philosophische Fakultät hingegen hatte sich damals offenbar schon ziemlich weit von dem älteren Brauch fortentwickelt, die wichtigsten Sachgebiete eines jeden Faches in regelmäßigen Zyklen vorzuführen. Stattdessen nahmen sich die Philologen meist irgendwelche entlegenen Texte vor, deren Untersuchung wissenschaftliche Resultate verhieß, und den Mathematikern machte Wiese gar einen doppelten Vorwurf: Sie mieden meist die für die Schule erforderlichen Materien und überforderten die Studienanfänger.

Das Gymnasium sollte nach wie vor ein in sich zusammenhängendes, umfassendes Ganzes, die Allgemeinbildung, vermitteln; die Universität aber schickte ihm Lehrer, die eine Fülle von Kenntnissen aus verschiedenen Einzelwissenschaften mitbrachten – die preußischen Prüfungsordnungen der Jahre 1866 und 1887 spiegeln diese Diskrepanz, indem sie sie durch Kompromisse zu überbrücken suchen. Man sträubte sich noch gegen den Fachlehrer und sah sich doch zu Konzessionen genötigt, die sein Kommen ankündigten; das Resultat solcher Halbheiten waren gewundene, nicht eben durch Klarheit hervorstechende Bestimmungen.

Das Reglement des Jahres 1866 suchte dem Auseinanderdriften der Wissenschaften dadurch Rechnung zu tragen, dass es auch die entsprechenden Fächer des Gymnasiums in kleinere Einheiten zerlegte; es wurden nunmehr vier Hauptfächer (nach heutigen Begriffen: Fachgruppen) unterschieden:

1. das philologisch-historische Fach,
2. das mathematisch-naturwissenschaftliche Fach,
3. das theologische Fach,
4. das Fach Neuere Sprachen.

In diesem Schema zeichnen sich bereits deutlich vier Typen von Fachlehrern ab: der Altphilologe, der auch Geschichte unterrichtet, der Mathematiker (mit Physik und Chemie), der Religionslehrer und der Neuphilologe. Von einer derartigen Reduktion war man allerdings im Jahre 1866 noch ziemlich weit entfernt. Einmal musste ein Kandidat, der ein Zeugnis ersten Grades erlangen wollte, Kenntnisse in mehreren der genannten Hauptfächer nachweisen, und zwar für die Oberstufe in mindestens zwei Fächern und für die Mittelstufe in mindestens einem weiteren Fach, und für die Zeugnisse zweiten und dritten Grades galten entsprechende, jeweils etwas zurückgenommene Anforderungen. Zum anderen wurde von nahezu allen Prüflingen erwartet, dass sie sich im Besitz »der für den Unterricht an höheren Schulen erforderlichen Bildung« befanden; hierunter wollte das Reglement vornehmlich einige Grundkenntnisse in Religion, Philosophie, Pädagogik und Geschichte verstanden wissen.[195]

Die Examensordnung des Jahres 1887 änderte diesen Stand der Dinge nur geringfügig: Die Zeugnisse dritten Grades fielen fort, sodass aus den

Prüfungen nur noch ›Oberlehrer‹ (mit Facultas für zwei Oberstufen- und zwei Mittelstufenfächer) und ›Lehrer‹ (mit Facultas für die Mittelstufe) hervorgingen. Außerdem wurden die Bereiche, auf die sich die allgemeine Prüfung erstreckte, etwas eingeschränkt.

Von grundsätzlicher Bedeutung war ein Reglement, zu dem sich die preußische Kultusverwaltung im Jahre 1890 entschloss: die »Ordnung der praktischen Ausbildung der Kandidaten für das Lehramt an höheren Schulen«. Hiermit wurde nach mancherlei Vorstufen und Versuchen die Zweiteilung der Lehrerbildung in allgemein gültiger Weise festgelegt: Auf das fachwissenschaftliche Studium folgte nunmehr ein obligatorischer pädagogischer Vorbereitungskurs von zweijähriger Dauer. Während des ersten Jahres waren die Kandidaten Mitglieder eines Seminars, das sich an einer Schule befand. Hier wurden sie in Pädagogik und Methodik unterwiesen, unter eigener Beteiligung durch Referate; außerdem hospitierten sie im Unterricht und suchten sich selbst durch Erteilen einzelner Lektionen zu bewähren. Im zweiten, im Probejahr, hatte der Kandidat ein Deputat von acht bis zehn Wochenstunden zu bewältigen; hierbei wurde er regelmäßig kontrolliert. Zum Abschluss des Vorbereitungskurses erhielt der Kandidat ein Zeugnis, das ihm, wenn nicht mangelhafte Leistungen im Wege standen, die Eignung für das Lehramt bescheinigte.

Hatte diese Neuerung der Tatsache Rechnung getragen, dass der jahrelange Aufenthalt im »Großbetrieb der Wissenschaft« nicht eo ipso zu gutem Schulunterricht befähigt, so zog die Prüfungsordnung des Jahres 1898 endlich auch hinsichtlich der noch erreichbaren wissenschaftlichen Qualifikation des Gymnasiallehrers energisch die Konsequenzen. Sie konstituierte den ›Fachlehrer‹ im heute noch gültigen Sinne; ihre Einheiten waren identisch mit den ›Fächern‹ des Lehrplans. Das Reglement enthielt somit die folgenden Prüfungsfächer:

1. Religion,
2. Philosophische Propädeutik,
3. Deutsch,
4. Lateinisch,
5. Griechisch,
6. Hebräisch,
7. Französisch,
8. Englisch,
9. Geschichte,
10. Erdkunde,

11./12. Reine und angewandte Mathematik,
13. Physik,
14. Chemie und Mineralogie,
15. Botanik und Zoologie.

Der Kandidat musste sich für drei Fächer entscheiden; in dem einen wurden die für die Oberstufe, in den beiden anderen die für die Mittelstufe erforderlichen Kenntnisse verlangt. Die Examensordnung schrieb eine Reihe von Kombinationen zwingend vor: Lateinisch und Griechisch, Französisch und Englisch, Geschichte und Erdkunde, Religion und Hebräisch, Mathematik und Physik sowie Chemie und Physik (oder Botanik/Zoologie) durften nur im Verbund geprüft werden. Als Rudiment aus früherer Zeit blieb das Erfordernis der allgemeinen Bildung bestehen. Der gymnasiale Unterricht wurde durch das Reglement von 1898 offiziell den universitären Gegebenheiten angeglichen: Er war nunmehr seinem Wesen nach ›wissenschaftlich‹, und ›humanistisch‹ nur noch insoweit, als in der gymnasialen Tradition durch die Unterrichtswerke, die Didaktiken und anderes ein gut Stück Humanismus erhalten blieb.

Hiermit war das Gymnasium keineswegs jedweder Orientierung verlustig gegangen. Wissenschaftlichkeit hatte von Anfang an zu den unterscheidenden Merkmalen des Neuhumanismus gehört. Friedrich August Wolfs Schöpfung war ein Kind des Historismus, einer kritisch-relativierenden Betrachtungsweise alles Überlieferten, die nicht von ungefähr den Namen ›Altertumswissenschaft‹ trug. Und im Zeichen des Historismus traten auch alle die Disziplinen ins Leben, die neben der Klassischen Philologie zunächst an der Universität und bald auch am Gymnasium einen Platz beanspruchten: die Germanistik, die Romanistik, die Anglistik. Eine strenge Methode, die bestrebt war, alles Geschichtliche aus den je verschiedenen Bedingungen seiner Entstehung abzuleiten, die nichts ›naiv‹ nach den Kriterien der eigenen Zeit beurteilte und deutete: dies war die Form, durch die sich das 19. Jahrhundert die gesamte Überlieferung der Menschheit zugänglich zu machen suchte, seine Form der Teilhabe an allem Verwandten ebenso wie an allem Fremden.

Unter diesen Voraussetzungen konnte die Wissenschaftlichkeit des philologischen Studiums (denn auf die alten Sprachen und überhaupt auf die philologisch-historischen Fächer kam es vor allem an) nichts Bedenkliches an sich haben, und es war durchaus in Ordnung, dass die Philosophische Fakultät für die überwiegende Mehrheit der Studenten, die ein gymnasiales Lehramt anstrebten, keine besonderen Maßnahmen bereit hielt – sie tat vielmehr so, als habe sie nichts als die Ausbildung künftiger Forscher im Sinn. Professoren und Studenten nicht im Gegenüber des Lehrer-Schüler-Verhältnisses, sondern im Miteinander um der Wissenschaft willen, auf der gemeinsamen Suche nach der Lösung eines wissenschaftlichen Problems: so hatte sich bereits Humboldt die der Universität angemessene Form der Weitergabe einer geistigen Haltung vorgestellt.

Bedenklich am Wissenschaftsbetrieb der zweiten Jahrhunderthälfte waren vielmehr offensichtlich (auch die zitierte kritische Äußerung Wieses weist in diese Richtung) gewisse Einseitigkeiten und Übertreibungen. Man lebte im Zeitalter des Positivismus, und wenn auch nur eine Minderheit von Forschern dieses dubiose Wissenschaftsideal, das nur das durch die Erfahrung Gegebene als ›wirklich‹ anerkannte und mit Werten und Normen nichts anzufangen wusste, zur ausdrücklich gutgeheißenen Theorie des eigenen Tuns erhob: praktiziert wurde es allgemein, und man gewöhnte sich mehr und mehr daran, auf die Fragen nach dem Sinn des Forschens und nach den die Einzelheiten bedingenden Zusammenhängen zu verzichten. Die Maximen des Positivismus konnten daher, wenn sie ungezügelt gehandhabt wurden, den Bildungsauftrag des Gymnasiums auf zweierlei Weise gefährden: einmal durch die Tendenz zu engem, an einer Gesamtschau nicht mehr interessiertem Spezialistentum; zum andern durch das Aussparen des Rückbezugs auf das erkennende Subjekt, z. B. der für einen humanistisch Engagierten naheliegenden Frage, weshalb er sich so intensiv mit der Hinterlassenschaft der Griechen und Römer befassen solle.

Die outrierte Kritik, die Nietzsche in den Vorträgen »Über die Zukunft unserer Bildungsanstalten« (aus dem Jahre 1872[196]) am Gymnasium übte, zielte auf beides. Vor allem der dritte Vortrag geißelte das seichte Spezialistentum, das die jungen Philologen von der Universität mitbrachten. »Alle«, heißt es da,[197] »graben und wühlen in dem griechischen Boden mit einer Rastlosigkeit, einem täppischen Ungeschick, dass ein ernster Freund des Altertums geradezu ängstlich werden muss«, und von der Mode, sprachgeschichtliche Studien als Ersatz für den erstorbenen Antike-Enthusiasmus anzudienen, verlautet dort:[198] »Wer die jetzigen Gymnasien kennt, der weiß, wie sehr ihre Lehrer der klassischen Tendenz entfremdet sind, und wie aus einem Gefühle dieses Mangels gerade jene gelehrten Beschäftigungen mit der vergleichenden Sprachwissenschaft so überhand genommen haben.« Nietzsches Vorwurf fehlender Selbstreflexion, Gegenstand vor allem des zweiten Vortrags, hat die Form einer Variante des Motivs von der griechisch-deutschen Wahlverwandtschaft. Wenn nicht echter deutscher Geist wieder nach der Hand des griechischen Genius greife, behauptet Nietzsche,[199] dann werde das klassische Bildungsziel des Gymnasiums haltlos in der Luft hin- und herflattern – »Eine wahre Erneuerung und Reinigung des Gymnasiums wird nur aus einer tiefen und gewaltigen Erneuerung und Reinigung des deutschen Geistes hervorgehn.« Nietzsche hoffte auf ein zweites Weimar.

Paulsen behauptete zu Recht,[200] dass Lehrer- und Gelehrtenbildung einander nicht ausschlössen, ja, dass, wer am Gymnasium unterrichten wolle, beiden Ansprüchen gerecht werden müsse: dem wissenschaftlichen und dem humanistischen. Der Lehramtskandidat solle sich in einer neue Ergebnisse zutage fördernden wissenschaftlichen Arbeit erprobt haben und sei zugleich darauf bedacht gewesen, sich eine universelle Bildung zu verschaffen – so etwa stellte sich Paulsen in Wilhelminischer Zeit die Sache vor, wobei er nachdrücklich versicherte, dass dieses Ideal eines Gymnasiallehrers auch durchaus realisierbar sei. Allerdings sollten die Professoren sich bemühen, meinte er, mehr breite Orientierung zu geben und öfter Vorlesungen von allgemein-wissenschaftlichem Interesse zu halten.

Die Gymnasiallehrer des 19. Jahrhunderts waren zum ersten Male als solche ausgebildet: Sie hatten ein besonderes, auf ihren Beruf zugeschnittenes wissenschaftliches Studium absolviert. Was Wunder also, dass sie, wenn sie die Universität verlassen hatten, der Wissenschaft nicht auf immer Valet sagen mochten, dass es sie vielmehr gelüstete, zumindest gelegentlich als Forscher hervorzutreten, zumal sich hierdurch ihr Prestige hob? Jedenfalls hat eine nicht geringe Zahl unter ihnen so gedacht, und wenn auch die wenigsten die Muße fanden, Abhandlungen im Umfang von Büchern vorzulegen – mit kleineren Untersuchungen warteten sie oft auf, und hierfür existierte sogar ein eigenes Publikationsorgan, das Schulprogramm.

Es ist erstaunlich, dass dieses Spezifikum einer ganzen Epoche bislang kaum Beachtung gefunden hat. Wenn die Parallele nicht allzu gewagt schiene, dann könnte man behaupten, dass, wie sich der Humanist des 15. und 16. Jahrhunderts durch Literatur, durch poetische und rhetorische Erzeugnisse in lateinischer Sprache, hervorzutun suchte, der Gymnasiallehrer des 19. Jahrhunderts die Wissenschaft benutzte, sich vor der gebildeten Öffentlichkeit auszuweisen. Auf die Fähigkeit, das Lateinische zu handhaben, gründete sich der Ruf des Humanisten; auf die Fähigkeit, ein Stück Vergangenheit in bewährter Methode zu rekonstruieren oder zu interpretieren, kam es dem vom Neuhumanismus geprägten Lehrer an, der in der Schule der von Wolf gegründeten Altertumswissenschaft und sonst wo die überall herrschende historische Betrachtungsweise auf sich hatte wirken lassen.

Schulschriften, d. h. von einer Schule aus bestimmtem Anlass veröffentlichte Broschüren, gab es schon im 17. und 18. Jahrhundert. Ihre Blüte aber erlebten sie, als auch das humanistische Gymnasium in Blüte stand: in der Zeit vom Wiener Kongress bis zum Ersten Weltkrieg. Die Schulschrift, versehen mit einer wissenschaftlichen Abhandlung, die ein Mitglied des Kollegiums zum Verfasser hatte, war eine Besonderheit des deutschsprachigen Raumes. Anlässe zur Veröffentlichung solcher Schriften gab es auch sonst, z. B. den Geburtstag des regierenden Monarchen. Im Allgemeinen aber erschienen sie als ›Programme‹, d. h. als Berichte, in denen die Schulen Auskunft über ihre Tätigkeiten während eines oder mehrerer Jahre gaben; die wissenschaftliche Untersuchung war entweder Teil der Broschüre oder kam als gesondert geheftete Beilage heraus. Die Schulnachrichten pflegten mitzuteilen, welche Pensen in einer jeden Klasse mit Hilfe welcher Unterrichtswerke oder Texte bewältigt worden waren; sie äußerten sich über das Lehrerkollegium und die Anzahl der Schüler und verkündeten die Ergebnisse der Abiturientenprüfung.

Über die wissenschaftlichen Teile der Schulschriften unterrichtet seit kurzem das fünfbändige »Verzeichnis von Programm-Abhandlungen der deutschen, österreichischen und schweizerischen Schulen der Jahre 1825–1918« von Franz Koessler;[201] es führt die Titel – etwa 55 000 – nach den Namen der Verfasser alphabetisch geordnet auf und enthält bedauerlicherweise keine tabellarischen Übersichten über den Anteil der einzelnen Fächer und über die regionale Streuung. Wie einige Stichproben, die auf Grund des »Verzeichnisses« vorgenommen wurden, beweisen, hatten in den Schulprogrammen alle Fächer des Gymnasiums Daseinsrecht; sie haben indes hiervon in sehr unterschiedlichem Maße Gebrauch gemacht. Spitzenreiter waren die alten Sprachen; gemeinsam mit den spärlichen Abhandlungen über althistorische und den sehr spärlichen über archäologische Themen belief sich ihr Anteil auf ungefähr ein Drittel des Ganzen. In erheblichem Abstand folgten ihr – mit jeweils etwa zehn Prozent – die Geschichte des Mittelalters und der Neuzeit, die Geographie und die Mathematik. Wenn diese Proportionen Schlüsse auf die Hierarchie der Fächer erlauben, dann blieb darin der Rang bewahrt, den schon Humboldt ihnen beigemessen hatte;[202] nach seiner Auffassung sollten ja vor allem die alten Sprachen, die Geschichte (nebst Geographie) und die Mathematik den Heranwachsenden den Inbegriff von allgemeinen Kenntnissen vermitteln, dessen sie für jegliche Art von akademischen Studien bedurften. Die übrigen Fächer haben nur gelegentlich Beachtung gefunden, was insbesondere bei Deutsch auffällig scheint. Ein bedeutender Sektor der Programmschriften, etwa ein Fünftel des Ganzen, behandelte Themen, die nicht durch die an den Universitäten betriebene Forschung vorgegeben waren, die vielmehr aus genuin schulischen Antrieben hervorgingen: Sie widmeten sich sei es didaktischen Fragen, sei es der Geschichte der das Programm veröffentlichenden Lehranstalt.

Die Abhandlungen der Schulprogramme pflegten kürzer zu sein als Dissertationen und oft wohl auch souveräner im Umgang mit ihrem Gegenstand; nicht wenige von ihnen werden noch heutzutage benutzt oder zu Rate gezogen. Wer wollte, bediente sich für seine Darlegungen des Lateinischen; vorherrschend war jedoch auch bei altertumskundlichen Untersuchungen das Deutsche. Die Themen wurden so gewählt, dass sie sich in häuslicher Arbeit behandeln und auf begrenztem Raume darstellen ließen; sie wandten sich auch Nebenschauplätzen der Forschung zu, vorausgesetzt, dass dort handfeste Ergebnisse in Aussicht standen.

Die Altphilologen stellten z. B. gern biographisches Material zusammen, wie etwa Fr. Wüllner in der Schrift:

»De P. Terenti Varronis Atacini vita et scriptis commentatio,
Zehnter Jahresbericht über das Königliche Gymnasium zu Münster
in den Schuljahren 1828/29, Münster 1829.«

Der Verfasser behandelt in diesem Aufsatz Leben und Werk eines Dichters, von dem nur dürftige Nachrichten sowie ein paar Dutzend Verse erhalten sind – man pflegte ihn durch den Zusatz Atacinus, »aus Atax«, von seinem berühmten Namensvetter, dem Polyhistor Varro, zu unterscheiden.

Eine andere beliebte Domäne altphilologischer Programmbeiträge waren Analysen und Erklärungen von Werken oder Werkteilen, wie z. B.

»Jakob Freudenmann, Andeutungen über Veranlassung und Zweck
der Ars poetica des Horaz und über einige von ihm in derselben aufgestellte poetische Principien,
Programm des Gymnasiums Ehingen 1854.«

Oder:

»Karl Bohnhoff, Der Prolog der Iphigenie in Aulis des Euripides,
Programm des Gymnasiums Freienwalde a. O. 1885.«

Als Beispiel für eine didaktische Abhandlung sei noch die folgende aus dem Programm des Ludwig-Georg-Gymnasiums, Darmstadt 1886, genannt:

»Friedrich Curschmann, Die horazischen Oden in der Schule.«

Die Tatsache, dass die Gymnasiallehrer des 19. Jahrhunderts einen eigenen Berufsstand bildeten, kam ihrem Ansehen in der bürgerlichen Welt sehr zustatten. Sie hatten aufgehört, die zweite Garnitur der Theologen zu sein; sie konnten sich als den Repräsentanten der übrigen akademischen Berufe, insbesondere den beamteten, gleichgestellt erachten. Dieser Aufstieg in der gesellschaftlichen Skala war nicht nur dadurch bedingt, dass die Lehrer nunmehr – wie die Theologen, die Juristen, die Mediziner – über ein besonderes, für sie spezifisches Studium, das philologische, verfügten; er beruhte auch auf der hohen Einschätzung der durch das Gymnasium vermittelten Bildung und auf der Zusammensetzung der Schülerschaft, die dort unterrichtet wurde. Das Gymnasium war ja geradezu der Exponent der Tatsache, dass die Hauptbruchlinie im Sozialgefüge nicht mehr zwischen ›adlig‹ und ›bürgerlich‹, sondern zwischen ›gebildet‹ und ›ungebildet‹ verlief; die Bettelschüler, die Kurrendesänger verschwanden, und die junge Noblesse wurde in der Regel nicht mehr durch privaten Unterricht separiert. Thiersch charakterisierte die soziale Stellung, die der Gymnasiallehrer um 1840 innehatte, wie folgt:[203]

> »Im ganzen ist sein Dienst gleich den übrigen Zweigen des öffentlichen Dienstes geordnet, mit Besoldungen sattsam bedacht und mit der ihm nötigen Gewähr und Auszeichnung, zugleich auch mit den Aussichten auf Beförderung umgeben … Diese Gründe zusammen, die wissenschaftliche Auszeichnung, die vorzügliche Befähigung im Beruf, das anständige Gehalt und die durch innere Würdigkeit bedingte Aussicht, verbunden mit der rücksichtsvollen Behandlung der Schulmänner, haben diesen Stand mit einer Achtung und Anerkennung in der bürgerlichen Gesellschaft umgeben, die ihm sonst nicht zuteil wurde und die sehr vorteilhaft auf ihn selbst zurückfließt.«

Unter den literarischen Quellen, aus denen man auf das zeitgenössische Berufsbild des Gymnasiallehrers schließen kann, scheint sich Wilhelm Raabes Roman »Horacker« durch hinlängliche Wirklichkeitsnähe auszuzeichnen. Das dort geschilderte Geschehen spielt im Sommer 1867, das Buch entstand im Jahre 1875. Es geht darin um die Resozialisierung des Titelhelden, eines jungen Mannes, dessen geringfügiges Fehlverhalten durch die Gerüchteküche der provinzlerischen Umwelt zu Raub und Mord aufgebauscht wird. Diejenigen, die sich um eine angemessene Behandlung des Delinquenten bemühen, sind durchweg Akademiker nebst deren Frauen, und so werden die Ereignisse stets aus der Perspektive von ›Gebildeten‹ beschrieben und kommentiert. Gymnasiallehrer – insgesamt drei – sind stark beteiligt; man sieht, wie sie auf befreundetem Fuß mit ›ihresgleichen‹, mit einem Pfarrer und einem Staatsanwalt, umgehen. Dass sie auch sehr auf ihr Prestige bedacht sind, bezeugt die Episode mit der grüngelben Kutsche:[204] Frau Ida

Eckerbusch, die Gemahlin des Konrektors Dr. Eckerbusch, empfindet es als Schande, dass sie sich für eine von den Umständen diktierte plötzliche Fahrt in einen Nachbarort mit einem zweitrangigen Vehikel begnügen muss.

Schulmeister belehren gern (das ist ihr Beruf) – und oft auch außerhalb der Schulstube. Der erwähnte Konrektor Eckerbusch zeigt sich in liebenswürdiger Weise von dieser déformation professionelle erfasst: Er nimmt gern auf Regeln der lateinischen Grammatik Bezug, wobei Raabe einige Kunst darauf verwendet hat, dass sie nicht obenhin zitiert werden, sondern zugleich den Handlungsverlauf interpretieren. »Wie konstruieren Sie die Verba der Affekte und Affektsäußerungen: gaudeo, delector ...«, fragt Eckerbusch,[205] und er tut dies in dem Augenblick, da er die Lösung der Spannungen, den glücklichen Ausgang des Geschehens kommen sieht. Und wenige Seiten später sagt er angesichts der Jammergestalt Horackers einen Merkvers auf, eine Liste sinnverwandter Ausdrücke:[206]

Piget, pudet, poenitet,
taedet atque miseret /
»Es verdrießt, es geniert, es reut,
es ekelt und dauert (mich)« –,

die allesamt nach dem gleichen Schema, nämlich mit einem Akkusativ der von dem jeweiligen Affekt erfassten Person sowie mit dem Genitiv der den Affekt hervorrufenden Sache, verwendet werden; Eckerbusch psalmodiert den Spruch, um sein Erleben in Worte zu fassen – »Ein nettes Durcheinander von Gefühlsregungen!«, bemerkt er dazu.

Zwei der Lehrerfiguren verkörpern generationsbedingte Gegensätze, die nicht individuell, sondern zeittypisch zu sein scheinen: Konrektor Eckerbusch und Oberlehrer Dr. Neubauer. Der alte Eckerbusch, »der letzte Konrektor«, kurz vor der Pensionierung, repräsentiert einen aussterbenden Lehrertyp; er ist ein Original mit biedermeierlichen Zügen, ein Mann voll Güte und Humor, den stets zuerst das Allgemeinmenschliche anrührt, bei den Gefallenen des Krieges von 1866 nicht anders als bei der Horacker-Affäre. Er ist ein großer Naturfreund, der überaus effektvoll Tierstimmen nachzuahmen vermag; er ist allseits beliebt und weiß die Leute zu nehmen, auch wenn er ihnen – worauf er sich glänzend versteht – die Leviten lesen muss. Kurz, vor allem durch Eckerbusch kommt die von Raabe für den Roman beanspruchte ›idyllische‹ Tönung zur Geltung: der in sich geschlossene geographische und soziale Raum als der Nährboden, der das fest in ihm Verwurzelte frei hervortreten und sich entfalten lässt.

Oberlehrer Dr. Neubauer hingegen, die Kontrastfigur, ist und bleibt fremd auf dem Schauplatz des Geschehens. Wie er sich zu Beginn weigert, sich an dem Ausflug, den Eckerbusch mit dem Zeichenlehrer Windwebel unternimmt, zu beteiligen, so reift in ihm gegen Ende des Romans, auf der ihn demütigenden Kutschfahrt mit Frau Eckerbusch, der Entschluss, unter keinen Umständen je zu heiraten. Die Ichbezogenheit des »großen und frisch aus der Hauptstadt in die Provinz versetzten Selbstbewusstseins«[207] verhindert jedes soziale Engagement. Der junge Oberlehrer hält auf Distanz und gibt sich als Stoiker – er wirkt, als wäre er »reinewegs vom Monde in die Philologie … heruntergefallen«.[208] Er ragt wie ein Eisblock in die kleine, warme Welt des Romans hinein; er dichtet an einer »Sechsundsechzigias«, an einer – wie man wohl annehmen darf – Verherrlichung des preußischen Erfolges, und seine pädagogischen Maximen werden von Frau Eckerbusch durch den Spottvers charakterisiert:[209]

»Stramm, stramm, stramm
Alles über einen Kamm.«

Mit Neubauer scheint eine fremdartige, unpersönliche Einstellung in die Provinzsphäre des »Horacker« einziehen zu wollen; vielleicht kündigen sich hierin bereits die von der bisherigen humanistischen Bildung wegführenden Züge der voll entfalteten Wilhelminischen Ära an: das Militärische, das Nationale.

f) Gymnasium und Realschule

Das 19. Jahrhundert, die zweite Hälfte zumal, hat durch nichts so sehr Epoche gemacht wie durch die Fortschritte der Technik und deren vielfältige Anwendung, durch die industrielle Revolution. Dieser Vorgang war ohne geschichtliches Beispiel. Er bewirkte, dass sich der von ihm herbeigeführte Zustand fundamental von allen früheren Epochen unterschied. Das 18. Jahrhundert hatte, was die landwirtschaftliche und handwerkliche Produktion, die Zivilisation der Städte und die Verkehrsmittel angeht, ungefähr dieselbe Kulturhöhe gewonnen wie im antik-europäischen Bereich schon einmal die frühe römische Kaiserzeit – jedenfalls zeigen die beiden weit auseinander liegenden Perioden mehr Gemeinsamkeiten als Verschiedenheiten, wenn man sie mit den gewandelten Verhältnissen vergleicht, die die Industrialisierung verursacht hat. Mit ihr ist die Menschheit in eine neue Ära eingetreten, in eine Ära, an der zuerst hervorsticht, dass alles in Maßen von noch nie dagewesener Größenordnung zu existieren begann: Mit dem Wachstum der Bevölkerung selbst (in Deutschland von 1800 bis 1900 auf nahezu das Dreifache: von 24 auf 60 Millionen) wuchs auch der Apparat der Daseinsbewältigung in bislang unerhörten Dimensionen.

Die Steigerung der agrarischen Produktion mit Hilfe des Kunstdüngers fiel weniger ins Auge als die neue Weise der Fertigung von Gütern aller Art, als die Fabrik mitsamt den dort herrschenden Maschinen. Die Kohle ersetzte die bisherigen Antriebskräfte, das Pferd, das Wasser und den Wind, und der Bedarf an Eisen, dem wichtigsten Rohstoff für Industrieerzeugnisse, nahm derart zu, dass sich der Jahresverbrauch je Einwohner um 1900 auf etwa 160 kg belief: auf das Sechsfache von 1860 (etwa 25 kg) und auf das 25fache von 1834 (etwa 6 kg). Neben dem Bergbau, dem Hüttenwesen und der Eisenverarbeitung gewann – trotz der englischen Konkurrenz und trotz der schweren Krise, die in den vierziger Jahren zum schlesischen Weberaufstand führte – die Textilindustrie erheblich an Bedeutung, und gegen Ende des Jahrhunderts schlossen sich hieran noch zwei gerade in Deutschland stark expandierende Zweige an, die Chemie und die Elektrotechnik. Alles dies ging Hand in Hand mit der Revolutionierung des Transport- und Nachrichtenwesens: durch den Bau von Kanälen, Straßen und Eisenbahnlinien sowie durch die Telegraphie.

Die Industrialisierung, mit allzu liberalen, rücksichtslosen Methoden betrieben, brachte trotz großer Prosperität auch schwere soziale Spannungen mit sich. Es entstand ein in drückender Abhängigkeit lebender vierter Stand, das Proletariat, dessen Kampf um bessere Lebensbedingungen die Innenpolitik des Jahrhundertendes mit mancherlei Turbulenzen begleitet hat. Trotz der scharfen Kulturkritik Einzelner – wie der Nietzsches – herrschte ein oberflächlicher Fortschrittsglaube vor, der weniger von der Hoffnung auf die Vervollkommnung des Menschen als von der Erwartung verbesserter äußerer Verhältnisse genährt wurde. Die spekulative Philosophie trat, wie erwähnt,[210] nach dem Tode Hegels ab, und ein materialistisch gefärbter Positivismus breitete sich an deren Stelle aus. Idealismus galt als überspannt und verstiegen, Religion als Illusion und »Opium des Volkes«. Auch Literatur und Kunst zeigen nach Goethes Tod den Bruch, den schroffen Wechsel der Epochen: Der neue Stil, der Realismus, verlangte Wirklichkeitsnähe bis ins kleinste Detail.

Der Zeitgeist entfernte sich je länger, desto mehr von den Bedingungen, aus denen das humanistische Gymnasium mit seiner auf die alten Sprachen sich gründenden Konzeption umfassender Bildung hervorgegangen war: Das immer weitere Kreise erfassende wirtschaftliche Denken verlangte Spezialisten für die technischen und ökonomischen Berufe. Der aufklärerische

Nützlichkeitssinn, vom Geiste Weimars nahezu ein halbes Jahrhundert zurückgedrängt, gewann wieder an Terrain, allerdings ohne von jenen Bestrebungen begleitet zu sein, die auf das mündige Subjekt, die autonome, vernunftgeleitete Persönlichkeit gezielt hatten. Es ist somit nicht verwunderlich, dass schon im Vormärz Stimmen laut wurden, die sich gegen das Monopol des humanistischen Gymnasiums wandten und eine gleichberechtigte realistische Bildung forderten; verwunderlich ist eher, dass es dem humanistischen Gymnasium gelang, seinen Alleinvertretungsanspruch für die Anerkennung der allgemeinen Studienreife bis zum Beginn des 20. Jahrhunderts zu behaupten.

Die Realschule war seit der Aufklärung die ständige, lange Zeit nur mühsam Schritt haltende Begleiterin des Gymnasiums; ihre Anfänge gehen, wie bereits erwähnt,[211] auf das pietistische Milieu in Halle zurück. Der Pfarrer Semler gab dem neuen Typ von Lehranstalten den Namen; dem Francke-Schüler Hecker gelang die Gründung des ersten Exemplars der Gattung, dem Dauer beschieden war: mit der »Ökonomisch-mathematischen Realschule« zu Berlin. Einige Wirkung in die Breite war sodann – im letzten Viertel des 18. Jahrhunderts – den Anstalten der Philanthropinisten beschieden; dort pflegten die naturkundlichen Fächer und auch die Handwerke einen nicht geringen Teil des Lehrplans zu beanspruchen. Der Philosoph Niethammer ließ es sich daraufhin angelegen sein, die Atmosphäre durch heftige Polemik gegen das Utilitätsdenken der Philanthropinisten zu vergiften:[212] nur die klassische, auf der Kenntnis des Altertums beruhende Bildung führe zur Humanität, die philanthropinistische, berufsbezogene hingegen bewirke bei ihren Zöglingen nichts als Animalität. Niethammers Argumentationsweise fand zunächst, zu Zeiten Wolfs und Humboldts, keine Nachahmung: Eher bestanden philanthropinistische Reserven gegenüber den alten Sprachen als neuhumanistische gegenüber den naturkundlichen Disziplinen. Kein anderer als Wolf prägte die Formel von den »Naturkenntnissen, die zur allgemeinen Kultur gehören«,[213] und der preußische Lehrplan der Restaurationszeit zog sich, da er auch die Realienfächer hinlänglich zu berücksichtigen suchte, den Vorwurf zu, die Schüler zu überbürden.[214]

Zu einem Skandal führte der Lehrplan, den Friedrich Wilhelm Thiersch im Jahre 1829 den Gymnasien Bayerns verordnete: Mathematik war dort nur in sehr bescheidenem Maße und Naturkunde überhaupt nicht vorgesehen.[215] Dieses Programm rief den Protest von etwa dreihundert Naturforschern und Ärzten hervor, die sich damals in Heidelberg versammelten. Wortführer war der Münchener Philosoph Lorenz Oken (1779–1851). Man müsse die Philologen in die Schranken weisen, erklärte er, wenn sie sich in ihrer Ignoranz einbildeten, es gebe für die Welt nichts zu lernen, als was sie selber wüssten. Der Protest verhallte ungehört: Bayerns Gymnasien blieben bis gegen Ende des 19. Jahrhunderts ohne naturkundlichen Unterricht, abgesehen von insgesamt drei Stunden Physik in den Oberklassen.

Um dieselbe Zeit begann in Preußen der mühsame Aufstieg der realistisch orientierten Anstalten. Dieser Aufstieg war nicht nur deshalb mühsam und langwierig, weil die Anhängerschaft des Gymnasiums eifernd und eifersüchtig über dessen Privilegien wachte, sondern auch, weil die Anstalten selbst noch einer festen Form ermangelten. Die alten Lateinschulen waren, wie erwähnt,[216] nur zum Teil in Gelehrtenschulen oder Gymnasien mit Abiturberechtigung umgewandelt worden; der Rest, meist in städtischer Regie, existierte irgendwie weiter, und überdies gab es verschiedene Arten von lateinlosen Bürgerschulen. Das Bestreben, Ordnung in diesen historisch bedingten Wildwuchs zu bringen, sah sich mit Abgrenzungsproblemen nach zwei Seiten hin konfrontiert: ›nach unten hin‹, gegenüber den technische und handwerkliche Fertigkeiten vermittelnden Anstalten, und ›nach oben hin‹, gegenüber den Gymnasien. Für den ersteren Fall schuf August Gottlieb Spilleke (1778–1841), Direktor der von Hecker gegründeten Berliner Anstalt, Klarheit: Er legte in seinen Programmschriften dar, dass die Realschule allgemeinbildend sein solle wie das Gymnasium und dass es demnach nicht ihre Aufgabe sei, auf spezielle handwerkliche oder kaufmännische Berufe vorzubereiten. Die Abgrenzung zum Gymnasium hin erwies sich als schwieriger; die ›Lösung‹, die sich hier aus manchem Hin und Her ergab, zeitigte zwei Formen der ›höheren‹ (in den Anforderungen dem Gymnasium entsprechenden) Realschule, den radikal realistischen Typ ohne jeglichen altsprachlichen Unterricht und den kompromissartigen Typ, der am Lateinischen festhielt, kurz, die Realschule ohne und die mit Latein.

Das preußische Ministerium nahm sich zunächst der Form an, die dem Gymnasium am nächsten stand, der vollen (alle Klassen enthaltenden) Realschule mit Latein. Im Jahre 1832 erging eine »Vorläufige Instruktion über die an den höheren Bürger- und Realschulen anzuordnenden Entlassungsprüfungen«. Geprüft wurde in Deutsch, Latein, Französisch, Religion, Geschichte, Geographie, Mathematik, Physik und Chemie, eventuell auch in Englisch und Italienisch. Wer sich der Prüfung mit Erfolg unterzog, brauchte wie der Absolvent des Gymnasiums nur ein Jahr Militärdienst zu leisten und hatte Zugang zu den Berufen im Post-, Forst- und Baufach sowie zu den

Büros der Provinzialbehörden. Falls das Lateinische nicht gelehrt wurde, war dies im Zeugnis ausdrücklich zu vermerken; der Hinweis schloss von der Beamtenlaufbahn aus. Ein Zirkular des Jahres 1838 schärfte ein, dass Latein nur zum größten Nachteil für einen gründlichen Unterricht vernachlässigt werde; der neuhumanistisch gesinnten Kultusbürokratie waren lateinlose, rein praktisch orientierte Bürgerschulen offensichtlich nicht genehm. Und so verlautete denn drei Jahre später apodiktisch, dass Latein ein obligatorischer Gegenstand der Abgangsprüfung sei.

Zu den behördlichen Maßnahmen wurden mancherlei Kommentare – von Seiten der Befürworter der Realschule ebenso wie von Seiten der Gegner – abgegeben. Justus von Liebig z. B. beklagte sich im Jahre 1840 über den Humanismus, der den Fortschritten der Naturwissenschaften und der Medizin nicht Rechnung tragen wolle, und verglich den Streit zwischen Gymnasien und Realschulen mit dem Ankämpfen der Seifensieder gegen das Gaslicht, mit dem Protest der Gastwirte gegen die Schnellposten und dem der Fuhrleute gegen Kanäle und Eisenbahnen.[217] Die Humanisten wiederum sparten nicht mit ihrer Kritik an der »Nützlichkeitskramschule«, der es gänzlich an Idealismus fehle – wenn sie es nicht vorzogen, das Argument der sauren Trauben ins Feld zu führen: »Was von den Gymnasien weg und den Realschulen zuläuft, sind – mit wenig Ausnahmen – Burschen, die niemand brauchen kann, und die man los zu werden Gott dankt.«[218]

Im Jahre 1859 – Deutschland, im Begriff, den Anschluss an Westeuropa zu finden, erreichte nunmehr das Stadium der Hochindustrialisierung – bequemte sich die preußische Kultusverwaltung, die »Vorläufige Instruktion«, die nahezu dreißig Jahre zuvor erlassen worden war, aufzuheben und durch eine »Unterrichts- und Prüfungsordnung für die Real- und höheren Bürgerschulen« zu ersetzen. Es hatten sich trotz des obrigkeitlichen Widerwillens allerlei lateinlose Realschulen erhalten oder neu aufgetan: Diesmal überließ man diese Anstalten nicht einfach, wie in der »Vorläufigen Instruktion«, sich selbst, sondern bezog sie ein in ein klassifizierendes Schema, das alle vorhandenen Varianten von Real- und Bürgerschulen zu erfassen suchte. Das Schema enthielt drei Typen: Realschulen I. Ordnung, Realschulen II. Ordnung und höhere Bürgerschulen.

In der Realschule I. Ordnung findet man den Typus wieder, den die »Vorläufige Instruktion« definiert und durch Berechtigungen herausgehoben hatte: eine vollständige (neunjährige) Anstalt mit Latein in allen Klassen; sie qualifizierte den erfolgreichen Absolventen zu Studien für den staatlichen Baudienst und das Bergfach. Die Realschule II. Ordnung konnte lateinlos sein, und ihr Kursus bestand aus sei es neun, sei es sechs Jahren; die höhere Bürgerschule endlich unterschied sich von der Realschule I. Ordnung nur dadurch, dass sie der Prima ermangelte. Alle drei Typen, erklärt das Reglement des Jahres 1859 ganz im Sinne Humboldts,[219] »sind keine Fachschulen, sondern haben es wie das Gymnasium mit allgemeinen Bildungsmitteln und grundlegenden Kenntnissen zu tun. Zwischen Gymnasium und Realschule findet daher kein prinzipieller Gegensatz, sondern ein Verhältnis gegenseitiger Ergänzung statt. Sie teilen sich in die gemeinsame Aufgabe, die Grundlagen der gesamten höheren Bildung für die Hauptrichtungen der verschiedenen Berufsarten zu gewähren.« An der terminologischen Reglementierung, die die »Unterrichts- und Prüfungsordnung« vom Jahre 1859 traf, erscheint seltsam, dass die an der Spitze unvollständige Realschule mit Latein nicht als ›Realschule II. Ordnung‹, sondern als ›höhere Bürgerschule‹ klassifiziert wurde; vielleicht wollte man die zweite Stelle dem Typus vorbehalten, der eigentlich keiner war, der vielmehr den für ihn zuständigen städtischen Behörden ein weites Feld von Gestaltungsmöglichkeiten offen ließ.

Die Realschule blieb – soviel ist sofort evident – ein Anhängsel des Gymnasiums, übrigens auch dadurch, dass zunächst nur Absolventen des Gymnasiums Zugang zum Universitätsstudium und damit zum Beruf des Realschullehrers haben sollten. Die Realschule I. Ordnung unterschied sich von der humanistischen Schwesteranstalt vor allem dadurch, dass ihr Lehrplan kein Griechisch und stattdessen Englisch enthielt; ihre Vorzüge im Bereich der Naturwissenschaften fielen nicht sehr ins Gewicht. Es lag daher nahe, dem Typus Zwitterhaftigkeit vorzuwerfen, da er den Versuch darstelle, Elemente des humanistischen Gymnasiums mit Elementen der reinen Realschule zu verbinden, und dabei seien hier wie dort Einschränkungen unvermeidlich gewesen. Man hat hiergegen zu Recht eingewandt, dass es in der damaligen Gesellschaft Bildungsbedürfnisse gab, die exakt diese Schulform forderten: in Beamten-, Kaufmanns- und Unternehmerkreisen. Dort sei Latein erwünscht, aber auch ausreichend gewesen, einen verbreiteten Drang nach Prestige, nach Exklusivität zu befriedigen; die Realschule mit Latein von der Sexta bis zur Prima schien den Schmuck eines gewissen Anteils an der höheren Bildung mit hinlänglicher Berücksichtigung der modernen Wissenschaften und Sprachen zu verbinden.

Mit der Realschule I. Ordnung war eine Form der höheren Lehranstalt gefunden, die sich in den folgenden Jahrzehnten nicht mehr wesentlich verändert hat. Desto hartnäckiger wurde um ihre Anerkennung als Zugang zu den Studiengängen der Universität gestritten – es währte fast ein halbes Jahrhundert, bis sie überall und ohne Einschränkung durchgesetzt war. Ein nicht zu verachtender Anfang wurde allerdings schon im Jahre 1870 gemacht, als die ersten Schüler den neunjährigen Kursus nach dem 1859 dekretierten Reglement durchlaufen hatten: Den Abiturienten der Realschulen I. Ordnung wurde erlaubt, Mathematik, Naturwissenschaften und neuere Sprachen zu studieren, mit dem Ziel, nach bestandenem Examen ins höhere Lehramt einzutreten. Der Vorgang hätte nach den damaligen Begriffen als paradox erscheinen müssen: Während man durchaus noch nicht gewillt war, Abiturienten ohne Griechischkenntnisse die Möglichkeit des Medizinstudiums zu eröffnen, fand man sich bereit, auf ebendiese Kenntnisse bei denen zu verzichten, deren Beruf ein halbes Jahrhundert zuvor aus der neu konstituierten Altertumswissenschaft, insbesondere den wiederbelebten Griechischstudien hervorgegangen war. Hiermit ließ man zu, dass schon die Vorbildung der Lehrerschaft nicht mehr übereinstimmte – sehr zum Schaden der Konzeption Humboldts.

Parallel zum allmählichen Aufstieg der Realschulen verlief die Entwicklung der Institutionen, denen die Ausbildung für die technischen Berufe oblag: Wie die Realschulen danach strebten, den Gymnasien gleichgestellt zu werden, so war es den technischen Lehranstalten darum zu tun, den Status von Hochschulen zu erhalten. In Deutschland gab es derartige Anstalten seit dem späten 18. Jahrhundert, seit den Bergakademien in Freiberg (1765) und Clausthal (1775). Zum großen Vorbild für alle technische Ausbildung wurde die École Polytechnique zu Paris, eine Errungenschaft der Französischen Revolution (1794). Deutschland erlebte um 1830 eine Serie von Neugründungen, darunter die in Karlsruhe, die bald eine führende Stellung innehatte.

Die innere Entwicklung der technischen Anstalten zielte auf Angleichung an die Universitäten: einmal in der Lehre, zum anderen in der Verfassung. In der Lehre suchte man der Gefahr engen Spezialistentums durch die Einbeziehung allgemeinbildender Disziplinen zu begegnen; insbesondere aber war man auf Wissenschaftlichkeit im eigenen Bereich bedacht, d. h. man suchte allen technischen Errungenschaften eine strenge theoretische oder mathematische Grundlage zu geben. Auf diesem Wege trennte sich die Ausbildung des Ingenieurs von der des Mechanikers und Werkmeisters. In der Verfassung trat akademische Lehr- und Lernfreiheit an die Stelle anstaltsmäßiger Organisation. Die Eidgenössische Polytechnische Schule in Zürich erhielt bei ihrer Gründung im Jahre 1855 die Struktur einer Universität mit Fakultäten, Senat und Rektor. In den sechziger Jahren begann man, die einschlägigen Institutionen als ›Technische Hochschulen‹ zu bezeichnen, allen voran die in Graz, Karlsruhe und München. Die Angleichung an die Universitäten war schließlich so perfekt, dass sich die Belange zum Teil überschnitten: Wer das höhere Lehramt in Mathematik und in den Naturwissenschaften anstrebte, konnte hier und da statt in der Philosophischen Fakultät an der Technischen Hochschule studieren.

Um dieselbe Zeit erhielt das preußische Berufsschulwesen Zuzug. So genannte Gewerbeschulen, d.h. Anstalten mit einem nichtgymnasialen Lehrplan, die auf gehobene Positionen im Wirtschaftsleben vorbereiteten, wurden 1877 in neunjährige Realschulen ohne Latein umgewandelt und bald darauf aus dem Ressort des Handelsministeriums in das des Kultusministeriums überführt. Der Besuch dieser Anstalten, die nach der Terminologie von 1859 der Kategorie ›Realschule II. Ordnung‹ angehörten, berechtigte zum Studium an den Technischen Hochschulen.

Umso dringender war durch diese Maßnahmen die in Preußen seit längerem beabsichtigte Revision der Lehrpläne und Prüfungsordnungen geworden. So kam denn im Jahre 1882 unter der Regie von Bonitz das erwähnte Reglement zustande, in dem sämtliche vorhandene Typen höherer Schulen bedacht waren.[220] Zwei Arten von Anstalten mit vollständigem, bis zur Prima reichendem Kurs standen nunmehr neben dem Gymnasium: die Realschule I. Ordnung, jetzt ›Realgymnasium‹ geheißen, und die soeben genannten ehemaligen Gewerbeschulen, denen man den Namen ›Oberrealschule‹ gab. Die Lehrpläne suchten das Gymnasium und das Realgymnasium einander anzunähern: Im Gymnasium wurden auf Kosten der alten Sprachen die mathematisch-naturwissenschaftlichen Fächer sowie Geschichte und Französisch besser bedacht; im Realgymnasium mussten umgekehrt Mathematik und Naturwissenschaften zum verstärkten Lateinunterricht beisteuern. Man möchte meinen, dass die beiden Schultypen, die sich nunmehr mit dem Namen ›Gymnasium‹ schmückten, deswegen einander angenähert wurden, weil das Realgymnasium eine größere Zahl von Studiengängen ermöglichen sollte; doch in dieser Hinsicht beließ es das Reglement von 1882 beim bisherigen Zustand.

Der Streit um die Berechtigungen, der so genannte Schulkrieg, trat in eine neue Phase ein, als sich das alte Gymnasium nicht nur einer, sondern zwei parallelen Institutionen gegenübersah: dem nahe verwandten Realgymnasium und der weiter entfernten Oberrealschule. Die Diskussion nahm nunmehr die Form eines Kampfes an mehreren Fronten an. Drei Gruppen von Anhängern priesen jeweils unter heftiger Polemik gegen die

Andersdenkenden den von ihnen auserkorenen Typ, und überdies taten sich Zusammenschlüsse auf, die mehr oder minder radikal für die Verschmelzung des Getrennten, für eine Einheitsschule plädierten. Man schrieb Bücher, gründete Vereine und gab Zeitschriften heraus – eine von ihnen, »(Das humanistische) Gymnasium«, existiert heute noch.

Der Streit hatte seinen Höhepunkt erreicht, als die so genannte Dezember-Konferenz stattfand (1890), jene denkwürdige Versammlung, deren Beschlüsse von Kaiser Wilhelm II. maßgeblich beeinflusst wurden.[221] Im gymnasialen Lehrplan erlitt das Kontingent des Lateinischen eine Minderung von 25 Prozent, von 77 auf 62 Stunden; der lateinische Aufsatz fiel fort. Nutznießer der Kürzung war, wie von Wilhelm II. gewünscht, hauptsächlich das Deutsche. Hinsichtlich des Realgymnasiums wurde dekretiert, dass es abzuschaffen sei. Diese Entscheidung hatte sich bereits in den Debatten, die der Dezember-Konferenz vorangingen, angebahnt: Die Parteigänger des Gymnasiums sahen in der Oberrealschule eine weniger gefährliche Konkurrentin, und die Anhänger der Oberrealschule hofften, vor allem auf Kosten des Realgymnasiums Zulauf zu erhalten. Schließlich die Oberrealschule: sie profitierte von der Entscheidung, das Realgymnasium aufzuheben; ihr Reifezeugnis sollte den Zugang nicht nur zur Technischen Hochschule (den ein ängstliches Dekret des Jahres 1886 versperrt hatte), sondern auch – für Studenten der Mathematik und der Naturwissenschaften – zur Universität eröffnen.

Der Beschluss, dem Realgymnasium ein Ende zu setzen, blieb unausgeführt: Es stellte sich heraus, dass seine Fortexistenz von weiten Kreisen gewünscht wurde. So gab es denn wieder, entgegen der Konzeption von 1890, drei Schulformen mit verschiedenen Berechtigungen zu Studiengängen – ein Zustand, den man als unbefriedigend empfand und dem man abzuhelfen suchte. Man sah sich vor die Alternative gestellt, entweder nach dem Muster einiger laufender Versuche eine Einheitsschule einzurichten oder den vorhandenen drei Formen volle Gleichberechtigung zu gewähren. Das Ministerium wollte diese kardinale Frage nicht aus eigener Machtvollkommenheit entscheiden, und so wurde abermals eine Schulkonferenz einberufen. Man hatte hierfür diesmal nur zu einem Teil Leute vom Fach ausersehen; bei einer beträchtlichen Anzahl von Teilnehmern handelte es sich um akademische Zelebritäten wie Mommsen, von Wilamowitz-Moellendorff, Harnack, Dilthey u. a.

Der Kultusminister befasste sich in seiner die Konferenz eröffnenden Ansprache vor allem mit dem Punkt, auf den es hauptsächlich ankam: wie das derzeit bei den Studienanfängern allgemein herrschende Defizit an Realienwissen behoben werden könne. Zwei Wege stünden hierfür offen. Zum einen sei es möglich, den Realienunterricht im gymnasialen Lehrplan zu verstärken – hierdurch werde jedoch zwangsläufig dessen humanistischer Charakter geschwächt und der ganze Schultyp um seine Eigenart gebracht. Der andere Weg bestehe darin, das Gymnasium, das Realgymnasium und die Oberrealschule in ihrer bisherigen Form zu belassen und ihren Absolventen dieselben Rechte zum Studium an den Hochschulen einzuräumen. Die überwiegende Mehrheit der Teilnehmer sprach sich für die zweite Möglichkeit aus. Die Entscheidung wurde durch eine Stellungnahme erleichtert, die der Gymnasialverein unmittelbar vor Beginn der Konferenz abgegeben hatte. Hierin verwahrte sich dieser gegen erhebliche Eingriffe in den gymnasialen Lehrplan; im Gegenzug aber erklärte er, dass er keinen Einspruch erheben wolle, wenn das Realgymnasium und die Oberrealschule als dem Gymnasium gleichberechtigt anerkannt würden.

Die übrigen in der Konferenz des Jahres 1900, der so genannten Juni-Konferenz, verhandelten Gegenstände waren von weit geringerer Bedeutsamkeit. Immerhin verdient eine Rede erwähnt zu werden, die von Wilamowitz-Moellendorff zu einem dieser Punkte gehalten hat.[222] Es ging um die Frage, ob das Griechische auf eine höhere Klasse verschoben und durch wahlweise angebotenes Englisch ersetzt werden könne. Der Vorschlag stieß auf scharfe Ablehnung; seine Annahme hätte den Kern der humanistischen Bildung getroffen. Wilamowitz aber führte in seiner aufs Grundsätzliche zielenden Rede aus, dass der Neuhumanismus und mit ihm das Gymnasium ästhetisch orientiert gewesen seien. Man bevorzugte die klassische Dichtung und vernachlässigte darüber die Philosophie und alle nachklassische Literatur. Man habe eben geglaubt, dass in den großen Werken der klassischen Poesie und der Beredsamkeit ewig gültige und absolut vollkommene Vorbilder gegeben seien. Doch die Zeiten hätten sich gewandelt. »Die Antike«, erklärte Wilamowitz, »als Einheit und als Ideal ist dahin; die Wissenschaft selbst hat diesen Glauben zerstört.« Dagegen sei dem Betrachter nunmehr eine anderthalbtausendjährige Periode der Weltkultur kenntlich geworden, nicht nur die Grundlage, sondern sozusagen ein Typus der modernen. Jedes Jahrhundert habe sich gesucht, was seinen Bedürfnissen und Bestrebungen entsprach; das bestehende Pensum sei der verkümmerte Rest von dem, was man 100 Jahre zuvor in der Zeit Goethes für die damaligen Bedürfnisse gesucht habe. Es komme nunmehr darauf an, die Bedeutung des Griechentums für die moderne Kultur in ihrer ganzen Breite zu erfassen.

Die eindrucksvolle Rede zerriss den Schleier, der offenbar noch immer das Gymnasium über die Altertumswissenschaft, wie sie sich im Laufe des 19. Jahrhunderts entwickelt hatte, täuschte. Sie zerriss ihn wohl allzu rigoros und auf Grund von Voraussetzungen, die ebenso zeitgebunden waren wie die Gegenposition der deutschen Klassik. Zunächst scheint verwunderlich, dass Wilamowitz überhaupt nicht zwischen wissenschaftlichen und pädagogischen Gesichtspunkten unterschied. Ein großer Teil der klassischen griechischen Literatur ist in unvergleichlicher Weise jugendgemäß und vermag Heranwachsende derart zu faszinieren, dass sich ein verfrühtes Geltendmachen historisch relativierender Gesichtspunkte nur schädigend auswirken kann. Vor allem aber hat Wilamowitz den wahren Verhältnissen Gewalt angetan, wenn er meinte, dass alle Literaturwerke, klassische wie unklassische, in gleicher Weise dem geschichtlichen Wandel unterworfen seien. Für die großen Ausnahmen ist das Geschichtliche nur etwas Peripheres; sie ragen als schöpferische Taten über die Bedingungen ihrer Entstehung hinaus in eine schwer messbare Dimension des Absoluten. So unverkennbar die Begründer des Neuhumanismus darin zu weit gingen, dass sie auch die griechische Menschheit selbst in den Himmel hoben, so recht taten sie daran, die klassische griechische Kunst und Literatur als etwas Außerordentliches zu bewundern. Wilamowitz hat seinen positivistischen und szientistischen Standpunkt verabsolutiert – der Umschlag in eine ganz andere Betrachtungsweise ließ nicht lange auf sich warten.

Am 26. November 1900 hat Kaiser Wilhelm II. auf seiner Yacht in Kiel den Erlass unterzeichnet, der die Vorschläge der Juni-Konferenz zusammenfasste und bestätigte – er tat dies als König von Preußen, wie es die Verfassung vorsah. Die Gleichberechtigung der drei Formen höherer Schulen war nunmehr eine vollendete Tatsache. Lediglich für künftige Theologen blieb der Besuch eines Gymnasiums obligatorisch. Wer ohne die erforderlichen altsprachlichen Kenntnisse neuphilologische Fächer, Geschichte oder Jura studieren wollte, musste das Fehlende in Kursen nachholen, die an der Universität abgehalten wurden.

Die preußische Regelung hat sich, wie meist, so auch diesmal mit geringer Verzögerung im übrigen Deutschland durchgesetzt. In Einzelheiten blieben Unterschiede; Bayern hielt z. B. daran fest, dass für das juristische Studium der Besuch eines Gymnasiums erforderlich sei. In Österreich wurden in den Jahren 1908/09 neue Regelungen getroffen; auch dort traten andere Formen der höheren Schule mit gleichen Rechten neben das Gymnasium, und auch dort waren fehlende Lateinkenntnisse durch zusätzliche Kurse auszugleichen.

Nachwort

Ulrich von Wilamowitz-Moellendorff hat im Jahre 1892 den Zustand vorausgesagt, der jetzt, nach Ablauf des 20. Jahrhunderts, nahezu eingetreten ist:[1] die »Abschaffung des Griechischen und Beschränkung des Lateinischen auf einen elementaren Sprachunterricht«. Er tat dies unter dem Eindruck der Lehrpläne, die aus der Dezember-Konferenz des Jahres 1890 hervorgegangen waren.[2] Er behauptete, dass durch sie »das Latein aus seiner beherrschenden Stellung verdrängt« und »das Griechische noch weiter beschränkt« worden sei.[3] Er wollte es zwar noch nicht für unvermeidlich halten, dass das deutsche Volk »den Bruch mit der Geschichte und der Kultur endgültig vollzöge«. Zugleich aber verschanzte er sich in der, wie er meinte, uneinnehmbaren Festung der Universitätswissenschaft Klassische Philologie: sie werde fortbestehen, selbst wenn »die beiden Sprachen, denen Europa seine Kultur verdankt, ... aus dem obligatorischen Jugendunterrichte« verschwänden.[4] Die Philologie hänge nicht von der Schule ab; der Gräzist und der Latinist nähmen, wenn es keine Lehramtskandidaten mehr gebe, eine ähnliche Stellung ein wie seit jeher der Semitologe oder Indologe: »Sie ertragen es auch, dass sie die elementare Grammatik lehren müssen.«[5]

Die Dezember-Konferenz von 1892 und deutlicher noch die Juni-Konferenz der Jahrhundertwende[6] wurden in der Tat zu Mark- und Grenzsteinen der Geschichte des deutschen Gymnasiums, und dies ist auch der Grund dafür, weshalb die vorliegende Darstellung mit ihnen endet: Die Geschicke, die dem Schulwesen im 20. Jahrhundert widerfuhren, ließen sich nur in einem eigenen Buche hinlänglich behandeln. Hierfür aber wäre, wie schon im Vorwort angedeutet,[7] der Altphilologe nicht mehr zuständig, oder allenfalls so viel oder so wenig wie der Historiker eines beliebigen anderen Gymnasialfaches auch.

Die Humanisten hatten im Jahre 1900 den Lehrplan des überkommenen Gymnasiums dadurch vor weiteren Einbußen im Latein- und Griechischunterricht zu bewahren versucht, dass sie dem Realgymnasium und der Oberrealschule die volle Gleichberechtigung zugestanden. Vielleicht haben sie hiermit ihrer Sache einen schlechten Dienst erwiesen. Sie konnten zwar nunmehr der Klientel, die ihnen treu blieb, nach wie vor eine wenn auch eingeschränkte humanistische Bildung vermitteln; sie hatten sich indes hierfür, ohne es richtig zu bemerken, die trügerische Ruhe eines abseits vom Hauptstrom der Entwicklung fortexistierenden Nebenschauplatzes eingehandelt.

Wer es unternimmt, die Geschichte von Theorie und Praxis des Jugendunterrichts im 20. Jahrhundert darzustellen, der kann, sofern er sich mit dem Wesentlichen begnügen will, schon bei der Behandlung des ersten Drittels auf Kategorien wie Neuhumanismus und humanistische Bildung verzichten. Er hat sich vor allem der so genannten Reformpädagogik anzunehmen, jenem europäisch-nordamerikanischen Bündel von Bestrebungen, das, ausgehend von radikalen kultur- und gesellschaftskritischen Impulsen, erheblichen Einfluss auf das Erziehungs- und Bildungswesen genommen hat. So verfährt z. B. die gediegene Monographie Theodor Wilhelms[8]: Der erste Abschnitt erörtert die »reformpädagogische Bewegung« der Zeit von etwa 1890 bis 1930, ohne hierbei die aus der Goethezeit überkommene Bildungsidee noch berücksichtigen zu müssen.[9]

Jugendbewegung und Reformpädagogik zielten auf die Wiederherstellung des ganzen Menschen, den sie als Individuum, als Person von Einseitigkeiten und Zwängen zu befreien suchten, die sie durch die Industrialisierung sowie durch die Verkümmerung des Gefühlslebens und des Kunsttriebes verursacht glaubten. Manches davon richtete sich gegen das traditionelle Bildungswesen, das einem verknöcherten Intellektualismus zu huldigen schien. Gleichwohl bleibt merkwürdig, wie wenig sich die Repräsentanten des Neuhumanismus beteiligten: Der Ruf nach Ganzheit, nach wohlproportionierter Entfaltung aller Kräfte jedes Einzelnen hatte sie einst als Sachwalter der Jugendbildung auf den Plan gerufen, und jetzt, da dieser Ruf sich wiederholte, wussten sie nichts Wesentliches beizutragen, weder zur ›Kunsterziehung‹ noch zur ›Arbeitsschule‹ noch zu irgendeinem anderen Thema der Reformpädagogen.

Immerhin haben die Vertreter der Klassischen Philologie, mit Werner Jaeger an der Spitze, noch einmal den Versuch unternommen, der humanistischen Bildungstradition durch eine groß angelegte Konzeption der Erneuerung Anschluss an die eigene, von schweren Krisen erfasste Zeit zu verschaffen: Sie riefen nach dem Ersten Weltkrieg eine Bewegung ins Leben, für die sich die Bezeichnung ›Dritter Humanismus‹ eingebürgert hat. Sie wollten die Altertumswissenschaft, die sich im Zeitalter des Positivismus mehr und mehr von der Schule entfernt hatte, wieder unmittelbar für die gymnasiale Bildung verantwortlich machen, indem sie die griechische Paideia, das griechische Erziehertum, wie es zumal in der platonischen Philosophie Ausdruck gefunden hatte, als prototypisch für das Verhältnis von Individuum und Staat hinstellten. Der Dritte Humanismus blieb eine interne Angelegenheit derer, die noch von der neuhumanistischen Tradition geprägt waren, und wurde alsbald von der alles unter sich begrabenden Woge des Nationalsozialismus erstickt.

Die Anhängerschaft Jaegers war zwar elitär und antidemokratisch gesinnt. Der Versuch jedoch, mit dem Hitler-Regime zu paktieren und sich ihm als erzieherische Instanz anzudienen, scheiterte: Die Nationalsozialisten hielten – mit Recht – das Trennende für wichtiger als das Gemeinsame; der Dritte Humanismus wusste nichts von ›Rasse‹ und erschien den braunen Funktionären als zu liberalistisch. So wurde denn die humanistische Bildungstradition während der Hitlerzeit der üblichen Gleichschaltung im Sinne der NS-Ideologie unterworfen; hiernach sollten die Griechen und Deutschen nicht nur in ihrem Wesen,[10] sondern auch ›rassisch‹ miteinander verwandt sein, und die griechische Kultur galt als ›nordische Schöpfung‹.

Derlei Anpassungen blieben oberflächlich und ephemer – viel einschneidender und folgenreicher waren die organisatorischen Änderungen, die das NS-Regime mit sich brachte.[11] Die zu Beginn des Jahrhunderts inaugurierte Dreiheit ›Gymnasium – Realgymnasium – Oberrealschule‹ war schon in der Zeit der Weimarer Demokratie um weitere Typen bereichert worden, in Preußen durch die Lehrpläne von 1924/25 zumal um die ›Deutsche Oberschule‹. Die Nationalsozialisten erhoben bei ihren Bestrebungen, das Schulwesen zu vereinheitlichen, diesen Typ, nunmehr schlicht ›Oberschule‹ genannt, zur Normalform des höheren Unterrichts; daneben blieb als ›Sonderform‹ das (humanistische) Gymnasium bestehen. Diese Regelung, reichseinheitlich durch Erlasse der Jahre 1936–1938 eingeführt, hatte zur Folge, dass zahlreiche Gymnasien in Oberschulen umgewandelt wurden. Zu Beginn des Zweiten Weltkriegs befanden sich unter den 1752 höheren Jungenschulen[12] des damaligen Deutschland 190 (humanistische) Gymnasien sowie 30 Oberschulen mit gymnasialem Zug; die Gymnasien machten damit etwa 12 Prozent der höheren Schulen und die Gymnasiasten etwa 11 Prozent aller Schüler dieser Anstalten aus. Die Zahl der für die alten Sprachen verfügbaren Stunden sank abermals beträchtlich; Latein, in den Lehrplänen von 1892 von 77 auf 62 und in denen von 1925 auf 53 zurückgestutzt, musste sich ab 1938 mit insgesamt 35 Stunden während der achtjährigen Schulzeit begnügen. Die einheitliche Oberschule lehrte ab der Quarta als zweite Fremdsprache Latein mit einem Deputat, das sich auf etwas mehr als die Hälfte des gymnasialen Quantums belief.

Nach dem Zweiten Weltkrieg konnte die Beschäftigung mit der Antike eine Zeit lang davon profitieren, dass man allerorten nach Orientierung, nach ›Werten‹, nach ›Humanität‹ suchte. Die kräftige Bildungsexpansion,

d. h. das starke Anwachsen der Gymnasiasten- und Studentenzahlen, führte gleichzeitig zu einer erheblichen Zunahme derer, die an den Schulen Latein und Griechisch lernten, sowie derer, welche die Universitätsseminare für Klassische Philologie besuchten. Aus größerer zeitlicher Distanz betrachtet, erwies sich dieses erneute Interesse an der Antike als Scheinblüte. Das Bildungsbürgertum schmolz dahin, und die allgemeinen kulturellen Entwicklungen sowie vor allem die aller Tradition gegenüber wenig freundlich eingestellte 68er Bewegung sorgten dafür, dass sich die Überbleibsel des humanistischen Gymnasiums, der Unterricht in Latein und Griechisch, einem zunehmenden Rechtfertigungsdruck ausgesetzt sahen. Auf dem Territorium der DDR wurde die Beschäftigung mit dem Altertum von Staats wegen bis auf minimale Reste ausgemerzt.

In der damaligen Bundesrepublik eröffnete die Reform der gymnasialen Oberstufe, durchgeführt in den Jahren 1976–1978, die einstweilen letzte Phase in der Auflösung der humanistischen Bildungstradition.[13] Die Wahl der Fächer wurde hierdurch weithin dem Belieben jedes einzelnen Schülers anheim gegeben: Dieser konnte und kann sich innerhalb gewisser Grenzen selber ein Programm von ›Leistungs-‹ und ›Grundkursen‹ zusammenstellen. Das Griechische verschwindet infolge dieses Systems selbst aus den Gymnasien, denen eine mehrhundertjährige Tradition eine gewisse Aura verleiht, und Latein reduziert sich bei denen, die es überhaupt noch lernen, meist auf das Minimum des für das ›Latinum‹ Erforderlichen.

Der »Strukturplan für das Bildungswesen« und der »Bildungsgesamtplan« (1970 und 1973), die beiden offiziellen Dokumente, die die Oberstufenreform auf den Weg brachten, nahmen mit einer Entschlossenheit Abschied von der klassischen deutschen Bildungsidee, wie sie rigoroser schwerlich hätte bekundet werden können. An die Stelle der dort einst maßgeblichen leitenden Prinzipien wie ›Person‹, ›Geist‹ oder ›Kultur‹ traten nunmehr in unverhüllter Einseitigkeit die Kategorien ›Gesellschaft‹, ›Einkommen‹ und ›soziale Gerechtigkeit‹. Bildung wurde in den genannten Plänen nicht mehr als geistiger Prozess verstanden, der das Individuum zu Selbstständigkeit und Freiheit, zur Teilhabe am Kulturganzen und zu ästhetischen Genüssen befähigen sollte; sie figurierte dort nur noch als ›gesamtökonomischer Produktionsfaktor‹ sowie als ›individueller Sozialfaktor‹, d. h. als die für die künftigen Konsummöglichkeiten und für den künftigen gesellschaftlichen Status maßgebliche Instanz. Die einstige Bildungsidee schien offenbar derart obsolet, dass ihr – in den Augen der Planer – selbst eine kurze Erwähnung zu viel Ehre erwiesen hätte.

Dieses Ende einer mehr als tausendjährigen Bildungstradition und damit auch des vorliegenden Buches klingt düster. Man gäbe sich jedoch einer Täuschung hin, wenn man annehmen wollte, dass der Niedergang des Unterrichts in den alten Sprachen etwas spezifisch Deutsches bekunde, verursacht durch schweres Fehlhandeln seit Wilhelminischer Zeit. Denn ebenso wie die humanistische Bildung während des 19. Jahrhunderts eine gesamteuropäische, allen Akademikern gemeinsame Erscheinung war, sie mochten als Engländer, Russen oder Italiener einen Beruf als Juristen, Mediziner oder Ingenieure ausüben, ebenso nahm der Prozess des Verdrängens der alten Sprachen überall in Europa einen ähnlichen, von den jeweiligen politischen Verhältnissen unabhängigen Verlauf. Vom Humanismus, von der zweiten Säule der europäischen Schule geht jetzt, bei der Entwicklung, die zu einem europäischen Staatenbund führen soll, keine förderliche Wirkung, keine integrierende Kraft mehr aus. Die alten Sprachen haben heutzutage auch für die Mehrzahl der politisch Maßgeblichen allenfalls noch den Status von gesunkenem Kulturgut, das in alten Inschriften, in Geflügelten Worten und in wissenschaftlichen Terminologien sein fremdartiges Wesen treibt.

Vielleicht kann man sich damit trösten, dass die humanistische Bildung schon im 19. Jahrhundert, jedenfalls in dessen zweiter Hälfte, ein Anachronismus, ein Paradox gewesen sei. Fand doch damals die technische Revolution statt, ein beispielloser Vorgang, der Europa in kürzester Zeit mehr veränderte als alles Menschenwerk in drei Jahrtausenden zuvor. Die unregelmäßigen Verben, die Abenteuer des Odysseus und die philosophischen Gespräche unter einer Platane am Stadtrand von Athen, und dies angesichts der Zechen und Hochöfen, der Kraftwerke und chemischen Fabriken, die überall aus dem Boden gestampft wurden: man muss sich geradezu wundern, dass man diesen Kontrast so lange hingenommen, dass noch nahezu ein Jahrhundert lang so Ungleichzeitiges zu gleicher Zeit fortbestanden hat.

Jetzt hat das Schulwesen die allgemeine Entwicklung gleichsam eingeholt. Im 18. Jahrhundert wurde die Kirche durch den Staat verdrängt, und im 20. verwies man den Staat auf die Nebenrolle des Organisators, während man die Inhalte des Lehrplans weitestgehend der individuellen Wahl des einzelnen Schülers anvertraute. Dieses Höchstmaß an Freiheit – an Freiheit von Kirche und Staat, von Christentum und Humanismus – hat seinen Preis: Die Schule der Gegenwart ermangelt einer die Realität im vorhinein ordnenden Orientierung, sie ermangelt einer Kraft, die das Vielerlei des Wissens durchdringt und zur Einheit bindet. Hier hilft auch die jetzt beliebte Berufung auf Europa nicht viel weiter, denn Europa ist im Wesentlichen nichts anderes als das, was das Christentum und die durch die humanistische Rezeption der Antike freigesetzten Energien aus ihm gemacht haben.

Europa ist offensichtlich in sein alexandrinisches Stadium eingetreten, in die der griechischen Entwicklung analoge Phase, in der ein Teil der einstigen Kolonien die Hegemonie über das Mutterland ausübt. So gilt vielleicht auch für den Unterricht in den alten Sprachen, was Ernst Robert Curtius in einem Brief an Thomas Stearns Eliot in die Formel gekleidet hat, dass Athen immer wieder neu aus Alexandrien zurückerobert sein wolle.

Anmerkungen

zu I. Das Schulwesen des Mittelalters

1 Siehe unten S. 14 f.
2 Monumenta Germaniae Historica, Capitularia regum Francorum I, hrsg. von A. Boretius, Berlin 1883, Nr. 22, Kap. 72.
3 Ebendort, Nr. 120.
4 Ebendort, Nr. 116, Kap. 12.
5 Siehe Martin Grabmann, Die Geschichte der scholastischen Methode, Bd. 1, Freiburg Br. 1909, S. 258 ff.
6 De docta ignorantia, hrsg. von P. Wilpert, H. G. Senger, Hamburg 1970[2], I 3, 10.
7 Ebendort.
8 Vers 85 ff.
9 Vers 562 ff.
10 Vers 525 f.
11 Vers 698.
12 Vers 787 ff.
13 Vers 1074 ff.
14 Als *quadriga* bezeichnet Cassiodor, Institutiones 1, 15, 7, die vier Autoren, die Arusianus Messius (4. Jahrhundert) seiner Sammlung grammatischer Konstruktionen zugrunde gelegt hatte.
15 Accessus ad auctores – Bernard d'Utrecht – Conrad d'Hirsau, Dialogus super auctores, hrsg. von R. B. C. Huygens, Leiden 1970, S. 32: Accessus Ovidii De amatoria arte.
16 Siehe z. B. Minor Latin Poets, hrsg. von J. W. Duff, A. M. Duff, London/Cambridge (Mass.) 1934, S. 585–639.
17 Der lateinische Aesop des Romulus und die Prosafassungen des Phaedrus, hrsg. von G. Thiele, Heidelberg 1910.
18 Teodulo, Ecloga, hrsg. von F. Mosetti Casaretto, Florenz 1997 (mit italien. Übersetzung).
19 Entheticus, hrsg. von R. E. Pepin, Traditio 31, 1975, S. 137–193, Vers 43 ff.

zu II. Die Lateinschule der frühen Neuzeit

1 Poggio entdeckte in St. Gallen einen vollständigen Text der Institutio oratoria Quintilians; siehe unten S. 68. Er fand ferner Teile des Cicero-Kommentars von Asconius Pedianus, das astrologische Lehrgedicht des Manilius sowie weitere, bis dahin unbekannte Dichtungen der frühen Kaiserzeit.
2 Siehe hierzu unten S. 65 ff.
3 Diese Annahme ist neuerdings umstritten; siehe Carl Dahlhaus, Euripides, das absurde Theater und die Oper, in: Vom Musikdrama zur Literaturoper, München 1989, S. 228–266; vgl. Hellmut Flashar, Inszenierung der Antike, München 1981, S. 41 f.
4 Zur Übersetzung der pseudoplutarchischen Schrift siehe Georg Voigt, Die Wiederbelebung des classischen Alterthums, Berlin 1893[3], Bd. 2, S. 457. Zur Abhandlung Battista Guarinos, De modo et ordine docendi et discendi, vgl. Theobald Ziegler, Geschichte der Pädagogik, München 1895, S. 47 f.

5 Kap. 12.
6 Vgl. Voigt, a. a. O., Bd. 2, S. 461. Der erste Druck des Werkes erschien 1491 in Mailand.
7 S. 984 der Baseler Ausgabe der Opera (1551).
8 Zitiert nach Ziegler, a. a. O., S. 50.
9 Siehe hierzu oben S. 20 ff.
10 Zuerst erschienen in Köln, 1513.
11 Siehe hierzu Dieter Reichling, Johannes Murmellius, sein Leben und seine Werke, Freiburg i. Br. 1880, S. 107 ff.
12 Kap. 21–23.
13 Zuerst erschienen in Nürnberg, 1511.
14 Zuerst Breslau, 1502. Zu seinem ebenfalls erfolgreichen Latinum idioma, einer Sammlung von Schülergesprächen, vgl. Aloys Bömer, Die lateinischen Schülergespräche der Humanisten, Berlin 1897, S. 61 ff.
15 Die Institutionis grammaticae libri IV von Gazes waren die erste abendländische griechische Grammatik, zuerst erschienen in Venedig, 1495. Vgl. unten S. 69.
16 Rudimenta grammatices, Erstdruck Rom, 1473. Vgl. Voigt, a. a. O., Bd. 2, S. 136 f.
17 Über ihn Hans-Martin Kirn, Das Bild vom Juden im Deutschland des frühen 16. Jahrhunderts, dargestellt an den Schriften Johannes Pfefferkorns, Tübingen 1989.
18 Über Reuchlins Gutachten Elisabeth von Erdmann-Pandžić, Basilius Pandžić, Juraj Dragišić und Johannes Reuchlin, Bamberg 1989.
19 Siehe oben S. 18.
20 Siehe oben S. 20 ff.
21 Siehe oben S. 18.
22 Remigius von Auxerre (etwa 841–908) war ein bedeutender Gelehrter, der zu mehreren Grammatiken, ferner zu theologischen Abhandlungen und zu Dichtungen Kommentare verfasst hat. Johannes von Garlandia suchte mit seinem aus etwa 4000 Hexametern bestehenden Compendium grammaticae dem Werk Alexanders de Villa Dei Konkurrenz zu machen.
23 Siehe oben S. 37 f.
24 Vgl. oben S. 16.
25 Martin Luther, An die Bürgermeister usw. (1524), in: Pädagogische Schriften, hrsg. von H. Lorenzen, Paderborn 1957, S. 77.
26 Ebendort, S. 18.
27 Ebendort, S. 74 f.
28 Ebendort, S. 73.
29 Unter dem Titel »Eine Predigt, dass man die Kinder zur Schule halten solle«, in: Pädagogische Schriften, a. a. O., S. 85–109.
30 Ebendort, S. 98 ff.
31 Ebendort, S. 108.
32 Der »Sermon« enthält einen Lobpreis auf den Schulmeister, der es verdient, ungekürzt zitiert zu werden (S. 107 in der Ausgabe von Lorenzen): »Einen fleißigen frommen Schulmeister oder Magister oder wer es ist, der Knaben treulich zieht und lehret, dem kann man nimmermehr genug lohnen und mit keinem Gelde bezahlen, wie auch der Heide Aristoteles sagt. Und doch ist's bei uns so schändlich verachtet, als sei es gar nichts, und wollen dennoch Christen sein, und ich, wenn ich vom Predigtamt und andern Sachen ablassen könnte oder müsste, so wollt ich kein Amt lieber haben denn Schulmeister oder Knabenlehrer sein. Denn ich weiß, dass dies Werk nächst dem Predigtamt das allernützlichste, größte und beste ist, und weiß dazu noch nicht, welchs unter beiden das beste ist. Denn es ist schwer, alte Hunde bändig

und alte Schälke fromm zu machen, daran doch das Predigtamt arbeitet und viel umsonst arbeiten muss; aber die jungen Bäumlein kann man besser biegen und ziehen, obgleich auch etliche darüber zerbrechen.«

33 De corrigendis adulescentiae studiis, in: Melanchthons Werke in Auswahl, Bd. 3: Humanistische Schriften, hrsg. von R. Nürnberger, Gütersloh 1969², S. 30 f., 33. Melanchthon erklärt, die *renascentium studiorum ratio* gegen diejenigen verteidigen zu wollen, die als *barbari barbaris artibus, hoc est vi et fraude* (»als Barbaren mit barbarischen Mitteln, d. h. durch Gewalt und Betrug«), die Schulgelehrsamkeit für sich in Anspruch nahmen. Der an sich neutrale Begriff *barbari* erhält durch diesen Zusatz von Anfang an eine pejorative Färbung. Mit dem Vorwurf der Barbarei, gerichtet an die Adresse der jeweiligen Gegner, sind die Pädagogen immer wieder rasch zur Hand gewesen.

34 In den Evangelischen Schulordnungen, hrsg. von R. Vormbaum, Bd. 1, Gütersloh 1860, S. 1 ff.

35 Siehe unten S. 71.

36 Siehe oben S. 52.

37 Siehe Evangelische Schulordnungen, a. a. O., Bd. 1, S. 230 ff.

38 Ebendort, S. 68 ff.

39 Siehe oben S. 48.

40 Siehe oben S. 49.

41 In seinem De litterarum ludis recte aperiendis liber; siehe unten S. 58. Zitiert nach Ziegler, a. a. O., S. 80.

42 Die folgende Zusammenfassung der didaktischen Grundsätze Melanchthons nach Ziegler, a. a. O., S. 69 ff.

43 In dem an einen Doktor der Theologie gerichteten Original lautet das unverblümt so: In scholis legi Patres non est neque necessarium neque utile, quamdiu aliquid superest quod legendum sit in his quattuor, quorum iam mentionem feci. – Diese Enthaltsamkeit nutze sowohl der Religion als auch der literarischen Bildung.

44 Siehe oben S. 58. Das Lob der Jesuiten eröffnet den zweiten Brief, der an die drei Scholarchen von Straßburg gerichtet ist.

45 Zuerst erschienen in Antwerpen, 1531.

46 Bd. 1, S. 8 ff. der Ausgabe der Ratio studiorum von G. M. Prachter, Monumenta Germaniae Paedagogica 2, Berlin 1887. Vgl. zum Folgenden Friedrich Paulsen, Geschichte des gelehrten Unterrichts, Bd. 1, Leipzig 1919³, S. 390 f.

47 Hrsg. mitsamt der Bearbeitung von 1832 von G. M. Prachter, in Bd. 2, 5, 9, 16 der Monumenta Germaniae Paedagogica, Berlin 1887–1894.

48 Matthäus 10,8.

49 Siehe hierzu unten S. 151 f.

50 Siehe oben S. 30 f., 40 ff.

51 Zuerst erschienen in Paris, 1549.

52 Zuerst erschienen in Antwerpen, 1516.

53 Vgl. oben S. 34.

54 Siehe oben S. 36 f.

55 Siehe oben S. 41 ff.

56 Siehe oben S. 41.

57 Bd. 1–28, hrsg. von C. G. Bretschneider, H. E. Bindseil, Halle 1834–1860.

58 Siehe oben S. 34.

59 Vgl. oben S. 32.

60 Desselben Aelius Donatus, der die meistbenutzte lateinische Grammatik (Ars minor/maior) verfasst hatte; vgl. oben S. 15. Der lateinischen Panegyriker: einer

Sammlung von Prunk- und Preisreden auf römische Kaiser (3. und 4. Jahrhundert, mit dem Paregyricus auf Trajan, vom jüngeren Plinius, 100 n. Chr., an der Spitze).

61 Beatus Rhenanus hat das lückenhaft erhaltene Werk unter dem Titel Historia Romana im Jahre 1520 in Basel ediert; vgl. unten S. 69.

62 Siehe oben S. 35, 53.

63 Siehe oben S. 54.

64 Siehe oben S. 38.

65 Vgl. oben S. 40.

66 Siehe oben S. 35.

67 Zuerst erschienen (gegen den Willen des Verfassers) in Hagenau, 1525; im Jahre darauf folgte in Wittenberg eine authentische Ausgabe. In der Praefatio der Ausgabe Frankfurt/M. 1544 werden ganz im Sinne von Luthers »Sendschreiben« (siehe oben S. 48 f.) die Städte aufgefordert, die Grammatik, den Schmuck der Kirche, zu schützen. Zu diesem Zwecke aber *opus est scholis et literis, quas qui neglegunt in civitatibus, non politici viri, etiam si sunt industrii, sed Cyclopes strenui ducendi sunt* – »es sind Schulen und Studien erforderlich; die Leute in den Gemeinden, die sich darum nicht kümmern, können nicht für Staatsmänner gelten, auch wenn sie betriebsam sind, sondern allenfalls für fleißige Zyklopen.«

68 So der Titel eines Teils der Commentaria conficiendarum epistularum (»Anmerkungen zur Briefschreibekunst«), zuerst Straßburg, 1503; siehe hierzu Klaus Graf, Heinrich Bebel (1472–1518) – Wider ein barbarisches Latein, in: Humanismus im deutschen Südwesten, hrsg. von P. G. Schmidt, Sigmaringen 1993, S. 184 f.

69 Siehe hierzu Conrad Bursian, Geschichte der classischen Philologie in Deutschland, München/Leipzig 1883, S. 110, 130.

70 Siehe oben S. 65.

71 Hierzu Aloys Bömer, Die lateinischen Schülergespräche der Humanisten, 2 Teile, Berlin 1897–1899.

72 Siehe oben S. 37.

73 Zu Vives vgl. oben S. 61 f.

74 Im Tractatus de liberorum educatione, S. 984 in der Ausgabe Basel, 1551.

75 Siehe oben S. 36.

76 Siehe oben S. 41.

77 Siehe oben S. 67.

zu III. Das Schulwesen im Zeitalter der Aufklärung

1 Sturm starb 1589, Frischlin im Jahre darauf, Neander 1595, Canisius 1597.

2 Insbesondere Jakob Bidermann und Jakob Balde; vgl. oben S. 67, 73; ferner Jakob Masen (1606–1687), der insbesondere eine verbreitete Theorie des Dramas verfasst hat.

3 Er wurde durch den bekannten Arzt und Naturforscher Joachim Jungius (1587–1657) hervorgerufen, der 1629 einem Ruf an die Hamburger Lateinschule Johanneum gefolgt war.

4 Siehe hierzu Friedrich Paulsen, Geschichte des gelehrten Unterrichts, Bd. 1, Leipzig 1919[3], S. 487 f.

5 Die des Helmstedter Theologen Georg Calixt (1586–1656), zitiert nach Ernst Ludwig Theodor Henke, Georg Calixtus und seine Zeit, Bd. 1, Halle 1853, S. 69.

6 Siehe Ernst Walter Zeeden, Das Zeitalter der Glaubenskämpfe, in: Handbuch der deutschen Geschichte, hrsg. von B. Gebhardt, Bd. 2, hrsg. von H. Grundmann, Stuttgart 1963[5], S. 179.

7 Zitiert nach Paulsen, a. a. O., S. 473.
8 Siehe hierzu Hans Moser, Sprachgesellschaften, in: Reallexikon der deutschen Literaturgeschichte, Bd. 4, hrsg. von K. Kanzog, A. Masser, Berlin/New York 1984[2], S. 122 ff.
9 Das Folgende vor allem nach Theobald Ziegler, Geschichte der Pädagogik, München 1895, S. 156 ff.
10 Als hierfür symptomatisch kann das Collegium trilingue in Löwen gelten; siehe oben S. 37 f. Zur Auffassung Luthers oben S. 48 f.
11 Siehe oben S. 51 ff.
12 Siehe unten S. 143 f.
13 Auf diesem Felde übernahm das Französische die Rolle der lingua franca.
14 Den bescheidenen deutschen Beitrag zu den Errungenschaften der Epoche leistete hauptsächlich Otto von Guericke mit seiner Luftpumpe.
15 Zum Folgenden vgl. Helmut Schelsky, Einsamkeit und Freiheit – Idee und Gestalt der deutschen Universität und ihrer Reformen, Reinbek bei Hamburg 1963, S. 13 ff.
16 Siehe Paulsen, a. a. O., S. 515.
17 Dass erst das Junktim des Erwerbs von ›Weltkenntnis‹ und des gemeinsamen Lebens der durch die Ritterakademien vermittelten Standeserziehung die prägende Kraft gab, hebt zu Recht Fritz Blättner, Das Gymnasium, Heidelberg 1960, S. 307 ff., hervor.
18 Der ungekürzte Titel sowohl dieser als auch der übrigen rhetorischen Schriften Weises bei Dieter Breuer, Günther Kopsch, Rhetoriklehrbücher des 16. bis 20. Jahrhunderts, in: Rhetorik-Beiträge zu ihrer Geschichte in Deutschland vom 16. bis 20. Jahrhundert, hrsg. von H. Schwarze, Frankfurt/M. 1974, S. 287 ff. Zu Christian Weise allgemein siehe Alfred Heubaum, Geschichte des deutschen Bildungswesens, Bd. 1, Berlin 1905, S. 34 ff.
19 Zum Folgenden vgl. Heubaum, a. a. O., S. 114 ff. Einen summarischen Überblick über die Bedeutung der Universität Halle im 18. Jahrhundert gibt Anton Schindling, Bildung und Wissenschaft in der frühen Neuzeit 1650–1800, München 1994, S. 38 ff.
20 Vgl. hierzu Heubaum, a. a. O., S. 84 ff.; Ziegler, a. a. O., S. 183 ff.
21 Siehe unten S. 92.
22 Vgl. hierzu Walter Schöler, Geschichte des naturwissenschaftlichen Unterrichts, Berlin 1970, S. 33 ff.
23 Siehe hierzu Heubaum, a. a. O., S. 130 ff.
24 Albert Reble, Geschichte der Pädagogik, Stuttgart 1999[19]; Fritz Blättner, Das Gymnasium, Heidelberg 1960; Theodor Ballauf, Klaus Schaller, Pädagogik – Eine Geschichte der Bildung und Erziehung, Bd. 2: vom 16. bis zum 19. Jahrhundert, Freiburg/München 1970.
25 Friedrich Paulsen, Geschichte des gelehrten Unterrichts, Bd. 2, Berlin/Leipzig 1921[3].
26 Was bis zum 18. Jahrhundert auch dadurch zum Ausdruck kam, dass die Schulordnungen als Teile der Kirchenordnungen veröffentlicht wurden.
27 In der Schrift Beantwortung der Frage: Was ist Aufklärung (1784), in: Werke in zehn Bänden, hrsg. von W. Weischedel, Bd. 9, Wiesbaden 1964, S. 51–61.
28 Horaz, Epistel 1, 2, 40.
29 Vgl. Reble, a. a. O., S. 141 f. Anton Schindling, Bildung und Wissenschaft in der frühen Neuzeit 1650–1800, München 1994, hat ein Kapitel mit der Überschrift »Ein pädagogisches Jahrhundert?« versehen (S. 77 ff.), ohne auf den Ausdruck und seine angebliche Problematik einzugehen.
30 Der vollständige Titel des Werkes lautet daher: »Suite du quatrième livre de

l'Odyssee d'Homère, ou les aventures de Télémaque, fils d'Ulysse« – »Fortsetzung des vierten Buches der Odyssee Homers oder die Abenteuer des Telemach, des Sohnes des Odysseus«.

31 Discours sur cette question: Le rétablissement des sciences et des arts a-t-il contribué à épurer les mœurs? (»Abhandlung über die Frage: Hat der Wiederaufstieg der Wissenschaften und Künste zur Läuterung der Sitten beigetragen?«), vom Jahre 1750.

32 Discours sur l'origine et les fondemens de l'inégalité parmi les hommes (»Abhandlung über den Ursprung und die Grundlagen der Ungleichheit unter den Menschen«), vom Jahre 1755.

33 Wenige Seiten vor dem Ende des 4. Buches; S. 412 in den Oeuvres complètes, Bd. 3, Paris 1839.

34 A. a. O., Bd. 2, S. 50.

35 Siehe oben S. 86.

36 Zitiert nach Paulsen, a. a. O., Bd. 2, S. 59.

37 Siehe Theobald Ziegler, Geschichte der Pädagogik, München 1895, S. 195.

38 Zwischen Lavater und Basedow, in: Gedenkausgabe der Werke, Briefe und Gespräche, hrsg. von E. Beutler, Bd. 1, Zürich/Stuttgart 1961[2], S. 450; Aus meinem Leben – Dichtung und Wahrheit, ebendort, Bd. 10, Zürich/Stuttgart 1962[2], S. 679.

39 A. a. O., Bd. 10, S. 673.

40 A. a. O., ebendort.

41 Zitiert nach Ziegler, a. a. O., S. 221.

42 Johann Bernhard Basedow, Ausgewählte pädagogische Schriften, hrsg. von A. Reble, Paderborn 1965, S. 221 ff.

43 Vgl. Paulsen, a. a. O., Bd. 2, S. 57 f.

44 Zum Folgenden vgl. Paulsen, a. a. O., Bd. 2, S. 62 f.

45 Siehe Reble, a. a. O., S. 163.

46 Zitiert nach Ziegler, a. a. O., S. 226.

47 Ameisenbüchlein, hrsg. von Th. Dietrich, Bad Heilbrunn 1964[2], S. 38. Für unzulänglich befunden bereits von Friedrich August Eckstein, Lateinischer und griechischer Unterricht, Leipzig 1887, S. 133.

48 Robinson der Jüngere, 2 Bde., Hamburg 1779–1780, nach Daniel Defoe, The Life and Strange Surprizing Adventures of Robinson Crusoe, of York, Mariner, 3 Teile, London 1719–1720.

49 Siehe oben S. 106.

50 Von 1783 bis 1806.

51 Siehe unten S. 136 ff.

52 Aus meinem Leben – Dichtung und Wahrheit, a. a. O., Bd. 10, S. 528.

53 Berlin 1780, in: Œuvres de Frédéric le Grand, Bd. 7, Berlin 1847, S. 89–122. Deutsch: Über die deutsche Literatur, übersetzt von H. Simon, Leipzig 1886.

54 Siehe Carl Justi, Winckelmann und seine Zeitgenossen, Bd. 2, Buch 2, Kap. 4, Abschnitt »Ruf nach Berlin«, Bd. 2, S. 525 in der Ausgabe Leipzig 1943.

55 Zitiert nach Hermann Bender, Geschichte des Gelehrtenschulwesens in Deutschland seit der Reformation, in: Geschichte der Erziehung vom Anfang bis auf unsere Zeit, hrsg. von K. A. Schmid, Bd. 5,1, Stuttgart 1901, S. 159.

56 Bender, a. a. O., S. 157 f.

57 Vgl. Paulsen, a. a. O., Bd. 2, S. 71.

58 Bender, a. a. O., S. 157.

zu IV. Das humanistische Gymnasium des 19. Jahrhunderts

1 Siehe oben S. 93 ff.
2 Vgl. hierzu oben S. 98 ff.
3 Ernst August Evers hatte dieses Verdikt bereits überboten: in seiner Abhandlung über die Schulbildung zur Bestialität, Aarau 1807. Derlei Klassifikationen sind Varianten des Barbaren-Topos, vgl. hierzu oben S. 50.
4 Siehe Karl-Ernst Jeismann, Das preußische Gymnasium in Staat und Gesellschaft, Bd. 1: Die Entstehung des Gymnasiums usw., Stuttgart 1974, S. 230 ff.
5 Vgl. unten S. 124.
6 Siehe Evangelische Schulordnungen, hrsg. von R. Vormbaum, Bd. 3, Gütersloh 1864, S. 390.
7 In den Opuscula varii argumenti, Leipzig 1794, zitiert nach Friedrich Paulsen, Geschichte des gelehrten Unterrichts, Bd. 2, Berlin/Leipzig 1921^3, S. 31.
8 Siehe Paulsen, a. a. O., Bd. 1, Berlin/Leipzig 1919^3, S. 618.
9 Gedenkausgabe der Werke, Briefe und Gespräche, hrsg. von E. Beutler, Bd. 10, Zürich/Stuttgart 1962^2, S. 266.
10 Wolf-Hartmut Friedrich, Heyne als Philologe, in: Der Vormann der Georgia Augusta, Göttingen 1980, S. 30.
11 Zitiert nach Paulsen, a. a. O., Bd. 2, S. 36.
12 Siehe oben S. 54.
13 Zitiert nach Ulrich Schindel, Heyne als Schulreformer, in: Der Vormann der Georgia Augusta, a. a. O., S. 49.
14 Ebendort, S. 51.
15 Johann Joachim Winckelmann, Gedancken über die Nachahmung der Griechischen Wercke in der Mahlerey und Bildhauerkunst, in: Kleine Schriften, Vorreden, Entwürfe, hrsg. von W. Rehm, Berlin 1968, S. 43: »Das allgemeine vorzügliche Kennzeichen der griechischen Meisterwerke ist endlich eine edle Einfalt und eine stille Größe sowohl in der Stellung als im Ausdruck«. Vgl. unten S. 124.
16 Vgl. die Widmung Friedrich August Wolfs, unten S. 130.
17 Über die einschneidenden Konsequenzen, die diese Einstellung für die Konzeption der Altertumswissenschaft und für den Lektürekanon insbesondere des Lateinunterrichts mit sich brachte, siehe unten S. 133 f.
18 Siehe oben S. 30 f.
19 Zum Folgenden vgl. Vf., Die Querelle des Anciens et des Modernes, der Nationalismus und die deutsche Klassik, in: Brechungen – Wirkungsgeschichtliche Studien zur antik-europäischen Bildungstradition, Stuttgart 1982, S. 129 ff.
20 Siehe oben S. 99.
21 Gedancken über die Nachahmung, a. a. O., S. 29.
22 Ebendort, S. 30.
23 In: Akademie der schönen Redekünste, hrsg. von G. A. Bürger, Bd. 1, 1. Stück, Berlin 1790.
24 Hinweise auf die Querelle finden sich in den Nummern 81 und 107.
25 Gedenkausgabe, a. a. O., Bd. 13, Zürich/Stuttgart 1965^2, S. 846.
26 Siehe oben S. 122.
27 Bd. 5, S. 275, in: Ausgewählte Werke, hrsg. von E. Müller, Stuttgart 1954.
28 Briefwechsel zwischen Schiller und Wilhelm von Humboldt, hrsg. von A. Leitzmann, Stuttgart 1900^3, S. 143 = Schillers Werke, Nationalausgabe, Bd. 35 (Briefe an Schiller, 1794/95), hrsg. von G. Schulz, Weimar 1964, S. 349.

29 In: Werke in fünf Bänden, hrsg. von A. Flitner, K. Giel, Bd. 2, Stuttgart 1961, S. 73–124.
30 Kritische Schriften, hrsg. von W. Rasch, München 1971³, S. 114.
31 Ebendort, S. 228 ff.
32 Rheinisches Museum 1, 1827, S. 257.
33 Siehe oben S. 106, 108.
34 Nach J. F. J. Arnoldt, Fr. Aug. Wolf in seinem Verhältnisse zum Schulwesen und zur Pädagogik, Bd. 1, Braunschweig 1861, S. 76.
35 In einem Brief an David Ruhnken, vom 25.3.1796, in: Friedrich August Wolf – Ein Leben in Briefen, hrsg. von S. Reiter, Bd. 1, Stuttgart 1935, S. 203.
36 Gedenkausgabe, a. a. O., Bd. 11, Zürich/Stuttgart 1962², Tag- und Jahreshefte 1805, S. 755.
37 Halle 1794.
38 Museum der Alterthums-Wissenschaft, hrsg. von F. A. Wolf, Ph. Buttmann, Bd. 1, Berlin 1807, S. III–IX, 1–145 = Friedrich August Wolf, Kleine Schriften, hrsg. von G. Bernhardy, Halle 1869, Bd. 2, S. 808–895. Hier zitiert nach der Paginierung der Erstausgabe.
39 An Wolf, vom 28.11.1806, in: Goethes Werke (Weimarer Ausgabe), 4. Abteilung: Goethes Briefe, Bd. 19, Weimar 1895, S. 235 ff.
40 Vgl. oben S. 127.
41 An Goethe, vom 23.8.1794, in: Gedenkausgabe, a. a. O., Bd. 20, Zürich/Stuttgart 1964², S. 13 ff.
42 Winckelmann und sein Jahrhundert, in: Gedenkausgabe, a. a. O., Bd. 13, Zürich/Stuttgart 1965², S. 418.
43 Siehe oben S. 127 f.
44 Vgl. oben S. 106.
45 A. a. O., S. 91 ff.
46 A. a. O., S. 20 f.
47 A. a. O., S. 138.
48 A. a. O., S. 130 f.
49 A. a. O., S. 139.
50 A. a. O., S. 132.
51 A. a. O., S. 139 f.
52 Siehe oben S. 107.
53 A. a. O., S. 83 ff.
54 A. a. O., S. 88 f.
55 Siehe Wilhelm Körte, Leben und Studien Friedr. Aug. Wolf's, des Philologen, Essen 1833, Bd. 2, S. 259 ff.
56 Ebendort, Bd. 1, S. 164 f.; Kleine Schriften, a. a. O., Bd. 2, S. 691 ff.
57 Arnoldt, a. a. O., Bd. 2, Braunschweig 1862, S. 393.
58 Zum Folgenden vgl. Vf., Der neue Kanon lateinischer Autoren – Traditionsverluste im neuhumanistischen Gymnasium, in: Klassik im Vergleich: Normativität und Historizität europäischer Klassiken, hrsg. von W. Vosskamp, Stuttgart/Weimar 1993, S. 389–402 = Cäsar oder Erasmus? – Die alten Sprachen jetzt und morgen, Tübingen 1995, S. 101–125.
59 Quedlinburg/Leipzig 1835.
60 A. a. O., S. 396.
61 A. a. O., S. 172.
62 Zum Folgenden vgl. Helmut Schelsky, Einsamkeit und Freiheit – Idee und Gestalt der deutschen Universität und ihrer Reformen, Reinbek bei Hamburg 1963, S. 13 ff.

63 Siehe oben S. 102 f.
64 Siehe oben S. 111.
65 Ideen zu einem Versuch, die Gränzen der Wirksamkeit des Staates zu bestimmen, in: Werke in fünf Bänden, a. a. O., Bd. 1, Stuttgart 1960, S. 64.
66 Siehe M. Braubach, Von der Französischen Revolution bis zum Wiener Kongress, in: Bruno Gebhardt, Handbuch der deutschen Geschichte, Bd. 3, hrsg. von H. Grundmann, Stuttgart 1960[8], S. 61.
67 Siehe Karl-Ernst Jeismann, Das preußische Gymnasium in Staat und Gesellschaft, Bd. 1, Stuttgart 1974, S. 278.
68 Siehe Jeismann, a. a. O., S. 283.
69 Siehe oben S. 121, 125.
70 Siehe Walter Rüegg, Ortsbestimmung – Die Königlich Preußische Akademie der Wissenschaften und der Aufstieg der Universitäten in den ersten zwei Dritteln des 19. Jahrhunderts, in: Die Königlich Preußische Akademie der Wissenschaften zu Berlin im Kaiserreich, hrsg. von J. Kocka, Berlin 1999, S. 27.
71 A. a. O., S. 126 ff.
72 So Jeismann, a. a. O., S. 217.
73 Über Campe siehe oben S. 107 f; über Heyne siehe oben S. 116 ff.
74 In: Werke in fünf Bänden, a. a. O., Bd. 2, Stuttgart 1961, S. 1–24.
75 Wilhelm von Humboldt – Ein Lebensbild, Frankfurt/M. 1952, S. 93.
76 An Körner, vom 8.6.1805, in: Wilhelm von Humboldt, Briefe an Christian Gottfried Körner, hrsg. von A. Leitzmann, Berlin 1940, S. 70.
77 Hierzu oben S. 110 f.
78 In: Werke in fünf Bänden, a. a. O., Bd. 4, Stuttgart 1964, S. 168–195.
79 A. a. O., S. 188.
80 A. a. O., S. 175.
81 Bericht der Sektion des Kultus und Unterrichts an den König, Dezember 1809, in: Werke in fünf Bänden, a. a. O., Bd. 4, S. 224.
82 Königsberger Schulplan, a. a. O., S. 169.
83 Ebendort, S. 174.
84 In: Werke in fünf Bänden, a. a. O., Bd. 4, S. 255–266 = Die Idee der deutschen Universität, Darmstadt 1956, S. 375–386.
85 Ebendort, S. 260 bzw. 381.
86 Siehe Dietrich Benner, Wilhelm von Humboldts Bildungstheorie, Weinheim/München 1990, S. 194.
87 Königsberger Schulplan, a. a. O., S. 170.
88 Siehe oben S. 143 f.
89 Siehe hierzu unten S. 156.
90 Vgl. Paulsen, a. a. O., Bd. 2, S. 292.
91 In: Erziehung – Schule – Universität: Consilia Scholastica, Quedlinburg/Leipzig 1835, S. 196.
92 Ebendort, S. 197.
93 Siehe oben S. 143.
94 Siehe oben S. 64.
95 Vgl. oben S. 67, 73.
96 Zitiert nach Hans Löwe, Die Entwicklung des Schulkampfs in Bayern bis zum vollständigen Sieg des Neuhumanismus, Berlin 1917, S. 25.
97 Zitiert nach Paulsen, a. a. O., Bd. 2, S. 229 f.
98 Vgl. oben S. 124 f., 127 f.
99 Siehe oben S. 113 f.

100 Siehe unten S. 157 f.
101 Siehe oben S. 150.
102 Siehe oben S. 148.
103 Vgl. hierzu Friedrich Paulsen, Geschichte des gelehrten Unterrichts, Bd. 2, Leipzig/Berlin 1921[3], S. 335 ff.
104 Siehe unten S. 159.
105 Siehe oben S. 154.
106 Vgl. Conrad Bursian, Geschichte der classischen Philologie in Deutschland, München/Leipzig 1883, S. 738[1].
107 Stuttgart 1826–1837.
108 S. 309 ff.; vgl. Paulsen, a. a. O., Bd. 2, S. 336.
109 Vgl. Hermann Bender, Geschichte des Gelehrtenschulwesens seit der Reformation, in: Geschichte der Erziehung von Anfang an bis auf unsere Zeit, hrsg. von K. A. Schmid, Bd. 5, 1, Stuttgart 1901, S. 294.
110 A. a. O., Bd. 2, S. 429.
111 Vgl. unten S. 208.
112 Dresden/Leipzig 1845; siehe ferner derselbe, Zur Gymnasialreform – Theoretisches und Practisches, Dresden/Leipzig 1846.
113 Siehe oben S. 54 f.
114 So eine Direktive aus dem Ministerium des Innern und der Polizei vom 25.5.1824, zitiert von Paulsen, a. a. O., Bd. 2, S. 325.
115 Siehe Otto von Bismarck, Gedanken und Erinnerungen, Kapitel 1, Satz 1; Bd. 1, S. 1 in der Ausgabe Stuttgart 1898.
116 2. Gesang, Vers 204 f.
117 In Berlin. 1836 folgte die »Geschichte des Hellenismus«.
118 Siehe Gesammelte kleine Schriften, Bd. 1: Orationes, Leipzig 1858, S. 335 ff.
119 Siehe Hermann Köchly, Gottfried Hermann – Zu seinem hundertjährigen Geburtstage, Heidelberg 1874, S. 59, 211 ff.
120 Pro domo – Reden und Aufsätze, Berlin 1894, S. 405 (zitiert nach Manfred Landfester, Humanismus und Gesellschaft im 19. Jahrhundert, Darmstadt 1988, S. 110).
121 Siehe oben S. 127.
122 Kulturgeschichtliche Charakterköpfe, Stuttgart 1891, S. 42 f. (zitiert nach Landfester, ebendort).
123 Siehe oben S. 159. Zum Folgenden vgl. Landfester, a. a. O., S. 113 ff.
124 Historische und politische Aufsätze, Leipzig 1870, S. 806.
125 Bd. 5, Berlin 1919[8], S. 4 f.
126 Vgl. Landfester, a. a. O., S. 163.
127 Siehe Paulsen, a. a. O., Bd. 2, S. 596[1].
128 In: Aus Altertum und Gegenwart, München 1911[2], S. 5. Vgl. Karl Christ, Von Gibbon bis Rostovtzeff, Darmstadt 1972, S. 241 f.
129 So Landfester, a. a. O., S. 127.
130 Siehe Gesammelte kleine Schriften, Bd. 2: Reden, Leipzig 1859, S. 47 f.
131 Römische Geschichte, Bd. 1, Berlin 1920[12], S. 6. Vgl. Christ, a. a. O., S. 108.
132 Siehe hierzu Christ, a. a. O., S. 55 f. (mit Hinweis auf die Vorgeschichte der Gleichsetzung Preußens mit Makedonien); Landfester, a. a. O., S. 137 ff.
133 Siehe hierzu Gisela Müller, Das lateinische Übungsbuch des 19. Jahrhunderts in Deutschland, Diss. Konstanz 1975, S. 57 u. ö., z. B. 116 ff.
134 Über ihn Christ, a. a. O., S. 159 ff.
135 1. Auflage: Berlin 1900.
136 In: Verhandlungen über Fragen des höheren Unterrichts, Berlin, 4.–17.12.1890,

Deutsche Schulkonferenzen, Bd. 1, Berlin 1891, S. 72. Vgl. Paulsen, a. a. O., Bd. 2, S. 597; Landfester, a. a. O., S. 149 f.
137 Siehe unten S. 206 ff.
138 Zu Nietzsches Vorträgen »Über die Zukunft unserer Bildungsanstalten« siehe unten S. 200 f.
139 Siehe Christ, a. a. O., S. 163.
140 Humanistische und nationale Bildung, Berlin 1906, S. 28 f.
141 Siehe oben S. 156.
142 Erschienen als 5. Band der Aristoteles-Ausgabe der Berliner Akademie der Wissenschaften.
143 Siehe unten S. 213.
144 S. 3 ff.: Geschichte des lateinischen Unterrichts; S. 381 ff.: Geschichte des griechischen Unterrichts.
145 Zum Folgenden vgl. Müller, a. a. O.; ebendort, S. 191 ff., alphabetisch geordnete Verzeichnisse der gängigsten Übungsbücher und Grammatiken.
146 Siehe oben S. 169 f.
147 Vgl. oben S. 133 f.
148 So Eckstein, a. a. O., S. 206, der sich auf den Gymnasialdirektor Hermann Perthes beruft. Über diesen siehe ebendort, S. 125 f.
149 A. a. O., S. 241.
150 Jean-Jacques Rousseau, Emile ou de l'éducation, Œuvres complètes, Bd. 3, Paris 1839, S. 412: »Mais en lisant Cicéron, il (l'élève) dira: c'est un avocat«. Zum Cicero-Bild des 19. Jahrhunderts siehe Vf., Die Tradition der Rhetorik-Verachtung und das deutsche Bild vom ›Advokaten‹ Cicero, in: Ciceroniana 6: Atti del VI Colloquium Tullianum, Rom 1988, S. 19–30.
151 A. a. O., S. 291.
152 Ebendort, S. 305.
153 1. Auflage: Wolfenbüttel 1873. Über Menge siehe Andreas Fritsch, Hermann Menge als Pädagoge, in: Der altsprachliche Unterricht 3/1987, S. 25 ff.
154 Bei Eckstein, a. a. O., S. 321.
155 Ebendort, S. 431.
156 Ebendort, S. 474.
157 Siehe oben S. 87.
158 Die erste Auflage der »Deutschen Sprachlehre« erschien im Jahre 1781; im Jahre darauf folgte das »Umständliche Lehrgebäude der deutschen Sprache« in zwei Bänden.
159 Siehe Horst Joachim Frank, Geschichte des Deutschunterrichts, München 1973, S. 140.
160 Siehe oben S. 108.
161 Zitiert nach Walter Killy, Zur Geschichte des deutschen Lesebuchs, in: Germanistik – eine deutsche Wissenschaft, Frankfurt/M. 1867, S. 54.
162 Siehe Killy, a. a. O., S. 57 ff.
163 Zitiert nach Killy, a. a. O., S. 58.
164 S. 42 in der 2. Auflage, Berlin 1886; vgl. Peter-Martin Roeder, Zur Geschichte und Kritik des Lesebuchs der höheren Schule, Weinheim 1961, S. 122.
165 Zitiert nach Frank, a. a. O., S. 311.
166 Vgl. hierzu Frank, a. a. O., S. 276 f.
167 Leipzig 1751[4], S. 130 f.; vgl. Vf., Der europäische Bildungskanon des bürgerlichen Zeitalters, Frankfurt/M. 2000[3], S. 85, 97. Zum Folgenden vgl. Hans-Georg Herrlitz, Der Lektürekanon des Deutschunterrichts im Gymnasium, Heidelberg 1964; Helmut Fuhrmann, »Die Furie des Verschwindens« – Literaturunterricht und Literaturtradition, Würzburg 1993, S. 73 ff.

168 Siehe oben S. 170.
169 So Thomas Nipperdey, Deutsche Geschichte 1800–1866, München 1983, S. 460.
170 Vgl. hierzu Walter Jens, Antiquierte Antike?, Münsterdorf 1971, S. 7 ff.
171 Siehe z. B. oben S. 133 f.
172 Zum Folgenden vgl. Vf., a. a. O., besonders S. 68 ff.
173 Vgl. ebendort, S. 134 ff.
174 Vgl. ebendort, S. 148 ff.
175 Vgl. ebendort, S. 159 ff.
176 Vgl. ebendort, S. 171 ff.
177 Siehe oben S. 176 ff.
178 Stuttgart 1983[6].
179 Vgl. oben S. 147.
180 Zitiert nach Paulsen, a. a. O., Bd. 2, S. 288.
181 Siehe oben S. 130, 147.
182 A. a. O., Bd. 2, S. 38.
183 In: Über die innere und äußere Organisation der höheren wissenschaftlichen Anstalten in Berlin, Werke in fünf Bänden, hrsg. von A. Flitner, K. Giel, Bd. 4, Stuttgart 1964, S. 257.
184 Aus Wissenschaft und Leben, Bd. 1, Gießen 1911, S. 10.
185 Siehe oben S. 192.
186 Zu den Inschriften-Corpora, zum Handbuch und zur Real-Encyclopädie siehe Hermann Bengtson, Einführung in die Alte Geschichte, München 1965[5], S. 137 ff., 151 ff.
187 Siehe oben S. 193.
188 Science and Culture, in: Collected Essays, Bd. 3, London 1893, S. 154.
189 Die deutschen Universitäten und das Universitätsstudium, Berlin 1902, S. 66.
190 Siehe Charles E. McClelland, State, Society and University in Germany, 1700–1914, Cambridge 1980, S. 250.
191 Vgl. hierzu Vf., Vom Humanismus und von der humanistischen Bildung in Osteuropa, in: Gymnasium 100, 1993, S. 93 f.
192 Siehe oben S. 172.
193 Zitiert nach Paulsen, a. a. O., Bd. 2, S. 540.
194 »Arbeitsleistung« bei Paulsen; offensichtlich ein Druckversehen.
195 Siehe Fritz Blättner, Das Gymnasium, Heidelberg 1960, S. 154.
196 Hier zitiert nach: Sämtliche Werke (Kritische Studienausgabe), hrsg. von G. Colli, M. Montinari, Bd. 1, München 1980.
197 A. a. O., S. 702.
198 Ebendort, S. 704.
199 Ebendort, S. 691.
200 Die deutschen Universitäten, a. a. O., S. 541 ff.
201 München 1987–1991.
202 Siehe oben S. 145.
203 Nach Paulsen, Geschichte, a. a. O., Bd. 2, S. 390.
204 In: Sämtliche Werke, Bd. 12, Freiburg i. Br./Braunschweig 1955, S. 387 ff.
205 Ebendort, S. 415.
206 Ebendort, S. 422.
207 Ebendort, S. 300.
208 Ebendort, S. 393.
209 Ebendort, S. 398.
210 Siehe oben S. 194.
211 Siehe oben S. 102 f.

212 Siehe oben S. 113 f.
213 Erziehung – Schule – Universität: Consilia scholastica, Quedlinburg/Leipzig 1835, S. 195.
214 Siehe oben S. 156 ff.
215 Siehe oben S. 158.
216 Siehe oben S. 137.
217 Über das Studium der Naturwissenschaften und den Zustand der Chemie in Preußen, in: Reden und Abhandlungen, Heidelberg 1874, S. 34 f.
218 Nach Paulsen, Geschichte, a. a. O., Bd. 2, S. 558.
219 Siehe Paulsen, ebendort, S. 560.
220 Siehe oben S. 173.
221 Siehe oben S. 170 f.
222 Der griechische Unterricht auf dem Gymnasium, in: Verhandlungen über Fragen des höheren Unterrichts – Berlin, 6.–8.6.1900, Deutsche Schulkonferenzen, Bd. 2, Halle 1901, S. 205–211 = Kleine Schriften, Bd. 6, Berlin/Amsterdam 1972, S. 77–89.

zum Nachwort

1 Philologie und Schulreform – Prorektoratsrede, gehalten am 1.6.1892, in: Reden und Vorträge, Berlin 1901, S. 101.
2 Siehe oben S. 214.
3 Philologie und Schulreform, ebendort, S. 97.
4 Ebendort, S. 101.
5 Ebendort, S. 104.
6 Siehe oben S. 214 f.
7 Siehe oben S. 10.
8 Pädagogik der Gegenwart, Stuttgart 1967[4].
9 Der Neuhumanismus wird lediglich im Abschnitt »Hauptprobleme der Nachkriegspädagogik« unter der Überschrift »Die klassische deutsche Bildungstheorie«, S. 226 f., als ein Stück Vergangenheit kurz gewürdigt.
10 Siehe hierzu oben S. 126 ff.
11 Hierzu und zum Folgenden vgl. z. B. Andreas Fritsch, Der Lateinunterricht in der Zeit des Nationalsozialismus, in: Der altsprachliche Unterricht 3/1982, S. 20 ff.; Vf., Die humanistische Bildungstradition im Dritten Reich, in: Humanistische Bildung 8/1984, S. 139 ff.
12 Nur sie kommen als Vergleichsmaßstab in Betracht. Es gab auch Oberschulen für Mädchen; das Gymnasium indes durfte nur von Jungen besucht werden.
13 Hierzu immer noch grundlegend Klaus Westphalen, Gymnasialbildung und Oberstufenreform, Donauwörth 1979.

Quellen

zu I. Das Schulwesen des Mittelalters

Accessus ad auctores – Bernard d'Utrecht – Conrad d'Hirsau, Dialogus super auctores, hrsg. von R. B. C. Huygens, Leiden 1970.
Aelius Donatus, Ars maior/Ars minor, in: Grammatici Latini, hrsg. von H. Keil, Bd. 4, Leipzig 1864, S. 353–402.
Alexander de Villa Dei, Doctrinale, hrsg. von D. Reichling, Monumenta Germaniae Paedagogica 12, Berlin 1893.
Eberhard von Béthune, Graecismus, in: Corpus grammaticorum medii aevi, Bd. 1, Hrsg. von J. Wrobel, Breslau 1887.
Eberhard von Bremen, Laborintus, in: Les arts poétiques du XIIe et du XIIIe siècle, hrsg. von E. Faral, Paris 1962, S. 336–377.
Galfred von Vinsauf, Poetria nova, ebendort, S. 195–262.
Henri d'Andely (Andeli), The Battle of the Seven Arts, hrsg. von L. J. Paetow, Berkeley 1914 (mit englischer Übersetzung).
Hugo von Trimberg, Registrum multorum auctorum, hrsg. von K. Langosch, Germanische Studien 235, Berlin 1942.
Ludolf von Luchow, Flores artis grammatice alias Florista cum familiari commento, Köln 1505.
Petrus Hispanus, Summulae logicales, Venedig 1572 (Nachdruck 1981).
Priscianus, Institutiones grammaticae, hrsg. von M. Hertz, in: Grammatici Latini, hrsg. von H. Keil, Bd. 2/3, Leipzig 1855–1860.
Terentianus Maurus, De litteris – De syllabis – De metris, ebendort, Bd. 6, Leipzig 1874, S. 325–413.

zu II. Die Lateinschule der frühen Neuzeit

1. Humanistische Einflüsse vor der Reformation

Aeneas Silvius: siehe Enea Silvio de'Piccolomini.
Rudolf Agricola, Libellus de formando studio (mit Schriften von Erasmus und Melanchthon), Köln 1532.
Heinrich Bebel, Comoedia de optimo studio iuvenum, hrsg. von W. Barner (mit deutscher Übersetzung), Stuttgart (Reclam) 1982.
Epistolae obscurorum virorum, hrsg. von A. Bömer, 2 Bde.: Einführung, Text, Heidelberg 1924.
(Epistolae etc.:) Briefe der Dunkelmänner, übersetzt von W. Binder, München 1964.
Erasmus, Dialogus cui titulus Ciceronianus etc., in: Ausgewählte Schriften (lateinisch und deutsch), Bd. 7, übersetzt ... von Th. Payr, Darmstadt 1990², S. 2–355.
– De ratione studii ac legendi interpretandique auctores libellus aureus u. a. Schriften, nach der Ausgabe Straßburg 1514.
– De pueris statim ac liberaliter instituendis libellus aureus et elegans, Basel 1529.
– Ausgewählte pädagogische Schriften des Desiderius Erasmus, übersetzt und hrsg. von D. Reichling/Johannes Ludovicus Vives' Pädagogische Schriften, übersetzt und hrsg. von Fr. Kayser, Freiburg Br. 1896.
– Pädagogische Schriften, hrsg. von A. J. Gail, Paderborn 1963.

Battista Guarino, De modo et ordine docendi et discendi, Straßburg 1514.
Enea Silvio de'Piccolomini, De educatione, in: Opera quae exstant omnia, Basel 1551 (Nachdruck 1967), S. 965–992.
[Plutarchus,] De liberis educandis, in: Moralia, Bd. 1, hrsg. von W. R. Paton u. a., Leipzig 1974², S. 1–27. Deutsche Übersetzung in: Plutarch, Von der Ruhe des Gemüts u. a. philosophische Schriften, übertragen und eingeleitet von B. Snell, Zürich 1948, S. 108–128.
Quintilianus, M. Fabius, Institutio oratoria, hrsg. von L. Radermacher, V. Buchheit, 2 Bde., Leipzig 1971^6/4.
– Ausbildung des Redners, hrsg. und übersetzt von H. Rahn, 2 Bde., Darmstadt 1972–75.
Lorenzo Valla, Elegantiarum linguae Latinae libri sex, Rom 1471.
Maffeo Vegio, De educatione liberorum et claris eorum moribus, hrsg. von M. W. Fanning, A. S. Sullivan, Studies in Medieval and Renaissance Latin I, 1–2, Washington 1933–1936.
Jakob Wimpfeling, Isidoneus Germanicus (Straßburg 1497), deutsch in: J. W. s Pädagogische Schriften, übersetzt … von J. Freudgen, Paderborn 1892, S. 81–174.
– Stylpho, hrsg. von H. C. Schnur (mit deutscher Übersetzung), Stuttgart (Reclam) 1971.

2. Die protestantischen und katholischen Schulen
Martin Luther, An die Bürgermeister und Ratsherren aller Städte in deutschen Landen, dass sie christliche Schulen aufrichten und halten sollen, in: Pädagogische Schriften, hrsg. von H. Lorenzen, Paderborn 1957, S. 64–83.
– Eine Predigt, dass man die Kinder zur Schule halten solle, ebendort, S. 85–109.
Philipp Melanchthon, De corrigendis adolescentiae studiis, in: Melanchthons Werke in Auswahl, Bd. 3: Humanistische Schriften, hrsg. von R. Nürnberger, Gütersloh 1969², S. 29–42.
– Unterricht der Visitatoren im Kurfürstentum zu Sachsen, in: Evangelische Schulordnungen, hrsg. von R. Vormbaum, Bd. 1, Gütersloh 1860, S. 1 ff. (unter dem Titel: »Kursächsische Schulordnung. 1528«).
Ratio studiorum, hrsg. von G. M. Prachter, S. J., Monumenta Germaniae Paedagogica, Bd. 2, 5, 9, 16, Berlin 1887–1894.
Johannes Sturm, Classicae epistulae sive scholae Argentinenses restitutae, hrsg. von J. Rott, Paris/Straßburg 1938.
– De litterarum ludis recte aperiendis liber, Strassburg 1538.
Ludovico Vives, De disciplinis, Lyon 1551.
Huldrych Zwingli, Quo pacto ingenui adulescentes formandi sint, in: Sämtliche Werke, hrsg. von E. Egli, G. Finsler, Bd. 2: Werke 1523, Leipzig 1908 (Corpus Reformatorum 89), S. 526–551.

3. Die Literatur der Humanisten
Heinrich Bebel, Commentaria de abusione linguae Latinae apud Germanos, in: Commentaria conficiendarum epistolarum, Straßburg 1503.
Philipp Melanchthon, Grammatica Philippi Melanthonis (sic!) Latina, Frankfurt/M. 1544.

zu III. Das Schulwesen im Zeitalter der Aufklärung

1. Einflüsse an der Schwelle zum 18. Jahrhundert
Jan Amos Comenius, Didactica magna, hrsg. von F. C. Hultgren, Leipzig 1894. Deutsch: Große Didaktik, übersetzt von A. Flitner, München 1993⁸.

– Orbis sensualium pictus, Nürnberg 1658.
August Hermann Francke, Pädagogische Schriften, hrsg. von H. Lorenzen, Paderborn 1964².
Hieronymus Freyer, Anweisung zur Deutschen Orthographie, Halle 1712.
Joachim Lange, Lateinische Grammatik, Halle 1707.
Veit Ludwig von Seckendorff, Teutscher Fürstenstaat (1656), Jena 1737³.
Christian Weise, Der politische Redner, Leipzig 1677.

2. Die Säkularisation der höheren Schule

Johann Bernhard Basedow, Elementarwerk, 3 Bde., hrsg. von Th. Fritzsch, Leipzig 1909.
– Vorstellung an Menschenfreunde und vermögende Männer über Schulen, Studien und ihren Einfluss in die öffentliche Wohlfahrt, in: Ausgewählte pädagogische Schriften, hrsg. von A. Reble, Paderborn 1965, S. 5–80.
Joachim Heinrich Campe, Allgemeine Revision des gesamten Schul- und Erziehungswesens, 16 Bde., 1785–1791.
François de Salignac de la Mothe-Fénelon, Suite du quatrième livre de l'Odyssée d'Homère, ou les aventures de Télémaque, fils d'Ulysse, unter dem Titel Les aventures de Télémaque, Paris 1968. Deutsch: Die Erlebnisse des Telemach, übersetzt von B. Stehle, Paderborn 1891.
John Locke, Some Thoughts Concerning Education, hrsg. von J. W., J. S. Yolton, Oxford 1989. Deutsch: Einige Gedanken über die Erziehung, übersetzt von J. B. Deermann, Paderborn 1967.
Jean-Jacques Rousseau, Emile ou de l'éducation, Œuvres complètes, Bd. 3, Paris 1839. Deutsch: Emil oder Über die Erziehung, übersetzt von M. Rang, Stuttgart 1963.
Christian Gotthilf Salzmann, Ameisenbüchlein – Anweisung zu einer vernünftigen Erziehung der Erzieher, hrsg. von Th. Dietrich, Bad Heilbrunn 1964².

zu IV. Das humanistische Gymnasium des 19. Jahrhunderts

1. Das Zeitalter der deutschen Klassik

Georg Anton Friedrich Ast, Über den Geist des Altertums und dessen Bedeutung für unser Zeitalter (1805), in: Dokumente des Neuhumanismus I, hrsg. von R. Joerden, Weinheim 1962², S. 13–31.
Friedrich Bouterwek, Fragment vom Griechischen und modernen Genius, in: Akademie der schönen Redekünste, hrsg. von G. A. Bürger, Bd. 1, 1. Stück, Berlin 1790.
Johann August Ernesti, Prolusio academica, qua demonstratur, maius utiliusque esse Latinos auctores intelligere, quam probabiliter Latine scribere etc., in: Opuscula varii argumenti, hrsg. von Th. F. Stange, Leipzig 1794, S. 306–321.
Johann Wolfgang von Goethe, Antik und Modern, in: Gedenkausgabe der Werke, Briefe und Gespräche, hrsg. von E. Beutler, Bd. 13, Zürich/Stuttgart 1965², S. 841–850.
Johann Gottfried Herder, Siebente und achte Sammlung der Briefe zu Beförderung der Humanität, hrsg. von H. Stolpe, Berlin/Weimar 1971, Bd. 2, S. 5–143.
Wilhelm von Humboldt, Der Königsberger und der Litauische Schulplan, in: Werke in fünf Bänden, hrsg. von A. Flitner, K. Giel, Bd. 4, Stuttgart 1964, S. 168–195.
– Geschichte des Verfalls und Unterganges der griechischen Freistaaten, ebendort, Bd. 2, Stuttgart 1961, S. 73–124.

– Ideen zu einem Versuch, die Gränzen der Wirksamkeit des Staats zu bestimmen, ebendort, Bd. 1, Stuttgart 1960, S. 56–233.
– Über das Studium des Alterthums, und des griechischen insbesondere, ebendort, Bd. 2, Stuttgart 1961, S. 1–24.
– Über die innere und äußere Organisation der höheren wissenschaftlichen Anstalten in Berlin, ebendort, Bd. 4, Stuttgart 1964, S. 255–266.
Friedrich Immanuel Niethammer, Der Streit des Philanthropinismus und Humanismus in der Theorie des Erziehungs-Unterrichts unserer Zeit, in: Philanthropinismus – Humanismus, hrsg. von W. Hillebrecht, Weinheim 1968, S. 79–445.
Friedrich Schiller, Über die ästhetische Erziehung des Menschen in einer Reihe von Briefen, in: Ausgewählte Werke, hrsg. von E. Müller, Bd. 5, Stuttgart 1954, S. 259–375.
– Über naive und sentimentalische Dichtung, ebendort, S. 377–478.
Friedrich Schlegel, Über das Studium der griechischen Poesie, in: Kritische Schriften, hrsg. von W. Rasch, München 1971³, S. 113–230.
Johann Joachim Winckelmann, Gedancken über die Nachahmung der Griechischen Wercke in der Mahlerey und Bildhauerkunst, in: Kleine Schriften, Vorreden, Entwürfe, hrsg. von W. Rehm, Berlin 1968, S. 27–59.
Friedrich August Wolf, Darstellung der Alterthumswissenschaft nach Begriff, Umfang, Zweck und Werth, in: Museum der Alterthums-Wissenschaft, hrsg. von F. A. Wolf, Ph. Buttmann, Bd. 1, Berlin 1807, S. III–IX, 1–145 = Friedrich August Wolf, Kleine Schriften, hrsg. von G. Bernhardy, Halle 1869, Bd. 2, S. 808–895.

2. Das 19. Jahrhundert

Friedrich August Eckstein, Lateinischer und griechischer Unterricht, hrsg. von H. Heyden, Leipzig 1887.
Oskar Jäger, Pro domo – Reden und Aufsätze, Berlin 1894.
Hermann Köchly, Über das Prinzip des Gymnasialunterrichts der Gegenwart, Dresden-Leipzig 1845.
Friedrich Nietzsche, Über die Zukunft unserer Bildungsanstalten, in: Sämtliche Werke (Kritische Studienausgabe), hrsg. von G. Colli, M. Montinari, Bd. 1, München 1980, S. 641–752.
Wilhelm Raabe, Horacker, in: Sämtliche Werke (Braunschweiger Ausgabe), Bd. 12, hrsg. von K. Hoppe, Freiburg i. Br./Braunschweig 1955.
Friedrich Wilhelm Thiersch, Über gelehrte Schulen mit besonderer Rücksicht auf Bayern, 3 Bde., Stuttgart 1826–1837.
Verhandlungen über Fragen des höheren Unterrichts, Berlin, 4.–17.12.1890, Deutsche Schulkonferenzen, Bd. 1, Berlin 1891.
– Berlin, 6.–8.6.1900, Deutsche Schulkonferenzen, Bd. 2, Halle 1901.
Ulrich von Wilamowitz-Moellendorff, Philologie und Schulreform, in: Reden und Vorträge, Berlin 1901, S. 91–119.
– Der griechische Unterricht auf dem Gymnasium, in: Kleine Schriften, Bd. 6, Berlin/Amsterdam 1972, S. 77–89.

Literatur

allgemein

Theodor Ballauf, Klaus Schaller, Pädagogik – Eine Geschichte der Bildung und Erziehung, 3 Bde., Freiburg/München 1969–1973.

Fritz Blättner, Das Gymnasium – Aufgaben der höheren Schule in Geschichte und Gegenwart, Heidelberg 1960.

Conrad Bursian, Geschichte der classischen Philologie in Deutschland von den Anfängen bis zur Gegenwart, München/Leipzig 1883.

Friedrich August Eckstein, Lateinischer und griechischer Unterricht, hrsg. von H. Heyden, Leipzig 1887.

Friedrich Paulsen, Geschichte des gelehrten Unterrichts auf den deutschen Schulen und Universitäten vom Ausgang des Mittelalters bis zur Gegenwart, 2 Bde., 3. Auflage hrsg. von R. Lehmann, Berlin/Leipzig 1919–1921.

Albert Reble, Geschichte der Pädagogik, Stuttgart 1999[19].

Karl Adolf Schmid, Geschichte der Erziehung vom Anfang an bis auf unsere Zeit, 5 Bde. in 10 Teilen, Stuttgart 1884–1902.

Theobald Ziegler, Geschichte der Pädagogik, München 1895 (1923[5]).

zu I. Das Schulwesen des Mittelalters

Heinrich Denifle, Die Entstehung der Universität des Mittelalters bis 1400, Berlin 1885.

Wolfgang Edelstein, Eruditio und sapientia – Weltbild und Erziehung in der Karolingerzeit, Freiburg i. Br. 1965.

Josef Fleckenstein, Die Bildungsreform Karls des Großen als Verwirklichung der norma rectitudinis, Bigge/Ruhr 1953.

Martin Grabmann, Die Geschichte der scholastischen Methode, 2 Bde., Freiburg i. Br. 1909–1911.

Herbert Grundmann, Vom Ursprung der Universität im Mittelalter, Darmstadt 1964[2].

Jozef Ijsewijn, Mittelalterliches Latein und Humanistenlatein, in: Die Rezeption der Antike, hrsg. von A. Buck, Hamburg 1981, S. 71–83.

Eduard Norden, Die antike Kunstprosa, Bd. 2, Leipzig 1909[2].

Edwin A. Quain, S. J., The Medieval Accessus ad auctores, Traditio 3, 1945, S. 215–264.

Raimund Pfister, Zur Geschichte der Begriffe von Subjekt und Prädikat, in: Vf., Lateinische Grammatik in Geschichte und Gegenwart, Bamberg 1988, S. 126–140.

Wilhelm Wühr, Das abendländische Bildungswesen im Mittelalter, München 1950.

zu II. Die Lateinschule der frühen Neuzeit

1. Humanistische Einflüsse vor der Reformation

Aloys Bömer, Epistolae virorum obscurorum, Bd. 1: Einführung, Heidelberg 1924.

Walter Brecht, Die Verfasser der Epistolae virorum obscurorum, Straßburg 1904.

Eugenio Garin, Geschichte und Dokumente der abendländischen Pädagogik II: Humanismus, Tübingen 1966.

Vincent Joseph Horkan, Educational Theories and Principles of Maffeo Vegio, Washington 1953.
W. H. S. Jones, Quintilian, Plutarch, and the Early Humanists, The Classical Review 21, 1907, S. 33–43.
Fidel Rädle, Kampf der Grammatik – Zur Bewertung mittelalterlicher Latinität im 16. Jahrhundert, in: Festschrift für P. Klopsch, hrsg. von U. Kindermann u. a., Göppingen 1988, S. 424–444.
Dietrich Reichling, Allgemeine Einleitung / Leben und Schriften des Desiderius Erasmus, in: Ausgewählte pädagogische Schriften, Freiburg i. Br. 1896, S. XIII–XXXVI, 3–41.
Helmuth Rogge, Fingierte Briefe als Mittel politischer Satire, München 1966.

2. Die protestantischen und katholischen Schulen

Karl Hartfelder, Philipp Melanchthon als Praeceptor Germaniae, Monumenta Germaniae Paedagogica 7, Berlin 1889.
Humanismus im deutschen Südwesten, hrsg. von P. G. Schmidt, Sigmaringen 1993.
Ernst Laas, Die Pädagogik des Johannes Sturm, Berlin 1872.
Klaus Petzold, Die Grundlagen der Erziehungslehre im Spätmittelalter und bei Luther, Heidelberg 1969.
Josef Schröteler, Die Erziehung in den Jesuiteninternaten des 16. Jahrhunderts, Freiburg i. Br. 1940.

3. Die Literatur der Humanisten

Aloys Bömer, Die lateinischen Schülergespräche der Humanisten, 2 Teile, Berlin 1897–1899.
Josef Ijsewijn, Companion to the Neo-Latin Studies I: History and Diffusion of Neo-Latin Literature, Löwen/Paris 1990.
Marianne Kaiser, Das protestantische Schultheater nach 1648 (Palaestra 249), Göttingen 1972.
Johannes Massen, Drama und Theater der Humanistenschulen in Deutschland, Augsburg 1929.
Rolf Tarot, Schuldrama und Jesuitentheater, in: Handbuch des deutschen Dramas, hrsg. von W. Hinck, Düsseldorf 1980, S. 35–47.
Paul van Tighem, La littérature latine de la Renaissance, Genf 1966[2].

zu III. Das Schulwesen im Zeitalter der Aufklärung

1. Einflüsse an der Schwelle zum 18. Jahrhundert

Peter Menck, Die Pädagogik August Hermann Franckes, Wuppertal 1969.
Alfred Heubaum, Geschichte des deutschen Bildungswesens seit der Mitte des 17. Jahrhunderts, Bd. 1: Bis zum Beginn der allgemeinen Unterrichtsreform unter Friedrich dem Großen 1763 ff., Berlin 1905.
Klaus Schaller, Die Pädagogik des Jan Amos Comenius und die Anfänge des pädagogischen Realismus, Heidelberg 1962.
Anton Schindling, Bildung und Wissenschaft in der frühen Neuzeit 1650–1800, München 1994.
Karl Seiler, Das pädagogische System Wolfgang Ratkes, Erlangen 1931.
Otto Uttendörfer, Das Erziehungswesen Zinzendorfs und der Brüdergemeinde (Monumenta Germaniae Paedagogica 51), Berlin 1912.

2. Die Säkularisation der höheren Schule

Jean Château, Jean-Jacques Rousseau, sa philosophie de l'éducation, Paris 1962.
Eduard Fechtner, John Lockes »Gedanken über die Erziehung«, Wien 1908[2].
Wilhelm Gitschmann, Die Pädagogik des John Locke, Cöthen 1910[2].
Jürgen Bona Meyer, Friedrichs des Großen Pädagogische Schriften und Äußerungen mit einer Abhandlung über sein Schulregiment, Langensalza 1885.
A. Pinloche, Geschichte des Philanthropinismus, Leipzig 1896.
Konrad Rethwisch, Der Staatsminister Freiherr von Zedlitz und Preußens höheres Schulwesen im Zeitalter Friedrichs des Großen, Berlin 1886[2].
Günter Ulbricht, Johann Bernhard Basedow, Berlin 1963.

zu IV. Das humanistische Gymnasium des 19. Jahrhunderts

1. Das Zeitalter der deutschen Klassik

J. F. J. Arnoldt, Friedrich August Wolf in seinem Verhältnisse zum Schulwesen und zur Pädagogik, 2 Bde., Braunschweig 1851/1862.
Dietrich Benner, Wilhelm von Humboldts Bildungstheorie, Weinheim/München 1990.
Walter Horace Bruford, Germany in the Eighteenth Century – Social Background of the Literary Revival, Cambridge 1965.
Conrad Bursian, Geschichte der classischen Philologie in Deutschland, München/Leipzig 1883.
Der Vormann der Georgia Augusta – Christian Gottlob Heyne zum 150. Geburtstag, Göttingen 1980.
Manfred Fuhrmann, Friedrich August Wolf, in: Deutsche Vierteljahrsschrift für Literaturwissenschaft und Geistesgeschichte 33, 1959, S. 187–236.
– Die Querelle des Anciens et des Modernes, der Nationalismus und die deutsche Klassik, in: Classical Influences 1650–1870, hrsg. von R. R. Bolgar, Cambridge 1979, S. 107–129 = Vf., Brechungen – Wirkungsgeschichtliche Studien zur antik-europäischen Bildungstradition, Stuttgart 1982, S. 129–149.
Karl-Ernst Jeismann, Das preußische Gymnasium in Staat und Gesellschaft, Bd. 1: Die Entstehung des Gymnasiums als Schule des Staates und der Gebildeten, 1787–1817, Stuttgart 1974.
Werner Krauss, Der Streit der Altertumsfreunde mit den Anhängern der Moderne und die Entstehung des geschichtlichen Weltbildes, in: Antike und Moderne in der Literaturdiskussion des 18. Jahrhunderts, hrsg. von W. Krauss, H. Kortum, Berlin 1966, S. IXff.
Arnold Labrie, ›Bildung‹ en politiek 1770–1830 – De ›Bildungsphilosophie‹ van Wilhelm von Humboldt bezien in haar politieke en sociale context, Amsterdam 1986.
Clemens Menze, Wilhelm von Humboldts Lehre und Bild vom Menschen, Ratingen bei Düsseldort 1965.
– Wilhelm von Humboldt und Christian Gottlob Heyne, Ratingen bei Düsseldorf 1966.
Walther Rehm, Griechentum und Goethezeit, Bern/München 1968[4].
Friedrich Schaffstein, Wilhelm von Humboldt – Ein Lebensbild, Frankfurt/M. 1952.
Helmut Schelsky, Einsamkeit und Freiheit – Idee und Gestalt der deutschen Universität und ihrer Reformen, Reinbek bei Hamburg 1963.
Eduard Spranger, Wilhelm von Humboldt und die Reform des Bildungswesens, Berlin 1910.
Peter Bruno Stadler, Wilhelm von Humboldts Bild von der Antike, Zürich/Stuttgart 1959.

2. Das 19. Jahrhundert

Marita Baumgarten, Professoren und Universitäten im 19. Jahrhundert, Göttingen 1997.
Klaus Behr, Ernst Nündel, Deutschunterricht, in: Literaturwissenschaft, hrsg. von H. Brackert, J. Stückrath, Grundkurs 2, Reinbek bei Hamburg 1981, S. 273–289.
Friedrich August Eckstein: siehe Quellen zu IV. 2.
Horst Joachim Frank, Geschichte des Deutschunterrichts, München 1973.
Helmut Fuhrmann, »Die Furie des Verschwindens« – Literaturunterricht und Literaturtradition, Würzburg 1993.
Manfred Fuhrmann, Der europäische Bildungskanon des bürgerlichen Zeitalters, Frankfurt/M. 2000[3].
Hans-Georg Herrlitz, Der Lektürekanon des Deutschunterrichts im Gymnasium, Heidelberg 1964.
Karl-Ernst Jeismann, Das preußische Gymnasium in Staat und Gesellschaft, Bd. 2: Höhere Bildung zwischen Reform und Reaktion 1817–1859, Stuttgart 1996.
Walther Killy, Zur Geschichte des deutschen Lesebuchs, in: Germanistik – eine deutsche Wissenschaft, Frankfurt/M. 1967, S. 43–69.
Margret Kraul, Das deutsche Gymnasium 1780–1980, Frankfurt/M. 1984.
Manfred Landfester, Humanismus und Gesellschaft im 19. Jahrhundert, Darmstadt 1988.
Gisela Müller, Das lateinische Übungsbuch des 19. Jahrhunderts in Deutschland, Diss., Konstanz 1975.
Friedrich Paulsen, Die deutschen Universitäten und das Universitätsstudium, Berlin 1902.
Peter-Martin Roeder, Zur Geschichte und Kritik des Lesebuchs der höheren Schule, Weinheim 1961.
Verzeichnis von Programm-Abhandlungen der deutschen, österreichischen und schweizerischen Schulen der Jahre 1825–1918, 5 Bde., hrsg. von F. Koessler, München 1987–1991.

Namensregister